乡村振兴·农民培训精品教材

农村财务管理

赵晓洁 ◎ 编著

中国农业科学技术出版社

图书在版编目（CIP）数据

农村财务管理 / 赵晓洁编著 . —北京：中国农业科学技术出版社，2020.11（2024.8 重印）

ISBN 978-7-5116-5039-9

Ⅰ.①农⋯ Ⅱ.①赵⋯ Ⅲ.①农村-财务管理-基本知识-中国 Ⅳ.①F322

中国版本图书馆 CIP 数据核字（2020）第 183824 号

责任编辑	张志花
责任校对	李向荣
出 版 者	中国农业科学技术出版社
	北京市中关村南大街 12 号　邮编：100081
电　　话	（010）82106636（编辑室）　（010）82109702（发行部）
	（010）82109709（读者服务部）
传　　真	（010）82106631
网　　址	http://www.castp.cn
经 销 者	各地新华书店
印 刷 者	北京中科印刷有限公司
开　　本	185mm×260mm　1/16
印　　张	17
字　　数	375 千字
版　　次	2020 年 11 月第 1 版　2024 年 8 月第 3 次印刷
定　　价	49.80 元

◣ 版权所有·翻印必究 ▶

前　言

农村财务管理工作具有很强的政策性，财务管理在农村工作中开展得好坏直接影响农村基本政策的稳定，农村秩序的规范以及农村的安定团结和经济发展。

本书在编写体系上以村经济组织的财务活动内容为线索，系统阐述了农民专业合作社会计、村集体经济组织经济核算、财务管理基本价值观念及定价模型、企业筹资管理、资金成本与资本结构、项目投资和投资管理等内容。本书力求做到内容充实，简明易懂，突出实用性和针对性。

编　者

2020 年 8 月

目 录

第一章 概 论 (1)
- 第一节 财务管理的基本要求 (1)
- 第二节 财经法规和会计职业道德 (5)
- 第三节 财务公开与民主理财 (7)
- 第四节 会计核算的基本要求 (14)

第二章 农民专业合作社会计 (21)
- 第一节 农民专业合作社基础知识 (21)
- 第二节 农民专业合作社资产的核算 (23)
- 第三节 农民专业合作社负债的核算 (37)
- 第四节 农民专业合作社所有者权益的核算 (42)
- 第五节 农民专业合作社盈余和盈余分配的核算 (45)

第三章 村集体经济组织经济核算 (59)
- 第一节 资产核算 (59)
- 第二节 负债核算 (84)
- 第三节 所有者权益核算 (89)
- 第四节 成本与损益核算 (92)
- 第五节 财务分析 (100)

第四章 财务管理基本价值观念及定价模型 (110)
- 第一节 资金的时间价值 (110)
- 第二节 风险与报酬 (117)
- 第三节 资本资产定价模型 (123)
- 第四节 套利定价理论 (127)

第五章 企业筹资管理 (131)
- 第一节 企业筹资概述 (131)
- 第二节 权益资金的筹集 (139)
- 第三节 负债资金的筹集 (149)
- 第四节 筹资风险的种类 (163)

第六章 资金成本与资本结构 (164)
- 第一节 资金成本概述 (164)
- 第二节 资金成本的测算 (168)
- 第三节 财务管理的杠杆效应 (180)
- 第四节 资本结构理论 (191)

第五节　资本结构决策 …………………………………………（198）
第七章　项目投资和投资管理 …………………………………………（209）
　　第一节　项目投资概述 …………………………………………（209）
　　第二节　现金流量的内容及估算 ………………………………（215）
　　第三节　项目投资评价 …………………………………………（222）
　　第四节　证券投资评价 …………………………………………（231）
　　第五节　基金投资 ………………………………………………（255）
　　第六节　固定资产投资决策方法 ………………………………（258）
参考文献 ………………………………………………………………（263）

第一章 概 论

第一节 财务管理的基本要求

一、组织财务会计工作

组织财务会计工作就是根据《中华人民共和国会计法》（以下简称《会计法》）和其他相关会计法律法规的规定，结合本单位的具体情况，通过制定相关会计法规制度，科学设置会计机构，合理安排会计工作人员，加强会计人员职业道德素质教育，规范单位内部各项具体会计行为等，以实现会计工作的合理、有效开展。组织财务会计工作主要包括设置会计机构、配备会计人员、制定会计管理制度等内容。

会计工作是一项复杂、细致而又十分科学严密的综合性经济管理活动，科学合理地组织财务会计工作是有效发挥会计在经济管理中的作用、顺利完成会计任务的前提。组织会计工作具有以下几个方面的重要意义。

（1）科学、高效地组织会计工作有利于保证会计工作的质量，提高会计工作效率。对会计主体的资金运动进行核算和监督是会计的基本职能。会计工作程序复杂、内容细致、要求严密。从收集经济活动原始数据开始，到数据的分析、记录、分类和汇总，直至最终提供真实的会计信息，整个过程中各个步骤之间、各项手续之间环环相扣、密切联系，任何一个环节出现差错或延误，都会对最终会计信息质量和会计工作效率造成重大影响。由于会计工作具有连续性、系统性和全面性的特点，会计工作必须依据科学、严密的程序和手续来进行，而没有专职的会计机构、专职的会计人员和完善的会计管理规范，就无法顺利完成会计的任务，无法保证会计工作的质量和效率。

（2）科学、高效地组织会计工作有利于协调会计工作与其他各项经济管理工作，提高单位整体管理水平。会计工作是一项综合性很强的经济管理工作，在合作经济组织各项经济管理活动中处于核心地位。会计部门与单位其他经济管理部门（如生产、销售、计划管理等）的工作有着十分密切的联系，其掌握着单位的各种经济动态，对单位各项经济活动起着监督作用。科学、合理、高效地组织会计工作，可发挥其在单位各项经济活动中的协调作用，与各个部门相互补充、相互配合，共同提高单位经济管理的整体水平。

（3）科学、高效地组织会计工作有利于会计法规、会计制度的贯彻执行，有利于保护相关者经济利益，维护社会主义市场经济秩序。会计工作是一项政策性很强的工作，其工作质量的好坏不仅影响对本单位经济活动的监督管理，同时也影响与本单位经济利益有关的相关者的经济利益，因此，科学合理组织会计工作，对于保证国家有关方针、政策、法令、法规得到贯彻和执行，对于维护包括国家在内的各相关者的经济利益，保障社会经济秩序的健康运行，都有着极其重要的意义。

二、设置会计机构

会计机构是由会计人员组成，负责组织、领导和处理会计工作的职能部门。建立健全会计机构，配备与工作要求相适应、具有一定素质和数量的会计人员，是做好会计工作，充分发挥会计职能作用的重要保证。

（一）会计机构的设置

《会计法》第三十六条规定："各单位应当根据会计业务的需要，设置会计机构，或者在有关机构中设置会计人员并指定会计主管人员；不具备设置条件的，应当委托经批准设立从事会计代理记账业务的中介机构代理记账。"

根据上述规定，各独立核算单位一般都应单独设置会计机构。在一些规模小、会计业务简单的单位，如果不单独设置会计机构，也应根据工作需要配备专职的会计人员或者指定专人负责办理会计工作。不具备设置会计机构条件的，应当委托经批准设立从事会计代理记账业务的中介机构代理记账。

（二）会计机构的基本职责

根据《会计法》，会计机构的基本职责是进行会计核算，实行会计监督。

1. 会计核算

会计核算一般可分为集中核算和非集中核算两类。

集中核算是将整个单位的会计工作主要集中在最高一级的会计部门进行，各基层单位对本部门的经济业务仅作初步核算，主要对其发生的经济业务进行原始记录，填制原始凭证，并对原始凭证进行适当汇总，定期将原始凭证和汇总原始凭证送交会计部门，由会计部门进行明细分类核算、总分类核算并据此编制会计报表。集中核算可使会计部门集中、全面地掌握单位经济活动情况，具有减少核算环节、简化核算手续、精简人员等优点。集中核算的缺点是不便于各基层单位了解本部门的核算资料。

非集中核算，又称分散核算，是指各基层单位的会计部门在上级会计部门的指导下，负责对该基层单位所发生经济业务进行明细核算，包括进行原始记录，填制原始凭证或原始凭证汇总表，并分别登记有关的明细分类账。最高一级的会计部门主要负责汇总性核算工作。非集中核算的优点是，各职能部门和基层单位能及时了解本部门和单位的经济活动情况，及时分析问题和解决问题，便于实行责任会计核算。非集中核算的缺点是不便于上级会计部门及时、全面地了解整个单位的会计核算资料，同时也增加了会计核算工作量，增加了会计人员配备和核算费用支出。

无论是集中核算还是非集中核算，都应根据《会计法》有关财务制度的规定，按照有关会计准则和会计制度的要求，做到会计资料真实、准确、完整，保证会计信息的质量。

2. 会计监督

会计监督是会计人员为保证会计信息质量，通过会计反映，审核本单位的经济活动是否合法、合理、有效，促进改善经营管理的一种内部经济监督方式。《会计法》第二十七条要求，各单位应当建立、健全本单位内部会计监督制度。

会计机构实行会计监督的依据主要有：①国家相关财经法律、法规和规章；②会计法律、法规和国家统一会计制度；③各省、自治区、直辖市财政厅（局）和国务院业务主管部门根据《会计法》和国家统一会计制度制定的具体实施办法或者补充规定；④各单位依据《会计法》和国家统一会计制度制定的单位内部会计管理规范；⑤各单位内部的预算、财务计划、经济计划和业务计划等。

会计机构实施会计监督的主要内容如下。

（1）对原始凭证进行审核和监督。

（2）对会计账簿进行监督。

（3）对实物、款项进行监督。

（4）对财务报告进行监督。

（5）对财务收支进行监督。

（6）对其他经济活动如违反单位内部会计管理规范，以及单位制定的预算、财务计划、经济计划、业务计划等实行监督。

（三）会计机构的岗位设置

在会计机构内部，一般可按照会计工作的内容和会计人员的配备情况，将会计机构的工作划分为若干个岗位，按岗位规定职责进行考核，做到每项会计工作都有专人负责，每位会计人员都有明确职责，实现以责定权、权责明确、严格考核和有奖有惩。

会计人员的工作岗位一般可分为：会计主管、出纳、财产物资核算、成本费用核算、财务成果核算、资金核算、往来结算、总账报表、稽核、档案管理、工资核算等。因不同企事业单位业务量和会计工作内容不同，人员配备也不一样。具体应结合本单位实际情况，根据业务需要，合理、灵活设置工作岗位，可一人一岗、一人多岗或一岗多人。但依据内部牵制制度的要求，出纳人员不得兼任稽核、会计档案保管和收入、支出、费用、债权债务账目的登记工作。

三、配备会计人员

会计人员是指直接从事会计工作、处理会计业务、完成会计任务的人员。包括单位财务会计负责人、会计机构负责人和具体从事会计业务的工作人员。配备高素质的会计人员，是各单位做好会计工作，充分发挥会计职能作用的重要保证。

（一）会计人员的任职资格

根据《会计基础工作规范》规定，取得会计从业资格需具备两个方面的基本条件：①应当取得会计从业资格证书，未取得从业资格证书的人员，不得任职会计工作；②应具有必要的专业知识和专业技能，熟悉国家有关法律、法规和财务会计制度，遵守会计职业道德。《会计基础工作规范》还规定，会计人员应当按照国家规定参加会计业务的培训。

《会计法》第四十条规定："因有提供虚假财务会计报告，做假账，隐匿或者故意销毁会计凭证、会计账簿、财务会计报告，贪污，挪用公款，职务侵占等与会计职务有关的违法行为被依法追究刑事责任的人员，不得取得或重新取得会计从业资格证书。"

《会计法》还规定，担任单位会计机构负责人（会计主管人员）的，除取得会计从业资格证书外，还应当具备会计师以上专业技术职务资格或者从事会计工作三年以上经历。

（二）会计人员的职责和权限

为充分调动会计人员的积极性和主观能动性，必须对会计人员的职责加以明确，并赋予会计人员工作权限，使会计人员既有责又有权，充分发挥会计人员的作用，完成会计工作的各项任务。

根据《会计法》和《会计人员职权条例》规定，会计人员的主要职责有5个方面。①进行会计核算；②实行会计监督；③拟定本单位办理会计事务的具体方法；④参与拟订经济计划、业务计划、考核分析预算、财务计划的执行情况，参与本单位的经营管理活动，充分发挥会计在经济管理中的作用；⑤办理其他会计事项，尽职尽责，不断强化会计的管理作用。

会计人员的权限是会计人员顺利履行其职责的保障。会计人员的权限主要有三个方面：①会计人员有权要求有关部门、人员认真执行经批准的预算和计划；②会计人员有权参与本单位编制计划、制订定额、对外签订经济合同，参加有关的生产、经营管理会议和业务会议；③有权对本单位各部门进行会计监督。

（三）会计人员工作交接

按照《会计法》第四十一条规定，会计人员调动工作或离职，必须与接管人员办清交接手续。此外，依据《会计基础工作规范》的规定，会计人员在临时离职或其他原因暂时不能工作时，也应办理会计工作交接。会计人员调动工作或者离职时，与接管人员办清交接手续，对于保证会计工作的连续性，防止出现因会计人员变动而发生业务不清、工作混乱的现象，划清移交与接交方各自责任，都有着重要的意义。

会计人员办理移交手续前，对已经受理的经济业务尚未填制会计凭证的，应当填制完毕；对尚未登记的账目，应当登记完毕，并在最后一笔余额后加盖经办人员印章；整理应该移交的各项资料，对未了事项写出书面材料；编制移交清册，列明应当移交的会计凭证、会计账簿、会计报表、印章、现金、有价证券、支票簿、发票、文件、其他会计资料和物品等内容；实行会计电算化的单位，从事该项工作的移交人员还应当在移交清册中列明会计软件及密码、会计软件数据磁盘及有关资料、实物等内容。

为明确责任，会计人员办理工作交接时，必须有专人负责监交。一般会计人员交接，由单位会计机构负责人、会计主管人员负责监交；会计机构负责人、会计主管人员交接，由单位领导人负责监交，必要时可由上级主管部门派人会同监交。

移交点收到有关财物、会计资料后，交接双方和监交人员要在移交清册上签名或者盖章。移交清册上应当注明单位名称、交接日期，交接双方和监交人员的职务及姓名、移交清册页数及需要说明的问题和意见等。移交清册一般应当填制一式三份，交换双方各执一份，存档一份。接替人员应当继续使用移交的会计账簿，不得自行另立新账，以保持会计记录的连续性。

移交人员对所移交的会计凭证、会计账簿、会计报表和其他有关资料的合法性、真实性承担法律责任。

第二节 财经法规和会计职业道德

一、会计法律法规体系

会计法律法规体系是指国家为管理会计工作而颁布的法律、法令、条例、规章、制度等规范性文件的总称，是组织和从事会计工作必须遵守的规范。

我国会计法律法规，按其内容可分为四类：第一类是会计工作的基本法，也是制定其他会计法规的法律依据，即《中华人民共和国会计法》（以下简称《会计法》）。第二类是关于会计工作的法规，主要内容包括会计工作的规定、办法、规则等，如《会计基础工作规范》《会计档案管理办法》等。第三类是关于会计人员的法规，主要内容包括会计人员的配备、职责、权限、任免和奖励等方面的规定，如《总会计师条例》《会计人员职称条例》《会计专业职务试行条例》《中华人民共和国注册会计师条例》《会计人员岗位责任制》等。第四类是关于会计业务处理的法规，主要是对会计业务处理应遵守的基本规则、具体要求和使用的程序方法等方面的规定，如《企业会计准则》《企业会计制度》《企业财务会计报告条例》等。

以上会计法律法规按其法律效力，可分为三个层次。

（一）会计法律

会计法律是就会计工作的主要方面做出规定的法律规范，是制定其他各项会计法规的基本依据，是会计工作的根本大法。我国于1985年1月21日由第六届全国人民代表大会常务委员会第九次会议通过了《会计法》，自1985年5月1日起实施。1993年12月29日第八届全国人民代表大会常务委员会第五次会议对其做了修正，自公布之日起施行。现行《会计法》是于1999年10月31日第九届全国人民代表大会常务委员会第十二次会议进行修订，自2000年7月1日起施行的。

《会计法》的立法宗旨是规范会计行为，保证会计资料真实、完整，加强经济管理和财务管理，提高经济效益，维护社会主义市场经济秩序。《会计法》主要规定了会计工作的基本目的、会计管理权限、会计责任主体、会计核算和会计监督的基本要求、会计人员和会计机构的职责权限，并对会计法律责任做出了详细规定。

《会计法》是会计法律制度中层次最高的法律规范，是制定其他会计行政法规、会计规章制度的依据，也是指导会计工作的最高准则。

（二）会计行政法规

会计行政法规是由国务院制定发布或者国务院有关部门拟订经国务院批准发布的，调整经济生活中某些方面会计关系的法律规范。会计行政法规的制定依据是《会计法》。会计行政法规包括《总会计师条例》《企业财务会计报告条例》《企业会计准则》等。

会计准则是会计核算工作的基本规范，是制定会计制度的依据。它由基本会计准则和具体会计准则两个层次组成。我国已颁布的《企业会计准则》属于基本会计准则范畴，它规范了我国会计核算最基本的各个方面。基本会计准则主要就会计核算的一般原则和会计要素的确认、计量与报告做出规定。具体准则是根据基本会计准则的要求，对具体会计业务的处理做出的规定。如《企业会计准则——收入》《企业会计准则——企业合并》等。

（三）会计规章制度

会计规章制度是由主管全国会计工作的行政部门——财政部就会计核算、会计监督、会计机构和会计人员以及会计工作管理制度等所制定的规范性文件。国务院有关部门根据其职责制定的会计方面的文件，如实施国家统一会计制度的具体办法等，也属于会计规章，但必须报财政部审核批准。会计规章制度的制定依据是会计法律和会计行政法规。如财政部发布的《会计基础工作规范》，财政部与国家档案局联合发布的《会计档案管理办法》等均属于会计规章制度。《企业会计制度》《金融企业会计制度》《小企业会计制度》《民间非营利组织会计制度》《内部会计控制规范》《代理记账管理办法》《会计从业资格管理办法》《农民专业合作社财务会计制度（试行）》等也属于会计规章制度。

二、会计职业道德的基本内容

会计职业道德是指在会计职业活动中应当遵循的、体现会计职业特征的、调整会计职业关系的职业行为准则和规范。建立会计人员职业道德规范，是强化会计人员道德约束、防止和杜绝会计人员在工作中出现不道德行为的有效措施。

会计职业道德规范的主要内容包括爱岗敬业、诚实守信、廉洁自律、客观公正、坚持准则、提高技能、参与管理、强化服务等八个方面。"爱岗敬业"要求会计人员热爱会计工作，安心本职岗位，忠于职守，尽心尽力，尽职尽责。"诚实守信"要求会计人员做老实人，说老实话，办老实事，执业谨慎，信誉至上，不为利益所诱惑，不弄虚作假，不泄露秘密。"廉洁自律"要求会计人员公私分明、不贪不占、遵纪守法、清正廉洁。"客观公正"要求会计人员端正态度，依法办事，实事求是，不偏不倚，保持应有的独立性。"坚持准则"要求会计人员熟悉国家法律、法规和国家统一的会计制度，始终坚持按法律、法规和国家统一的会计制度的要求进行会计核算，实施会计监督。"提高技能"要求会计人员增强提高专业技能的自觉性和紧迫感，勤学苦练，刻苦钻研，不断进取，提高业务水平。"参与管理"要求会计人员在做好本职工作的同时，努力钻研相关业务，全面熟悉本单位经营活动和业务流程，主动提出合理化建议，协助领导决策，积极参与管理。"强化服务"要求会计人员树立服务意识，提高服务质量，努力维护和提升会计职业的良好社会形象。

会计职业道德与会计法律制度既有联系又有区别。会计职业道德是会计法律制度正常运行的社会基础和思想基础，会计法律制度是促进会计职业道德规范形成及遵守的制度保障。两者有着共同的目标、相同的调整对象，承担着同样的职责，在作用上相互补充、在内容上相互渗透。

会计职业道德与会计法律制度的区别在于：一是两者的性质及实施保障机制不同。会计法律制度由国家强制力保障实施；会计职业道德有国家法律的相应要求，但主要依靠会计从业人员自觉遵守。二是两者的实现形式不同。会计法律制度是通过一定的程序由国家立法机关或行政管理机关制定的，其表现形式具体明确，是成文的规定；会计职业道德出自会计人员的职业生活和职业实践，其表现形式既有明确的成文规定，也有不成文的规范，存在于人们的意识和信念之中。三是两者的作用范围不同。会计法律制度侧重于调整会计人员的外在行为和结果的合法化；会计职业道德则不仅要求调整会计人员的外在行为，还要调整会计人员内在的精神世界。

第三节 财务公开与民主理财

一、健全财务管理制度

要将民主管理意识渗透到组织机构建设、议事、会议决定、重大项目决策等各个环节，并形成各种规章制度，使之成为一种机制。各项规章制度中要体现民主管理要求。第一，在"章程"中要有民主管理章节，主要包括民主管理机构的设置、范围、职能等。第二，要将民主管理的各项要求融合在相关制度中，主要在"财务管理制度""资产管理制度""会议制度""重大事项报告制度"等制度中要有明确规定。第三，要将民主权利融会到财务管理之中，包括基本建设筹资、对外投资、工程建设、重大事项等方面。主要是通过办事程序、会议制度等方式形成规则，便于操作执行。第四，要将对外举债、收益分配等重要财务事项在制度中体现出来。

农村经济组织应根据民主理财要求，结合自身实际情况，建立健全各项管理制度，主要包括资产管理、财务管理、民主监管、利益分配、基础设施建设等方面；管理制度要基本覆盖农村经济组织生产经营全过程；将农村经济组织的基本要求融入各项管理制度之中，理顺农村经济组织与经济实体的经济关系，促进农村经济组织健康发展。

二、规范程序

根据《农民专业合作社法》《农民专业合作社财务会计制度（试行）》等相关法律法规规定，合作社应结合本单位实际，规范成员入社退社、财务审批、重大资产添置处置、重大事项报告、各类会议决策等工作程序与工作流程。与此同时，应本着简单易行的原则，建立与实体建设相配套的工作程序与方法。包括重大事项决策、财务审批、审计工作、统计报送等四项工作程序和材料采购、产品生产加工、产品销售等工作流程。

三、财务公开

财务公开是指农村经济组织将其财务指标、财务数据等，通过不同渠道，采用不同形式，向全体成员公开，以保证成员的知情权和监督权的监督形式。实行财务会计报告公示制度是市场经济制度的内在要求，它对于保护股东（成员）、债权人、交易关系人的利益，维护交易安全和社会经济秩序，确保社会公众利益，都具有重要的作用。

成员享有"查阅本社的章程、成员名册、成员大会或者成员代表大会记录、理事会会议决议、监事会会议决议、财务会计报告和会计账簿"的权利。财务会计报告和会计账簿是反映经济组织业务经营情况的重要资料，包括成员与经济组织的交易情况、经济组织的收入和支出情况，以及经济组织的盈余亏损情况、债权债务情况等。这些资料与成员的切身利益密切相关，作为经济组织的出资者，成员应当享有查阅这些资料的权利，以了解经济组织财务情况，参与经济组织的管理和决策，维护自身的合法权益。这既是保障成员知情权、参与权、决定权的重要内容，也是成员对经济组织进行监督的重要途径。

（一）财务公开的主要内容

农村经济组织应当根据本社的实际财务情况，公开所涉及的内容。

1. 财务计划

（1）财务收支预算。

（2）固定资产购建计划。

（3）农业基本建设计划。

（4）资产经营与处置、资源开发利用、对外投资等计划。

（5）收益分配计划。

（6）经农村经济组织成员会议或成员代表会议讨论确定的其他财务计划。

2. 各项收入

（1）经营收入、租赁收入、服务收入等集体经营收入。

（2）发包及上交收入。

（3）投资收入。

（4）上级专项补助款项。

（5）征占土地补偿款项。

（6）救济扶贫款项。

（7）社会捐赠款项。

（8）资产处置收入。

（9）其他收入。

3. 各项支出

（1）经营支出。

(2) 管理人员报酬。

(3) 报刊费支出。

(4) 办公费、差旅费、会议费、卫生费、治安费等管理费支出。

(5) 公益福利支出。

(6) 固定资产购建支出。

(7) 征占土地补偿支出。

(8) 救济扶贫专项支出。

(9) 社会捐赠支出。

(10) 其他支出。

4. 各项资产

(1) 现金及银行存款。

(2) 产品物资。

(3) 固定资产。

(4) 生物资产。

(5) 对外投资。

(6) 其他资产。

5. 债权债务

(1) 应收单位和个人欠款。

(2) 金融机构贷款。

(3) 应付单位和个人款项。

(4) 其他债权债务。

6. 净资产（或所有者权益）

(1) 股金（或实收资本或股本）。

(2) 资本公积。

(3) 盈余公积。

(4) 未分配盈余（或未分配利润）。

7. 收益分配（或利润分配）

(1) 盈余总额（或利润总额）。

(2) 提取盈余公积数额。

(3) 外来投资分利数额。

(4) 成员分配数额。

(5) 其他分配数额。

8. 各类资源

包括农村经济组织所有的耕地、林地、草地、园地、滩涂、水面、四荒地、集体建设用地等。

9. 其他需要公开的事项。

(二) 财务公开的渠道、形式和程序

农村经济组织可以通过召开成员大会、成员代表会或张贴公开榜等渠道进行财务公开，也可以通过民主理财组织的宣传解答进行公开。公开形式主要包括公开栏、明白纸、公开墙等，有条件的农村经济组织可以通过电子触摸屏、电视、网络等形式进行公开。

财务公开前，应当由民主理财监督机构对公开内容的真实性、完整性进行审核，提出审查意见并签字或加盖印章。财务公开资料经农村经济组织负责人、民主理财监督机构负责人和主管会计签字后公开，并报乡（镇）农村经营管理部门备案。

四、民主理财

民主理财是指农村经济组织对本组织的经济和财务活动进行民主管理、民主决策、民主监督的组织原则。农村经济组织民主理财工作的主要目标是保证成员拥有财务知情权、决策权和监督权。农村经济组织民主理财组织既是财务监督组织，又是连接农村经济组织与其成员的纽带。按照民主理财要求，农村经济组织应定期、定人、定目标开展监督、检查、清理本社财务状况等民主管理活动。民主管理财务是农村经济组织生存的基础。只有充分落实民主管理财务，用民主精神将农村经济组织与每一位成员串联起来，充分体现"人人为我，我为人人，真诚相待，合作共荣"的团队精神，农村经济组织才有生命力。

(一) 实施"四制"监管

"四制"是呈报制、审议制、民主决策制、报告回访制的简称。

1. 呈报制

合作社对重大经济事项，按照《农民专业合作社法》《农民专业合作社财务会计制度》的相关规定，必须事先报经成员大会或成员代表会议批准，对通过决议的列入相关计划。呈报的主要内容如下。

(1) 每年合作社生产经营计划。
(2) 财务预算、决算计划，财务分配方案，财务开支的重大事项。
(3) 举债新上重大项目的事项。
(4) 需要进行承包、租赁、流转的资源性资产。
(5) 需要评估的固定资产、流动资产、无形资产、资源性资产。
(6) 需要招投标的工程项目。
(7) 需要组建新的经济实体。
(8) 成员出资。
(9) 村民反映的热点难点问题。

呈报的事项，一般由理事会提出，也可以由多名成员联合提出，也可以由监事会提出。呈报的相关事项，应包括呈报主题、时间、地点、事项主要内容简要说明、落实事项的要求、呈报事项签名等。对呈报的事项应根据其性质确定呈报程序。理事会、监事会提出的呈报事项，除政策性规定必须呈报上级主管部门审批的以外，其他事项必须经成员大会或成员代表会议讨论并做出决定。合作社部分成员、合作社内部管理部门提出的相关事项，先呈报理事会讨论决定，理事会难以决策的应按程序呈报成员大会或成员代表会议讨论决定。

2. 审议制

监事会人员应设监督岗，定期或不定期地对合作社的财务与资产进行审计、监督，并对审计、监督到的情况进行评议，拟定出具体意见和建议。审议制应注意以下三个方面。

（1）监事会人员在监督岗位上要认真履行工作职能，对合作社财务事项进行事前、事中、事后监督，严格按照审计程序，进行事前、事中、事后审计。

（2）审计的主要内容应与呈报的主要内容基本一致。

（3）审议的方法，一是借助监督岗位进行监督。对每一笔经济业务进行认真分析，一旦发现有违法乱纪现象，可以直接叫停，要求相关责任人改正，拒不接受的，应向责任人的上一级反映，直至向成员大会或成员代表会议反映。二是现场监督。凡是招投标事项或重大经济事项的处理，监事会成员必须到现场监督。三是审计难以解决的问题，可申请主管部门指导，尤其是对人民群众反映的热点问题，应加大呈报力度、协调力度、监控力度。经事前审计符合政策的，又有施行条件的应给予肯定性意见，对不符合政策和没有施行条件的，给予否定性意见，对仍需逐级上报审批的，要提出意向性意见。

3. 民主决策制

合作社重大经济事项和章程有规定的相关事项，必须进行民主决策。民主决策的相关事项有如下3点。

（1）确定需要进行民主决策的事项。一般情况下，民主决策的相关事项如呈报制中列举的几大类型，在确定需进行民主决策时，监事会成员应参与。

（2）履行民主决策程序。进入民主决策程序的事项，由1/3的成员或成员代表提出议案，理事会讨论并提出建议，建议事项在公开栏公告，召开成员大会或成员代表会议对议案及理事会的建议进行讨论并形成决定，会议决定在公开栏公布7天以上。

（3）民主决策的形式要规范。包括会议议程、会议事由、会议纪律、应到会人数、实到会人数、参与表决人数、投赞成票人数、投反对票人数等都要按制度要求执行。形成的会议决定文稿要规范。

4. 报告回访制

报告回访就是合作社理事会要将重大经济事项的落实情况，在成员大会或成员代表大会上报告。监事会成员对报告后的反映要进行收集，理事会要根据反映的问题做出解释，并及时研究出具体解决办法。

"四制"是民主监督落实到位的保障措施。"四制"构成了一个闭合式全方位监督体系。呈报制是事前，审议制、决策制是事中，报告回访制是事后，覆盖重大经济事项全过程。在执行过程中，不能倚轻倚重，不能顾此失彼，只要将"四制"串联起来执行，就能起到事半功倍的效果。

（二）建全"一个"民主决策机构

合作社的民主决策机构就是成员大会、成员代表会议。

（1）成员大会由全体成员组成，是合作社的权力机构。成员大会由理事会负责组织并主持召开，每年至少召开一次。成员大会应有2/3以上的成员出席方可召开，所做出的决议须经本社成员表决权总数过半数以上同意方可生效。

成员大会的职权主要有八项：即修改章程；选举和罢免理事长、理事、执行监事或监事会成员；决定重大财产处置、对外投资、对外担保和生产经营活动中的其他重大事项；批准年度业务报告、盈余分配方案、亏损处理方案；对合并、分立、解散、清算做出决议；决定聘用经营管理人员及专业技术人员的数量、资格和任期；听取理事长或者理事会关于成员变动的报告；章程规定的其他职权。《中华人民共和国农民专业合作社法》（以下简称《农民专业合作社法》）第二十九条、第四十五条对成员大会在财务管理方面的职权做出了具体规定：一是决定重大财产处置、对外投资、对外担保和生产经营活动中的其他重大事项。二是批准年度业务报告、盈余分配方案和亏损处理方案。三是听取执行监事或者监事会对本社财务的内部审计报告，必要时，成员大会也可以委托审计机构对本社的财务进行外部审计。

（2）成员代表大会代表由成员选举产生，成员代表大会按照章程规定可以行使成员大会的部分或者全部职权。主要职权范围由成员大会赋予，一般包括重要事项的议定，重大决策的讨论与制定，紧要事件的处理等。成员代表大会由理事会决定召开，会议的具体时间根据工作情况确定。

（3）成员大会或成员代表会议表决实行一人一票制，成员各享有一票的基本表决权。附加表决权按成员的出资额或与本社的交易额确定，但总票数不得超过本社成员基本表决权总数的20%。成员大会或成员代表会议讨论决定的事项必须形成书面材料，与会代表按照所表决的意见在同意、不同意、弃权相关栏内签名。工作人员要做好会议记录，供成员随时备查，每年度终了要将表决原始资料整理归档。

（4）在机制设置上要有民主管理人员。合作社设有监事会，监督理事会执行成员（代表）大会决议，这是民主理财的基本保障。同时，合作社实行分层管理，按成员生产或居住情况分片联系，每片有联络员，代表社情民意，既能有效地将各级会议精神贯彻落实，又能及时将成员的意愿反映上来，促使民主意识直达末端。对与合作社相连接的企业或经济实体，合作社监事会部分成员进入企业实体监事会，行使合作社监督职能，对企业实体重大事项有权提出质疑，确保合作社民主管理到位。

（三）实施管理与监督"两权"分离

实施管理与监督"两权"分离，是指将理事会职权与监事会职权分离开来，实施有效的内控监督与管理。

1. 理事会是合作社的执行机构

理事会由成员大会选举产生,对成员大会负责,可连选连任。理事长或者理事会可以按照成员大会的决定聘任经理和财务会计人员,理事长或者理事会应当按照章程规定,组织编制年度业务报告、盈余分配方案、亏损处理方案以及财务会计报告。

理事会应行使下列职权。

(1) 组织召开成员(代表)大会并报告工作。

(2) 执行成员大会决议。

(3) 制定本社发展规划、年度业务经营计划、内部管理规章制度,提交成员大会审议。

(4) 制定年度财务预决算、盈余分配和亏损弥补方案,提交成员大会审议。

(5) 组织开展成员培训和各种协作活动。

(6) 管理本社的资产和财务,保障本社的财产安全。

(7) 接受、答复、处理执行监事或者监事会提出的有关质询和建议。

(8) 决定成员入社、退社、继承、除名、奖励、处分等事项。

(9) 决定聘任或者解聘本社经理、财务会计人员和其他专业技术人员。

(10) 履行成员大会授予的其他职权。

理事长是合作社的法定代表人,在任职期间行使下列职权。

(1) 主持成员大会,召集并主持理事会会议。

(2) 签署本社成员出资证明。

(3) 签署聘任或者解聘本社经理、财务人员和其他专业技术人员聘用书。

(4) 组织实施成员大会和理事会决议,检查决议实施情况。

(5) 代表本社签订合同。

(6) 履行成员大会授予的其他职权。

2. 监事会是合作社的监督机构

监事会代表本社全体成员监督检查理事会和会计人员的工作。监事会由成员大会选举产生,合作社理事、监事不得互相兼任。

执行监事或监事会的职责,《农民专业合作社法》第四十五条规定,"设立执行监事或者监事会的农民专业合作社,由执行监事或者监事会负责对本社的财务进行内部审计,审计结果应当向成员大会报告"。

监事会行使下列职权。

(1) 监督理事会对成员大会决议和本社章程的执行情况。

(2) 监督检查本社的生产经营业务情况,负责本社财务审查工作。

(3) 监督理事长或者理事会成员和经理履行职责情况。

(4) 向成员大会提出年度监察报告。

(5) 向理事长或理事会提出工作质询和改进工作的建议。

(6) 提议召开临时成员大会。

(7) 代表本社负责记录理事与本社发生业务交易时的业务交易量（额）情况。

(8) 履行成员大会授予的其他职责。

理事会召开会议必须通知监事会人员列席会议，但监事会成员无表决权。

监事会召开会议形成的决议，应以书面形式通知理事会，必须回答的事项应在10日以内释疑。

为加强民主理财，还应注意以下两个方面：①理事、监事会议讨论决定的事项必须形成书面材料。与会成员按照所表决的意见在同意、不同意相关栏内签名，不得弃权，不得代签。工作人员要做好会议记录，供成员随时备查，每年度终了要将表决原始资料整理归档。②落实民主理财岗位责任制。包括理事长、执行监事工作责任制，总经理、副总经理工作责任制，财务岗位工作责任制等。将民主理财工作落到实处。

第四节　会计核算的基本要求

一、会计核算的基本假设

会计核算基本假设是会计确认、计量和报告的前提，是对会计核算所处的时间、空间环境等所做出的合理假定。它是人们在长期的会计实践中，逐步认识总结而成的。只有规定了这些会计基本假设，会计工作才能得以正常地进行下去，因此它为进行会计核算提供了前提和条件。会计核算基本假设包括会计主体、持续经营、会计分期和货币计量。

1. 会计主体

会计主体，又称会计实体、会计个体，是指会计确认、计量和报告的空间范围，即会计核算和监督的特定单位或组织。一般而言，凡拥有独立的资金、自主经营、独立核算收支和盈亏、并编制会计报表的单位或组织就构成了一个会计主体。最典型的会计主体是企业，而村集体经济组织、农民专业合作社等则为村集体经济组织会计和农民专业合作社会计的主体。

在会计主体假设下，单位应当对其本身发生的经济业务事项进行会计确认、计量和报告，反映单位本身所发生的经济活动，而不能超越范围核算与监督其他单位的经济业务。明确界定会计主体是开展会计确认、计量和报告工作的重要前提。

首先，明确会计主体，才能划定会计所要处理的各项经济业务事项的范围。在会计实务中，只有那些影响单位本身经济利益的各项经济业务事项才能加以确认、计量和报告，那些不影响单位本身经济利益的各项经济业务事项则不能予以确认、计量和报告。会计工作中通常所讲的资产、负债的确认，收入的实现，费用的发生等都是针对特定会计主体而言的。

其次，明确会计主体，才能将会计主体的经济业务事项与会计主体所有者的经济业务事项以及其他会计主体的经济业务事项区分开来。例如，企业所有者的经济业务事项是属于企业所有者主体发生的，不应纳入企业会计核算的范围，但是企业所有者投入企业的资本或企业向所有者分配的利润，则属于企业主体所发生的经济业务事项，应当纳入企业会计核算的范围。

会计主体不同于法律主体。一般而言，法律主体必然是一个会计主体。例如，一个单位、组织或企业作为一个法律主体，应当建立财务会计系统，独立反映其财务状况、经营成果和现金流量。但是，会计主体不一定是法律主体。例如，由自然人创办的独资企业与合伙企业，上述企业从法律上讲并不是法人企业，也不是法律主体，但在会计核算上必须将其作为会计主体；再如集团公司，为了真实全面反映整个集团公司的财务状况、经营成果和现金流量，有必要将企业集团作为一个会计主体，编制合并财务报表，而集团公司是由一个个具有法人资格的公司所组成，集团公司本身通常不是一个独立的法人。在这种情况下，尽管企业集团不属于法律主体，但它却是会计主体。

2. 持续经营

如果说会计主体作为会计基本假设是一种空间界定，那么持续经营则是一种时间上的界定。持续经营是指会计主体在可以预见的将来，将会按当前的规模和状态继续经营下去，不会停业、破产和清算，也不会大规模地消减业务。

既然不会停业、破产和清算，其拥有的各项资产就应在正常的经营过程中耗用、出售或转换，如按期计提固定资产折旧等，承担的债务也应在正常的经营过程中清偿，经营成果就会不断形成。也就是说，在持续经营假设下，会计确认、计量和报告应当以单位持续、正常的生产经营活动为前提。

需要注意的是，持续经营只是一个假定，任何企业或组织在经营中都存在破产、清算等不能持续经营的风险，一旦进入清算，就应当改按清算会计处理。

3. 会计分期

会计分期，又称会计期间，是指将一个会计主体持续经营的经营活动划分为一个个连续的、长短相同的期间，以便分期结算账目和编制财务会计报告。

根据持续经营基本假设，一个会计主体将按当前的规模和状态持续经营下去。但是，无论是会计主体本身的生产经营决策还是投资者、债权人等的决策，都需要及时了解会计信息。这就需要将会计主体持续的生产经营活动划分为一个个连续的、长短相同的期间，分期确认、计量和报告会计主体的财务状况、经营成果和现金流量，用以满足会计信息使用者的要求。会计分期假设的主要意义在于：首先界定了会计信息的时间段落，从而为分期结算账目和编制会计报表等奠定了理论与实务基础。其次正是由于会计分期才产生了当期与以前期间、以后期间的差别，才使不同类型的会计主体有了权责发生制和收付实现制等两个记账基准，进而出现了折旧、摊销等会计处理方法。

在会计分期假设下，单位应当划分会计期间，分期结算账目和编制财务报表。会计期间通常分为年度和中期。在我国，会计年度自公历1月1日起至12月31日止。中期则是指短于一个完整的会计年度的报告期间，通常包括半年度、季度和月度。

4. 货币计量

衡量不同单位的经营业绩，最直接、最简单有效的方法是选取货币进行计量，因而货币计量成为会计基本假设。货币计量是指会计主体在财务会计确认、计量和报告时，以货币作为统一的计量尺度，反映会计主体的经营活动。

货币是商品的一般等价物，可作为衡量一般商品价值的共同尺度，具有价值尺度、流通手段、贮藏手段和支付手段等特点。其他计量单位，如重量、长度、容积、台、件等，只能从一个侧面反映单位的生产经营情况，无法在量上进行汇总和比较，不便于会计计量和经营管理，只有选择货币尺度进行计量，才能充分反映单位的生产经营情况。所以，会计确认、计量和报告选择货币作为计量单位，是由货币的本身属性决定的。

设定货币计量是建立在货币本身的价值稳定不变的基础上。货币本身价值是处在变化过程中的，它会受到诸多因素特别是宏观经济因素的影响，但由于这种变化是个渐变的过程，在正常情况下，币值本身的升降幅度一般不大，从长期来看，这种升降可自行抵消。因此，设定货币计量前提，一般假定货币本身的价值稳定不变。

在我国会计核算以人民币为记账本位币。业务收支以人民币以外的货币为主的单位，也可以选择某种外币作为记账本位币，但编制的财务会计报告应当折算为人民币反映。

会计核算的四个基本假设，具有相互依存、相互补充的关系。具体说，会计主体确立了会计核算的空间范围，持续经营与会计分期确立了会计核算的时间长度，而货币计量则为会计核算提供了必要手段。没有会计主体，就不会有持续经营；没有持续经营，就不会有会计分期；而没有货币计量，也就不会有现代会计。

二、会计核算的一般原则

会计核算的一般原则是进行会计核算工作的基本规范，是从事账务处理、编制会计报表所依据的一般规则和准绳。会计核算的一般原则主要包括客观性、相关性、可理解性、可比性、实质重于形式、重要性、谨慎性、及时性等。

1. 客观性

客观性要求单位应当以实际发生的交易或者事项为依据进行会计确认、计量和报告，如实反映符合确认和计量要求的各项会计要素及其他相关信息，保证会计信息真实可靠、内容完整。具体包括以下内容。

（1）以实际发生的交易或者事项为依据，进行会计确认、计量和报告，将符合会计要素定义及其确认条件的资产、负债、所有者权益、收入、费用和利润等，如实反映在财务会计报表中，不得根据虚假的、没有发生的或者尚未发生的交易或者事项进行会计确认、计量和报告。

（2）在符合重要性和成本效益原则的前提下，保证会计信息的完整性，其中包括编报的报表及其附注内容等应当保持完整，不能随意遗漏或者减少应予披露的信息，特别是与使用者决策相关的信息都应当充分披露。

（3）在财务会计报告中列示的会计信息应当是中立的。如果单位在财务会计报告中为了达到事先设定的结果或效果，通过选择或列示有关会计信息以影响决策和判断的，这样的财务会计报告就不是中立的。

2. 相关性

相关性要求单位提供的会计信息应当与会计信息使用者的经济决策需要相关，有助于会计信息使用者对单位特别是企业过去、现在或者未来的情况做出评价或者预测。

相关性要求单位提供的会计信息能够反映其财务状况、经营成果和现金流量。会计信息是否有用、是否具有价值，关键看是否能够满足会计信息使用者的需要，是否有助于决策或者提高决策水平。因此，为了满足相关性要求，单位应当在确认、计量和报告会计信息的过程中，充分考虑使用者的决策模式和信息需要。

实践中，相关性要求是以客观性为基础的，两者之间是统一的，并不矛盾，不应将两者对立起来。在客观性前提下，会计信息应尽可能地做到相关性，以满足会计信息使用者的决策需要。

3. 可理解性

可理解性要求单位提供的会计信息应当清晰明了，便于会计信息使用者理解和使用。

会计信息毕竟是一种专业性较强的信息产品，在强调会计信息的可理解性要求的同时，还应假定使用者具有一定的有关经营管理和会计方面的知识，并且愿意付出努力去研究这些信息。对于某些复杂的信息，如交易本身较为复杂或者会计处理较为复杂，但其与使用者的经济决策相关，企业就应当在财务报告中予以充分披露。

4. 可比性

可比性要求单位提供的会计信息应当相互可比。这主要包括两层含义。

（1）同一单位不同时期可比。同一单位不同时期发生的相同或者相似的经济业务事项，应当采用一致的会计政策，不得随意变更。对同一项经济业务，会计准则或会计制度允许在几种会计处理方法中选择使用，如固定资产折旧方法，可以采用直线法、双倍余额递减法或年数总和法等，但为了保证单位不同时期会计资料的可比性，从而对其财务状况和经营成果做出正确判断，以便于进行正确决策，就必须要求在前后各期使用的会计处理方法具有一致性，特别是在一个会计年度内，会计方法一经确定，不能随意变更。但是遵循这一要求并不是不允许变更会计政策，如果按照规定或者会计政策变更后可以提供更可靠、更相关的会计信息，就可以变更会计政策。有关会计政策变更的情况，应当在附注中予以说明。

（2）不同单位相同会计期间可比。可比性要求不同单位同一会计期间发生相同或者相似的经济业务事项，应当采用统一规定的会计政策，以确保会计信息口径一致、相互可比。只有按照此要求进行会计核算，各个单位的会计信息才能进行比较，会计信息使用者才能评价不同单位的财务状况、经营成果和现金流量及其变动情况，从而有助于使用者做出科学合理的决策。

5. 实质重于形式

实质重于形式要求单位应当按照交易或者事项的经济实质进行会计确认、计量和报告，不应仅以交易或者事项的法律形式为依据。

单位发生的经济业务事项在多数情况下其经济实质和法律形式是一致的，但在有些情况下也会出现不一致。例如，企业按照销售合同销售商品但又签订了售后回购协议，虽然从法律形式上看实现了收入，但企业没有将商品所有权上的主要风险和报酬转移给购货方，没有满足收入确认的各项条件，即使签订了商品销售合同或者已将商品交付给购货方，也不应当确认收入。同样道理，融资租入的固定资产就应该视同自有资产处理。

6. 重要性

重要性要求单位提供的会计信息应当反映与单位财务状况、经营成果和现金流量有关的所有重要交易或者事项。

财务报告中提供的会计信息的省略或者错报会影响会计信息使用者据此做出决策，那么该信息就具有重要性。重要性的应用需要依赖职业判断，单位应当根据其所处环境和实际情况，从项目的性质和金额大小两方面加以判断。

会计核算过程应当根据经济业务事项的重要程度，采用不同的核算方式。对足以影响会计信息使用者做出合理、准确判断的经济业务事项，必须按照规定的会计方法和程序进行处理，并在财务会计报告中予以充分、准确的披露；对于不足以影响会计信息使用者做出合理、准确判断的经济业务事项，在不影响会计信息真实性和不至于误导财务会计报告使用者做出正确判断的前提下，可适当进行简化处理。

7. 谨慎性

谨慎性要求单位对交易或者事项进行会计确认、计量和报告时应当保持应有的谨慎，不应高估资产或者收益、低估负债或者费用。

在市场经济环境下，单位的生产经营活动面临着许多风险和不确定性，如应收款项的可收回性、售出的商品可能发生的退货或者返修等。会计信息质量的谨慎性要求，需要单位特别是企业在面临不确定性因素的情况下作出职业判断时，应当保持应有的谨慎，充分估计到各种风险和损失，既不高估资产或者收益，也不低估负债或者费用。

谨慎性的应用不允许企业设置秘密准备，否则会损害会计信息质量，扭曲企业实际的财务状况和经营成果，从而对使用者的决策产生误导，这是会计准则所不允许的。

8. 及时性

及时性要求单位对于已经发生的交易或者事项，应当及时进行确认、计量和报告，不得提前或者延后。

会计信息的价值在于帮助所有者或者其他方面作出经济决策，具有时效性。在会计确认、计量和报告过程中贯彻及时性，一是要求及时收集会计信息，即在经济交易或者事项发生后，及时收集整理各种原始单据或者凭证；二是要求及时处理会计信息，即按照会计准则、会计制度的规定，及时对经济交易或者事项进行确认或者计量，并编制财务报告；三是要求及时传递会计信息，即按照国家规定的有关时限，及时地将编制的财务报告传递给使用者，便于其及时使用和决策。

三、会计核算基础

会计核算基础，也称记账基础，是指会计确认、计量和报告的基础，包括权责发生制和收付实现制。

1. 权责发生制

权责发生制亦称为应计制或应收应付制，是指收入、费用的确认应当以收入和费用的实际发生作为确认的标准，合理确认当期损益的一种会计核算基础。

在日常生产经营活动中，货币收付的时间有时与收入、费用确认的时间并不完全一致。如款项已经收到，但销售并未实现而不能确认为本期的收入；或者款项已经支付，但与本期的生产经营活动无关而不能确认为本期的费用。为了更加真实、公允地反映特定会计期间的财务状况和经营成果，《企业会计准则》《村集体经济组织会计制度》《农民专业合作社财务会计制度》均明确规定：会计核算应当以权责发生制为基础进行确认、计量和报告。

在权责发生制下，凡是当期已经实现的收入和已经发生或应当负担的费用，无论款项是否收付，都应当作为当期的收入和费用处理，计入利润表（或收益表）；凡不属于当期的收入和费用，即使款项已在当期收付，也不应作为当期的收入和费用。为了真实、公允地反映特定时点的财务状况和特定期间的经营成果，村办企业、村集体经济组织、农民专业合作社在会计确认、计量和报告中应当以权责发生制为基础。

2. 收付实现制

收付实现制亦称现金制或实收实付制，它是以实际收到或者支付现金作为确认当期收入和费用的标准，是与权责发生制相对应的一种会计基础。

行政事业单位会计核算一般采用收付实现制；行政事业单位部分经济业务或者事项，以及部分行业事业单位会计核算采用权责发生制核算的，由财政部在相关会计制度中具体规定。

3. 权责发生制与收付实现制的区别

权责发生制和收付实现制在处理收入和费用时的原则是不同的，所以同一会计事项按不同的会计基础进行处理，其结果可能是相同的，也可能是不同的。例如，本期销售产品一批价值 5 000 元，货款已收存银行，这项经济业务不管是采用权责发生制基础还是收付实现制基础，5 000 元货款均应作为本期收入，因为一方面它是本期获得的收入，应当作本期收入，另一方面现款也已收到，也应列作本期收入，这时就表现为两者的一致性。但在个别情况下两者则是不一致的，例如，本期收到上月销售产品的货款存入银行；如果采用收付实现制，这笔货款应当作为本期的收入，因为现款是本期收到的；如果采用权责发生制，则此项收入不能作为本期收入，因为它不是本期获得的。综上所述，我们可知权责发生制基础和收付实现制基础之间的区别如下。

（1）在权责发生制基础上存在费用的待摊和预提等问题，而在收付实现制基础上不存在这些问题，所以在进行核算时它们所设置的会计科目不完全相同。

（2）权责发生制和收付实现制确定收入和费用的原则不同，因此，它们即使是在同一时期同一业务计算的收入和费用总额也可能不同。

（3）权责发生制是以应收应付为标准来作收入和费用的归属与配比的，因此，计算出来的盈亏较为准确。而收付实现制是以款项的实际收付为标准来作收入和费用的归属与配比的，因此，计算出来的盈亏不够准确。

（4）采用权责发生制，期末只有对账簿记录进行调整之后才能计算盈亏，所以手续比较麻烦，而采用收付实现制基础，期末则不需要对账簿记录进行调整，即可计算盈亏，所以手续比较简单。

第二章　农民专业合作社会计

第一节　农民专业合作社基础知识

改革开放以来，党中央确立了在农村的基本经营制度，即以家庭联产承包经营为基础，统分结合的双层经营体制，农户的市场经营主体地位因此确立。但是，由于经营规模小、应对自然风险和市场风险的能力弱，农户在商品生产和经营中遇到很多困难，因此，组织起来共同面对市场风险成为市场经济体制下分散经营的农民的必然选择。其中，受到农民群众普遍欢迎的一种十分重要的组织形式是农民专业合作社。

农民专业合作社是在农村家庭承包经营基础上，同类农产品的生产经营者或者同类农业生产经营服务的提供者、利用者，自愿联合、民主管理的互助性经济组织。农民专业合作社以其成员为主要服务对象，提供农业生产资料的购买，农产品的销售、加工、运输、贮藏以及与农业生产经营有关的技术、信息等服务。

一、农民专业合作社会计制度

为了规范农民专业合作社的会计工作，2008年1月1日起实施的《农民专业合作社财务会计制度（试行）》从总则、会计核算的基本要求、会计科目、会计报表以及会计凭证、会计账簿和会计档案5个方面规范了农民专业合作社财务以及会计核算工作。农民专业合作社应当按照国家制定的财务会计制度进行核算，这是对农民专业合作社财务工作的基本要求。

二、农民专业合作社会计科目的设置

会计科目是按照经济业务的内容和经济管理的要求，对会计要素的具体内容进行分类核算的科目。农民专业合作社在日常核算中应主要设置的科目见表2-1。

表2-1　会计科目

顺序号	科目编号	科目名称
一、资产类		
1	101	库存现金
2	102	银行存款
3	113	应收款
4	114	成员往来

(续表)

顺序号	科目编号	科目名称
5	121	产品物资
6	124	委托加工物资
7	125	委托代销商品
8	127	受托代购商品
9	128	受托代销商品
10	131	对外投资
11	141	牲畜（禽）资产
12	142	林木资产
13	151	固定资产
14	152	累计折旧
15	153	在建工程
16	154	固定资产清理
17	161	无形资产
二、负债类		
18	201	短期借款
19	211	应付款
20	212	应付工资
21	221	应付盈余返还
22	222	应付剩余盈余
23	231	长期借款
24	235	专项应付款
三、所有者权益类		
25	301	股金
26	311	专项基金
27	321	资本公积
28	322	盈余公积
29	331	本年盈余
30	332	盈余分配
四、成本类		
31	401	生产成本
五、损益类		
32	501	经营收入
33	502	其他收入
34	511	投资收益
35	521	经营支出
36	522	管理费用
37	529	其他支出

《农民专业合作社财务会计制度（试行）》还规定：合作社在经营中涉及使用外埠存款、银行汇票存款、银行本票存款、信用卡存款、信用证保证金存款等各种其他货币资金的，可增设"其他货币资金"科目（科目编号109）；合作社在经营中大量使用包装物，需要单独对其进行核算的，可增设"包装物"科目（科目编号122）；合作社生产经营过程中，有牲畜（禽）资产、林木资产以外的其他农业资产，需要单独对其进行核算的，可增设"其他农业资产"科目（科目编号149），参照"牲畜（禽）资产""林木资产"进行核算；合作社需要核算分年摊销相关长期费用的，可增设"长期待摊费用"科目（科目编号171）。

第二节 农民专业合作社资产的核算

一、农业资产的计价

1. 农业资产概述

合作社的农业资产包括牲畜（禽）资产和林木资产，主要包括幼畜及育肥畜、产畜及役畜（包括禽、特种水产等）、经济林木和非经济林木等。

农业资产具有与其他资产不同的生物特征，其主要表现在以下几个方面：生物转化性和自然增值性；生长周期性；多样性；地域差异性；提供副产品的特性；附着物不可分割性；双重资产特性；未来经济利益不确定性等特征。

2. 农业资产的计价基础

合作社农业资产价值构成与其他资产的价值构成有明显差别，主要体现在生物的成长期间增加了农业资产价值，农业资产一般按以下三种方法计价。

（1）原始价值。原始价值指购入农业资产的买价及相关税费的总额，是实际发生并有支付凭证的支出。如果是自产幼畜，则为相关期间的生产成本。

（2）饲养价值、管护价值和培植价值。饲养价值是指幼畜及育肥畜成龄前发生的饲养费用；管护价值是指经济林木投产后发生的管护费用；培植价值是指经济林木投产前及非经济林木郁闭前发生的培植费用。

（3）摊余价值。摊余价值指农业资产的原始价值加饲养价值或培植价值减去农业资产的累计摊销后的余额。摊余价值反映农业资产的现有价值。

3. 农业资产计价原则

农业资产具有特殊的生物性，其价值随着生物的出生、成长、衰老、死亡等自然规律和生产经营活动不断变化。为适应这一特点，合作社会计制度规定了农业资产的计价原则，如下所述。

（1）购入的农业资产按照买价及相关的税费等计价。

（2）幼畜及育肥畜的饲养费用、经济林木投产前的管护费用和非经济林木郁闭前的培植费用按实际成本计入相关资产成本。

（3）产役畜、经济林木投产后，应将其成本扣除预计残值后的部分在其正常生产周期内按直线法分期摊销，预计净残值率按照其成本的5%确定。

（4）已提足折耗但未处理仍然继续使用的产役畜、经济林木不再摊销。

（5）农业资产死亡、毁损时，按规定程序批准后，依实际成本扣除应由责任人或者保险公司赔偿的金额后的差额，计入其他支出。

二、牲畜（禽）资产的核算

牲畜（禽）资产是指合作社农业资产中的动物资产。主要有幼畜及育肥畜、产畜及役畜等（包括特种水产）。与产品物资不同，牲畜（禽）资产具有下述特点。

（1）牲畜（禽）资产按用途可以分为两类：一是用于产仔、产奶、耕田、运输的种猪、奶牛、黄牛、役马等产畜或役畜，简称"产役畜"；二是处于养育阶段，用于转为"产役畜"或对外出售的"幼畜及育肥畜"。产役畜属于劳动手段性质的生产性动物资产，幼畜及育肥畜属于劳动对象性质的消耗性动物资产。

（2）牲畜（禽）资产必须处于活体才具有提供收益的能力，所以要根据其生物特性和生长发育规律发生各种饲养费用，而饲养费用的核算又有区别：为幼畜及育肥畜发生的饲养费用计入幼畜及育肥畜成本，为产役畜发生的饲养费用则计入经营支出。

（3）幼畜及育肥畜的账面价值与产役畜的账面价值的稳定性不同。

（4）牲畜（禽）资产内部存在转化情况，如幼畜成龄后可以转为产役畜，由劳动对象转为劳动手段；产畜或役畜淘汰转为育肥畜，则由劳动手段转为劳动对象。

（5）牲畜（禽）资产不仅用于耗费、使用，还可以对外出售、对外投资，而且具有生老病死的规律性。

为全面反映和监督合作社牲畜（禽）资产的情况，合作社应设置"牲畜（禽）资产"账户进行核算。该账户的借方登记因自产、购买、接受投资、接受捐赠等原因而增加的牲畜（禽）资产的成本，以及幼畜及育肥畜的饲养费用；贷方登记因出售、对外投资、死亡毁损等原因而减产的牲畜（禽）资产的成本，以及产役畜的成本摊销；期末余额在借方，反映合作社幼畜及育肥畜和产役畜的账面余额。本账户应设置"幼畜及育肥畜""产役畜"两个二级科目，并按牲畜（禽）的种类设置三级明细科目，进行明细核算。

1. 牲畜（禽）资产增加的核算

牲畜（禽）资产的增加应按照实际成本计价。不同来源的牲畜（禽）资产，计价内容也有所不同。

（1）购入的牲畜（禽）资产。合作社购入的牲畜（禽）资产，按购买价格、运输费、保险费以及其他可直接归属于购买牲畜资产的相关税费，作为实际成本。借记"牲畜（禽）资产—幼畜及育肥畜"账户，贷记"库存现金""银行存款"等账户。

（2）投资者投入的牲畜（禽）资产。合作社按确认的价值，记入"牲畜（禽）资产"账户借方，按投资各方确认的股金份额确认"股金"账户贷方，按二者差额，记入"资本公积"账户。

（3）接受捐赠的牲畜（禽）资产。合作社接受捐赠的牲畜（禽）资产，按所附发票金额加上实际发生的运输费、保险费等作为入账价值，记入"牲畜（禽）资产"账户借方，同时记入"专项基金"账户贷方。

（4）自产的牲畜（禽）资产。自产牲畜（禽）资产的增加，主要是幼畜及育肥畜在成长过程中，由于支付饲养费用而得到的增加额。至于幼畜成熟转为产役畜，并没有增加牲畜（禽）资产的总量，因而不应列为牲畜（禽）资产的增加内容。发生幼畜及育肥畜饲养费用时，借记"牲畜（禽）资产——幼畜及育肥畜"账户，按照发生饲养费用的内容和金额，贷记"产品物资""应付工资"等账户。

【例2-1】生猪合作社饲养母猪，2019年2月产仔10头。其整个生产期间饲养工资200元，饲料费用600元。新生产小猪防疫等费用500元，已现金支付。

借：经营支出　　　　　　　　　　　　　　　　800
　　贷：产品物资　　　　　　　　　　　　　　　600
　　　　应付工资　　　　　　　　　　　　　　　200
借：牲畜（禽）资产——幼畜及育肥畜——猪　　500
　　贷：库存现金　　　　　　　　　　　　　　　500

2. 牲畜（禽）资产饲养费用的核算

《农民专业合作社财务会计制度（试行）》规定，牲畜（禽）资产的饲养费用要区分以下两种处理方法：一是幼畜及育肥畜的饲养费用资本化，增加牲畜（禽）资产值；二是产役畜的饲养费用作为当期费用，计入经营支出。

（1）幼畜及育肥畜的饲养费用。幼畜及育肥畜的饲养费用要予以资本化，记入"牲畜（禽）资产"账户借方，同时记入"产品物资""应付工资"等账户贷方。

（2）产役畜的饲养费用。合作社产役畜的饲养费用，不再增加牲畜资产的价值，而是增加当期费用。按实际发生的费用记入"经营支出"账户借方，同时记入"应付工资""产品物资"等账户的贷方。

3. 牲畜（禽）资产转换的核算

牲畜（禽）资产的转换，是指幼畜及育肥畜与产役畜之间的转换，即幼畜成龄转为产畜或役畜，产畜或役畜淘汰转为育肥畜。幼畜成龄转为产畜或役畜时，按照幼畜的账面价值，借记"牲畜（禽）资产——产役畜"账户，贷记"牲畜（禽）资产——幼畜及育肥畜"账户；产畜或役畜淘汰转为育肥畜时，按照被淘汰产役畜的账面价值，借记"牲畜（禽）资产——幼畜及育肥畜"账户，贷记"牲畜（禽）资产——产役畜"账户。

【例2-2】2019年12月31日，养牛合作社5头幼牛已成龄，转为役畜，预计可使用10年，幼牛买入价6 000元，饲养费用6 000元。

幼牛的成本=6 000+6 000=12 000（元）

借：牲畜（禽）资产——产役畜——役畜——牛　　　　　　12 000
　　贷：牲畜（禽）资产——幼畜及育肥畜——幼畜——牛　　12 000

幼畜转为产役畜后发生的饲养费用，不再资本化，作为当期费用。

4. 产役畜成本摊销的核算

产役畜作为生产性的成年动物，可以参加1年以上的生产活动，具有多年生产能力，能够提供多年产仔、产奶、耕田或畜力运输等服务，使合作社获得多年的相关收入。因此，其成本应在产役畜预计具有生产能力的年限内平均摊销，这一摊销也是产役畜价值的折耗，已提足折耗但仍继续使用的产役畜，不再摊销。其摊销的计算公式为：

$$\frac{某产役畜}{年度摊销成本} = \frac{该产役畜账面成本-该产役畜预计净残值}{该产役畜正常生产年数}$$

上式中，预计净残值是指产役畜淘汰时，预计可出售的价值减去有关出售费用后的净收入，或转为育肥畜的价值，通常按照产役畜成本的5%确定；产役畜的正常生产年数按照其生产周期确定。

经上述确定的产役畜摊销成本，在摊销时借记"经营支出"账户，贷记"牲畜（禽）资产——产役畜"账户。产役畜的账面价值将随着摊销额的增加而不断减少。

【例2-3】接上题，2017年1月，合作社开始摊销成龄奶牛的成本，此时奶牛成本12 000元，预计可使用8年。

奶牛成本的月摊销额计算：

每年应摊销的金额=12 000×（1-5%）÷8=1 425（元）

每月应摊销的金额=1 425÷12=118.75（元）

借：经营支出　　　　　　　　　　　　　　　　　　　118.75
　　贷：牲畜（禽）资产——产役畜——役畜——奶牛　118.75

5. 牲畜（禽）资产处置的核算

牲畜（禽）资产的处置主要包括对外出售、对外投资、死亡与毁损等情况。借记"库存现金""银行存款""应收款""经营支出""其他支出"等账户，贷记"经营收入""牲畜（禽）资产"账户。

（1）牲畜（禽）资产出售的核算。牲畜（禽）资产的出售，一方面要确认销售收入，记入"库存现金""银行存款"等账户借方，同时记入"经营收入"账户贷方；另一方面要结转其实际成本，记入"经营支出"账户。

【例2-4】2019年1月，合作社将育成的50头仔猪出售给天阳肉品厂，每头售价600元，货款暂欠，该批仔猪购买成本10 000元，饲养费用14 000元。

借：应收款——天阳肉品厂　　　　　　　　　　　　　30 000
　　贷：经营收入　　　　　　　　　　　　　　　　　30 000

同时结转成本：

育肥畜（猪）的成本=10 000+14 000=24 000（元）

借：经营支出　　　　　　　　　　　　　　　　　　　24 000
　　贷：牲畜（禽）资产——幼畜及育肥畜——育肥畜——猪　24 000

（2）牲畜（禽）资产对外投资的核算。合作社以牲畜（禽）资产对外投资时，按照投资各方的合同、协议确定的价值，借记"对外投资"等账户，贷记"牲畜（禽）

资产"账户；合同、协议确定的价值大于牲畜（禽）资产账面价值的差额，贷记"资本公积"账户，合同、协议确定的价值小于牲畜（禽）资产账面价值的差额，借记"资本公积"账户。

【例2-5】接上题，2019年2月1日，合作社用10头役牛向阳光生态旅游区投资，双方已协商同意并签订了合同，该批役牛是2019年1月1日由幼畜转役畜，成本12 000元，预计可使用8年。

首先计算投资时10头役牛的账面价值：

已摊销成本＝12 000×（1-5%）÷8＝1 425（元）

1 425÷12＝118.75（元）

役牛成本＝12 000-118.75＝11 881.25（元）

双方协议每头役牛1 300元，则：

借：对外投资——阳光生态旅游区　　　　　　　　　　13 000

　　贷：牲畜（禽）资产——产役畜——役畜——牛　　　11 881.25

　　　　资本公积　　　　　　　　　　　　　　　　　　1 118.75

双方协议每头役牛1 100元，则：

借：对外投资——阳光生态旅游区　　　　　　　　　　11 000

　　资本公积　　　　　　　　　　　　　　　　　　　　881.25

　　贷：牲畜（禽）资产——产役畜——役畜——牛　　　11 881.25

双方协议役牛的价格为11 881.25元，则：

借：对外投资——阳光生态旅游区　　　　　　　　　　11 881.25

　　贷：牲畜（禽）资产——产役畜——役畜——牛　　　11 881.25

（3）牲畜（禽）资产死亡毁损的核算。牲畜（禽）资产死亡与毁损时，按照规定程序批准后，如有残值变现，按照变现金额借记"库存现金"等账户，按过失人及保险公司应赔偿的金额，借记"成员往来""应收款"等账户，如果其账面价值小于变现残值和过失人及保险公司应赔偿的金额，属于净损失，借记"其他支出"账户，反之则属于净收益，贷记"其他收入"账户，按照牲畜（禽）资产的账面价值，贷记"牲畜（禽）资产"账户。

【例2-6】某生猪合作社因饲养人员疏忽，致使一头母猪死亡，母猪账面价值为2 000元，按规定保险公司赔偿1 200元，经批准，由饲养人员赔偿400元，其他列支出。

做两笔会计分录：

借：应收款——保险公司　　　　　　　　　　　　　　1 200

　　成员往来——饲养员　　　　　　　　　　　　　　　400

　　其他支出　　　　　　　　　　　　　　　　　　　　400

　　贷：牲畜（禽）资产——产役畜——猪　　　　　　　2 000

收到保险公司赔付款项时：

借：银行存款　　　　　　　　　　　　　　　　　　　1 200

  贷：应收款——保险公司   1 200

三、林木资产的核算

  林木资产是指合作社农业资产中的植物资产，主要包括经济林木和非经济林木，其会计核算与牲畜（禽）资产的会计核算基本相似。

  为全面监督合作社林木资产的情况，合作社应设置"林木资产"账户进行核算。该账户的借方登记因购买、营造、接受捐赠等而增加的林木资产的成本，以及经济林木投产前、非经济林木郁闭前的培植费用；贷方登记因出售、对外投资、死亡毁损等原因而减少的林木资产的成本，以及经济林木的成本摊销；期末余额在借方，反映合作社购入或营造的林木资产的账面余额。本账户应设置"经济林木""非经济林木"两个二级账户，并按林木的种类设置明细账户，进行明细核算。

  现行制度规定，购入或营造的经济林木投产前、非经济林木郁闭前发生的培植费用，予以资本化，增加受益林木资产的成本价值；合作社经济林木投产之后发生的管护费用，按收入费用配比原则，不再记入"林木资产"账户，而是记入"经营支出"账户借方，同时记入"应付工资""产品物资"等账户贷方。非经济林木郁闭后发生的管护费用，为避免过度资本化积累风险，记入"其他支出"借方。

  1. 林木资产增加的核算

  （1）购入的林木资产。合作社购入经济林木时，按购买价及相关税费，借记"林木资产"账户，贷记"库存现金""银行存款""应付款"等账户。

  【例2-7】2019年年初，绿源合作社从某林场购入梨树苗500棵植入果园，价款10 000元，购入杨树苗200棵种植于道路两旁，价款5 000元。以上树苗全部用银行存款支付。

  借：林木资产——经济林木——梨树   10 000
      ——非经济林木——杨树   5 000
    贷：银行存款   15 000

  （2）营造的林木资产。合作社营造的经济林木投产前发生的培植费用，借记"林木资产"账户，贷记"应付工资""产品物资""库存现金""应付款"等账户。

  （3）接受捐赠的林木资产。合作社接受捐赠林木资产时，按所附发票价格作为林木资产的原始价值，借记"林木资产"，贷记"专项基金"。

  2. 林木资产培植费用的核算

  购入或营造的经济林木投产前、非经济林木郁闭前发生的培植费用，予以资本化，按实际发生的费用，记入"林木资产"账户借方，同时记入"产品物资""应付工资"等账户贷方。

  【例2-8】2019年，合作社培植梨树支付了2 000元的临时工人工资，使用了1 000元的农药；培植杨树用现金支付了水费400元，应付临时工的护林费1 200元；培植枇杷树应付合作社工人工资8 000元，施用4 000元肥料。

梨树投产前发生的培植费用，计入梨树的成本，会计分录为：

借：林木资产——经济林木——梨树　　　　　　　　　　3 000
　　贷：应付工资　　　　　　　　　　　　　　　　　　2 000
　　　　产品物资——农药　　　　　　　　　　　　　　1 000

杨树发生的培植费用，计入杨树的成本，会计分录为：

借：林木资产——非经济林木——杨树　　　　　　　　1 600
　　贷：库存现金　　　　　　　　　　　　　　　　　　400
　　　　应付款　　　　　　　　　　　　　　　　　　　1 200

枇杷树投产前发生的培植费用，计入枇杷树的成本，会计分录为：

借：林木资产——经济林木——枇杷树　　　　　　　　12 000
　　贷：应付工资　　　　　　　　　　　　　　　　　　8 000
　　　　产品物资——肥料　　　　　　　　　　　　　　4 000

以后每年发生的培植费用都做同样的账务处理。

3. 林木资产管护费用的核算

（1）经济林木投产后发生的管护费用。合作社经济林木投产后发生的管护费用，不再记入"林木资产"，而是借记"经营支出"科目，贷记"应付工资""产品物资"等科目。

【例2-9】2019年7月，合作社营造的10亩枇杷树开始投产，预计可以正常生产枇杷5年。投产后发生管护人员工资1 500元、农药支出500元、肥料支出3 500元、其他物资支出1 000元。

借：经营支出　　　　　　　　　　　　　　　　　　　6 500
　　贷：产品物资——农药　　　　　　　　　　　　　　500
　　　　　　　　——肥料　　　　　　　　　　　　　　3 500
　　　　　　　　——其他　　　　　　　　　　　　　　1 000
　　　　应付工资　　　　　　　　　　　　　　　　　　1 500

（2）非经济林木郁闭后发生的管护费用。合作社非经济林木郁闭后发生的管护费用，不再记入本科目，借记"其他支出"科目，贷记"应付工资""产品物资"等科目。

【例2-10】2019年年末，当年种植的杨树郁闭。2017年1月，合作社用现金支付已经郁闭杨树的管护费用300元。

借：其他支出　　　　　　　　　　　　　　　　　　　300
　　贷：库存现金　　　　　　　　　　　　　　　　　　300

非经济林木长成郁闭时，不需要进行会计核算。但由于郁闭前和郁闭后其发生费用的会计核算方法不同，需要在有关备查簿中对郁闭时点及相关事项登记备查。

4. 经济林木成本摊销的核算

合作社经济林木投产后，应将其成本扣除预计残值后的部分在其正常生产周期内按直线法分期摊销，预计残值按照经济林木成本的5%确定。借记"经营支出"科目，贷记本科目（经济林木）。

【例2-11】2019年8月,合作社开始摊销枇杷树的成本,假设批杷树的成本是25 000元。2017年2月,合作社开始摊销梨树成本,假设梨树的成本是13 600元。

枇杷树成本月摊销额=25 000×(1-5%)÷5÷12=395.83(元)

借:经营支出　　　　　　　　　　　　　　　　　　　　　395.83
　　贷:林木资产——经济林木——枇杷树　　　　　　　　　　395.83

梨树成本摊销额=13 600+3 600×(1-5%)÷5÷12=215.33(元)

借:经营支出　　　　　　　　　　　　　　　　　　　　　215.33
　　贷:林木资产——经济林木——梨树　　　　　　　　　　　215.33

5. 林木资产处置的核算

(1)林木资产出售的核算。按规定程序批准后,林木采伐出售时,按照实现的销售收入,借记"库存现金""银行存款""应收款"等科目,贷记"经营收入"科目;同时,按照出售林木的实际成本,借记"经营支出"科目,贷记"林木资产"。

【例2-12】2020年8月,绿源合作社将投产的枇杷树出售,价款30 000元已收存银行;经批准,将用于道路防护的200棵杨树全部采伐出售,价款7 000元,已收存银行。

出售枇杷树的会计分录为:

借:银行存款　　　　　　　　　　　　　　　　　　　　30 000
　　贷:经营收入　　　　　　　　　　　　　　　　　　　30 000

同时,结转枇杷树成本:

枇杷树的成本=25 000-395.83×12=20 250.04(元)

借:经营支出　　　　　　　　　　　　　　　　　　　20 250.04
　　贷:林木资产——经济林木——枇杷树　　　　　　　　20 250.04

出售杨树的会计分录为:

借:银行存款　　　　　　　　　　　　　　　　　　　　7 000
　　贷:经营收入　　　　　　　　　　　　　　　　　　　7 000

同时,结转杨树成本:

杨树成本=5 000(买入价)+1 600(培植费用)=6 600(元)

借:经营支出　　　　　　　　　　　　　　　　　　　　6 600
　　贷:林木资产——非经济林木——杨树　　　　　　　　　6 600

(2)林木资产对外投资的核算。以林木资产对外投资时,按照合同、协议确定的价值,借记"对外投资"科目,贷记本科目,合同或协议确定的价值与林木资产账面余额之间的差额,借记或贷记"资本公积"科目。

(3)林木资产死亡与毁损的核算。林木死亡毁损时,按规定程序批准后,按照过失人及保险公司应赔偿的金额,借记"成员往来""应收款"科目,如发生净损失,则按照扣除过失人和保险公司应赔偿金额后的净损失,借记"其他支出"科目,按照林木资产的账面余额,贷记本科目;如产生净收益,则按照林木资产的账面余额,贷记本科目,同时按照过失人及保险公司应赔偿金额超过林木资产账面余额的金额,贷记"其他收入"科目。

四、固定资产的核算

1. 固定资产增加的核算

（1）固定资产核算的账户设置。为了真实准确地反映合作社固定资产的原始价值、折旧和净值，在核算固定资产时，应设置"固定资产""累计折旧""在建工程"等账户。

（2）固定资产取得的核算。一是购入的固定资产。合作社购入的固定资产，有的不需要安装就可以直接投入使用，有的则需要安装才能投入使用。购入不需安装的固定资产，按实际支付的买价加采购费、包装费等记入"固定资产"账户的借方，同时记入"银行存款""应付款"等账户的贷方。

合作社购入需要安装的固定资产应根据实际支付的买价、包装运杂费和安装费，借记"在建工程"，贷记"银行存款"科目，待安装完毕后，记入"固定资产"借方，同时记入"在建工程"贷方。

二是自行建造的固定资产。

a. 自营工程。合作社自营工程主要通过设置"在建工程"科目进行核算，该科目核算合作社为在建工程所发生的各项实际支出，以及改扩建工程等转入的固定资产净值。为营建工程实际发生的各项支出记入"在建工程"账户的借方，工程完工验收合格后，按工程的实际成本，记入"在建工程"账户的贷方。

b. 出包工程。出包工程是指合作社以出包方式进行的自制、自建固定资产工程，工程的具体支出由承包单位核算。采用这种方式建造固定资产，合作社将与承包单位结算的工程价款作为工程成本，通过"在建工程"核算，此时，"在建工程"科目为合作社与承包单位的结算科目。

c. 改建、扩建的固定资产。改建、扩建固定资产的价值等于改建、扩建前原有固定资产的账面原值，加上由于改建、扩建而增加的支出，减去改建、扩建过程中发生的变价收入后的余额作为固定资产的原值。

【例2-13】兴业合作社为了扩大规模，决定将旧仓库改造成生产车间，该仓库原值1 000 000元，已计提折旧400 000元。扩建过程由合作社自己进行，用银行存款支付拆除费20 000元，收回材料变价收入10 000元，扩建承包给建筑公司，支付500 000元。

旧仓库转入扩建时：

借：在建工程　　　　　　　　　　　　　　　　　　　　　　600 000
　　累计折旧　　　　　　　　　　　　　　　　　　　　　　400 000
　　贷：固定资产　　　　　　　　　　　　　　　　　　　　　　　1 000 000

支付拆除费时：

借：在建工程　　　　　　　　　　　　　　　　　　　　　　 20 000
　　贷：银行存款　　　　　　　　　　　　　　　　　　　　　　　　20 000

收到变价收入：

借：银行存款　　　　　　　　　　　　　　　　　　　　　　 10 000

　　　　贷：在建工程　　　　　　　　　　　　　　　　　　　　　　10 000
存款支付承包款时：
　　借：在建工程——出包工程　　　　　　　　　　　　　　　　500 000
　　　　贷：银行存款　　　　　　　　　　　　　　　　　　　　　500 000
工程合格验收完毕：
　　借：固定资产　　　　　　　　　　　　　　　　　　　　　1 110 000
　　　　贷：在建工程——出包工程　　　　　　　　　　　　　　1 110 000

三是投资者投入的固定资产。新投入的固定资产，按双方确认的价值记入固定资产的借方，按投资者拥有的份额，记入"股金"账户，按两者的差额记入"资本公积"账户。

四是接受捐赠的固定资产。

五是国家财政直接补助资金形成固定资产。合作社用其接受的国家财政直接补助资金，建造固定资产。在接受财政补助资金时，借记"银行存款"科目，贷记"专项应付款"科目；固定资产建造过程中发生的支出通过"在建工程"科目核算，待固定资产建造完成，交付使用时，将"在建工程"转入"固定资产"科目，同时，借记"专项应付款"科目，贷记"专项基金"科目。

　　2. 固定资产折旧与修理的核算

（1）固定资产折旧的核算。固定资产折旧是指在固定资产使用寿命内，按照确定的方法对应计提的固定资产折旧额进行系统分摊。《农民专业合作社财务会计制度（试行）》规定，合作社必须建立固定资产折旧制度，按年或按季、按月提取固定资产折旧。一般来说，经济业务少的，可按年提取折旧；经济业务较多的，可按季或按月提取折旧。不论怎么计算，其所提折旧费应保证对固定资产损耗价值的补偿。

固定资产折旧的概念。固定资产折旧是指固定资产因使用磨损而减少的价值。

固定资产折旧的范围。

　　A. 合作社应计提折旧的固定资产。
　　a. 房屋和建筑物（不论是否使用）。
　　b. 在用的机械、机器设备、运输车辆、工具器具。
　　c. 季节性停用和大修理停用的固定资产。其中季节性使用的固定资产要在使用期内提足全年折旧。
　　d. 以融资租赁方式租入和以经营租赁方式租出的固定资产。
　　B. 不计提折旧的固定资产。
　　a. 房屋和建筑物以外的未使用、不需用的固定资产。
　　b. 以经营租赁方式租入和以融资租赁方式租出的固定资产。
　　c. 已提足折旧继续使用的固定资产。
　　d. 国家规定不提折旧的其他固定资产。

固定资产应当按月计提折旧，并根据用途分别计入相关资产的成本或当期费用。合作社在实际计提固定资产折旧时，当月增加的固定资产，当月不提折旧，从下月起计提折旧；当月减少的固定资产，当月仍提折旧，从下月起停止计提折旧。固定资产提足折旧后，不论能否继续使用，均不再提取折旧；提前报废的固定资产，也不再补提折旧。

处于更新改造过程中而停止使用的固定资产，因已经转入在建工程，不计提折旧，待更新改造项目达到预计可使用状态转为固定资产后，再按重新确定的折旧方法和尚可使用的年限计提折旧。

影响固定资产折旧的因素。影响固定资产折旧的因素有三个：

a. 固定资产原值。

b. 预计使用年限或预计完成工作量。

c. 预计净残值。

固定资产折旧计算方法。按照《农民专业合作社财务会计制度（试行）》规定，固定资产的折旧方法可在"平均年限法""工作量法"等方法中任选一种。折旧方法一经选定，不得随意变动。提取折旧时，可以采用个别折旧率，也可以采用分类折旧率或综合折旧率计提。

a. 平均年限法。平均年限法是将固定资产应计提的折旧额在固定资产使用年限内平均分摊的方法。这种方法也称直线法。其计算公式为：

固定资产年折旧额=（固定资产原值-预计净残值）÷预计使用年限　固定资产月折旧额=固定资产年折旧额÷12

b. 工作量法。工作量法是根据固定资产在其预计使用年限内可完成的工作总量（如运输车辆的总行驶里程）来计算折旧额的一种方法。计算公式为：

单位工作量折旧额=（固定资产原值-预计净残值）÷预计使用年限内可完成工作总量　某项固定资产的年（月）折旧额=该项固定资产当年（月）实际完成工作量×单位工作量折旧额

【例2-14】圆圆合作社有设备1台，原值63 000元，预计可使用30 000小时，预计净残值3000元，本月实际使用设备500小时。

每小时折旧额=（63 000-3 000）÷30 000=2（元）

月折旧额=500×2=1 000（元）

固定资产折旧的核算。合作社生产经营用固定资产的折旧，记入"生产成本"账户的借方；管理用固定资产计提的折旧，记入"管理费用"账户的借方；公益性固定资产计提的折旧，记入"其他支出"账户借方。借记"生产成本""管理费用""其他支出"科目，贷记"累计折旧"科目。

（2）固定资产修理的核算。合作社的固定资产在使用过程中，各个零部件往往会发生不同程度的磨损或局部损坏。为了保证资产的正常运行，就要定期对固定资产进行修理，支付维修费用。生产经营用固定资产发生的修理费用记入"经营支出"账户借方；管理用固定资产发生的修理费用记入"管理费用"账户借方；公益性用途固定资产发生的修理费用记入"其他支出"账户的借方，同时，记入相关账户的贷方。

3. 固定资产减少的核算

固定资产减少的核算是指因固定资产的实物形态消失或因所有权发生转移，而需注销账面原值，保持账实相符的情况。合作社在生产经营过程中，对不适用或不需用的固定资产，通过对外出售的方式进行处置；对由于使用而不断磨损直到最终报废，或由于技术进步等原因发生提前报废，或由于遭受自然灾害等非正常损失发生毁损的固定资产及时进行清理。另外，合作社以固定资产对外投资、发生固定资产盘亏等也会造成固定资产的减少。合作社对各种情况下的固定资产减少都要及时进行核算，加强管理。

固定资产减少的核算包括固定资产出售、报废、毁损，投资转出固定资产，捐赠转出固定资产，盘亏固定资产等，都可通过"固定资产清理"科目进行核算。本科目核算合作社因出售、捐赠、报废和毁损等原因转入清理的固定资产净值及其在清理过程中所发生的清理费用和清理收入。出售、捐赠、报废和毁损的固定资产转入清理时，按固定资产账面净值，借记本科目，按已提折旧，借记"累计折旧"科目，按固定资产原值，贷记"固定资产"科目。清理过程中发生的费用，借记本科目，贷记"库存现金""银行存款"等科目；收回出售固定资产的价款、残料价值和变价收入等，借记"银行存款""产品物资"等科目，贷记本科目；应当由保险公司或过失人赔偿的损失，借记"应收款""成员往来"等科目，贷记本科目。清理完毕后发生的净收益，借记本科目，贷记"其他收入"科目；清理完毕后发生的净损失，借记"其他支出"科目，贷记本科目。本科目应按被清理的固定资产设置明细科目，进行明细核算。本科目期末余额，反映合作社转入清理但尚未清理完毕的固定资产净值，以及固定资产清理过程中所发生的清理费用和变价收入等各项金额的差额。

（1）出售、报废和毁损固定资产的核算。合作社对于出售、报废和毁损的固定资产核算要进行以下步骤：将出售、报废等固定资产转入清理；支付清理费用；确认收入和收回变价收入；过失人赔偿；结转清理净损益。

（2）投资转出固定资产的核算。投资转出的固定资产按照投资各方确认的价值或合同、协议约定的价值记入"对外投资"账户借方，按已提折旧记入"累计折旧"账户借方，按固定资产原值记入"固定资产"账户贷方，按各方协议价和净值之间的差额记入"资本公积"账户。

（3）捐赠转出固定资产的核算。合作社将现有固定资产捐赠转出时，应首先通过"固定资产清理"科目，对捐出固定资产的账面价值、发生的清理费用及应缴纳的相关税费等进行核算，捐赠项目完成后，再将"固定资产清理"科目的余额转入"其他支出"科目，借记"其他支出"科目，贷记"固定资产清理"科目。

（4）盘亏固定资产的核算。合作社在财产清查中盘亏的固定资产，应查明原因。按已提折旧额借记"累计折旧"科目，按其原价贷记"固定资产"科目，按其原价扣除累计折旧、过失人及保险公司赔款后的差额借记"其他支出"科目。

五、固定资产租赁的核算

1. 固定资产租出的核算

合作社的固定资产在闲置、不需用时可能会出租或者发包出去赚取租金，以发挥固定资产的最大效能，出租是为了赚取租金，其只是使用权发生转移，所有权并无转移，租赁期满后,还要归合作社所有。合作社在出租固定资产收到租金时,记入"应收款""成员往来"等账户的借方,同时记入"其他收入"账户贷方,并按期计提固定资产折旧。

【例 2-15】圆圆合作社将不使用的机器设备对外出租。租赁合同规定,租期 2 年,年租金 6 000 元,年初付租金。该设备年折旧额为 4 000 元。

签订合同时:
借:应收款　　　　　　　　　　　　　　　　　　　　　　　6 000
　　贷:其他收入　　　　　　　　　　　　　　　　　　　　　6 000
提取折旧时:
借:其他支出　　　　　　　　　　　　　　　　　　　　　　　4 000
　　贷:累计折旧　　　　　　　　　　　　　　　　　　　　　4 000
收到租金时:
借:库存现金　　　　　　　　　　　　　　　　　　　　　　　6 000
　　贷:应收款　　　　　　　　　　　　　　　　　　　　　　6 000

2. 固定资产租入的核算

租赁,是指在约定的期间内,出租人将资产使用权让与承租人,以获取租金的行为。合作社租入的固定资产按照租赁期满后固定资产的所有权是否转移可分为经营租赁和融资租赁两种。

(1) 经营租赁。合作社租入的固定资产只拥有使用权,而不拥有所有权,所以不作为固定资产入账。计算应付经营租入固定资产租金时,记入"经营支出""管理费用""其他支出"等账户的借方,同时记入"应付款""成员往来"等账户的贷方。

(2) 融资租赁。融资租赁是指实质上转移与资产所有权有关的全部或绝大部分风险和报酬的租赁。这种租赁与经营租赁相比,一般租赁期较长,租赁费包括了设备的价款、租赁手续费及垫付资金的利息等。融资租赁实质上是通过延期付款方式来购买固定资产,因此,应视为自有固定资产核算。

【例 2-16】兴业合作社以融资租赁方式租入不需安装的机器 1 台,合同约定的价款为 100 000 元,分 5 年付清全款,每年年末支付 20 000 元,余款按 10% 支付利息,全款付清后,设备转给合作社所有。

合作社共需支付利息计算如下:
第 1 年支付利息 100 000×10% = 10 000(元)
第 2 年支付利息 (100 000-20 000) × 10% = 8 000(元)
第 3 年支付利息 (80 000-20 000) × 10% = 6 000(元)
第 4 年支付利息 (60 000-20 000) ×10% = 4 000(元)
第 5 年支付利息 (40 000-20 000) ×10% = 2 000(元)
共支付利息 30 000 元。
取得融资租赁设备时:
借:固定资产——融资租入固定资产　　　　　　　　　　　　100 000

    贷：长期借款——应付融资租赁费   100 000
  用存款支付第1年租金和利息时：
    借：长期借款——应付融资租赁费   20 000
      其他支出   10 000
      贷：银行存款   30 000
  后4年支付租金的会计分录与上面的相同。
  第5年年末付完最后一笔租金后办理产权转移时：
    借：固定资产——生产经营用固定资产   100 000
      贷：固定资产——融资租入固定资产   100 000

六、无形资产的核算

  合作社通过"无形资产"科目核算无形资产的取得、摊销和处置。取得无形资产时，借记"无形资产"科目，贷记"银行存款"等科目；摊销无形资产时，借记"管理费用"科目，贷记"无形资产"科目；"无形资产"科目的期末余额在借方，反映合作社已入账但尚未摊销的无形资产的摊余价值。合作社应按无形资产的类别设置明细账户，进行明细核算。

  （1）购入的无形资产。合作社外购专利权、商标权、非专利技术等无形资产时，按购入价值记入"无形资产"账户的借方，同时记入"银行存款"等账户贷方。

  （2）自行开发的无形资产。自行开发并按法律程序申请取得的无形资产，按依法取得时发生的注册费、律师费等实际支出，记入"无形资产"账户借方，同时记入"应付工资""银行存款"等账户的贷方。

  （3）接受捐赠的无形资产。按照所附发票上的金额加上应支付的相关税费，无所附单据的，按经过批准的价值，记入"无形资产"账户借方，同时记入"专项基金"账户贷方。

  （4）投资者投入的无形资产。投资者投入的无形资产，应按投资合同或协议价记入"无形资产"账户的借方，按经过批准的投资者所拥有的合作社注册资本份额计算的资本金额，记入"股金"账户贷方，将二者差额记入"资本公积"账户。

  1. 无形资产摊销的核算

  无形资产属于合作社的长期资产，能在较长时期内给合作社带来经济效益。同时，无形资产通常也有一定的有效期限，在这个期限内伴随着无形资产为合作社提供经济利益，其价值会发生转移，或具有价值的权利会终结或消失。因此，合作社取得无形资产时，应当分析判断其使用寿命。使用寿命有效的无形资产，应在预计使用寿命内系统、合理地进行摊销。合作社的无形资产从使用之日起，按直线法分期平均摊销，摊销年限不应超过10年。

  无形资产摊销时，按摊销的价值，记入"管理费用"账户借方，同时记入"无形资产"账户贷方。

2. 出售无形资产的核算

无形资产出售是合作社处置无形资产的一种形式，是合作社转让无形资产所有权的行为，合作社出售无形资产的收入与该无形资产的账面价值和应支付税费之和的差额，是出售处置该项资产的损益，应直接记入"其他收入"账户贷方或"其他支出"账户借方。

3. 无形资产出租的核算

合作社可将暂时不用的无形资产出租，出租无形资产，就是将无形资产的使用权转让，这仅仅是将部分使用权让渡给其他单位和个人，出租方并不丧失对原有无形资产的所有权，因而仍拥有使用、取得收益和处置的权利。出租无形资产时，按取得的租金收入，记入"银行存款""应收款"等账户借方，同时记入"其他收入"账户贷方。结转出租的无形资产成本时，记入"其他支出"账户借方，同时记入"无形资产"账户贷方。

4. 无形资产转销的核算

无形资产如果预期不能给合作社带来经济利益，就不再符合无形资产的定义，则应将其及时转销。按无形资产账面余额，记入"其他支出"账户借方，同时记入"无形资产"账户贷方。

第三节 农民专业合作社负债的核算

一、负债的概念和分类

1. 负债的概念

合作社的负债是指合作社因过去的交易、事项形成的现时义务，履行该义务预期会导致经济利益流出合作社。其具有以下特征：①负债是由过去的交易或事项形成的。如合作社购货形成的应付款、借入的款项等。②负债的清偿会导致经济利益流出合作社。合作社履行清偿义务时，关系到合作社付出有经济利益的资源，如支付现金、提供劳务、转让其他资产等，会导致合作社经济利益流出。

2. 负债的分类

合作社的负债按流动性可分为流动负债和长期负债。流动负债是指偿还期限在1年以内（含1年）的债务，主要包括短期借款、应付款项、应付工资、应付盈余返还、应付剩余盈余等。长期负债是指偿还期限在1年以上（不含1年）的债务，主要包括专项应付款、长期借款等。

二、流动负债的核算

流动负债是指偿还期限在1年以内（含1年）的债务，包括短期借款、应付款、应付工资、应付盈余返还、应付剩余盈余等。流动负债一般具有数额较小、偿还期限较短、债务利息较少甚至没有的特点。

1. 短期借款

（1）短期借款的概念。短期借款是指合作社从银行、信用社或其他金融机构，以及外部单位和个人借入的期限在1年以内（含1年）的各种借款。短期借款一般是合作社为满足日常生产经营活动和为成员提供服务或为偿还各项债务的需要，从银行、信用社或其他金融机构以及外部单位和个人借入的款项。

（2）短期借款的核算。合作社借入各种短期借款时，按实际借入的金额借记"库存现金""银行存款"账户，贷记"短期借款"账户。

（3）短期借款还本付息的核算。合作社归还短期借款时，按实际归还的本金借记"短期借款"账户，按实际归还的短期借款利息借记"其他支出"账户，按实际归还的本息总额贷记"库存现金"或"银行存款"账户。

2. 应付款

（1）应付款的内容。应付款是指合作社与非成员之间发生的各种应付及暂收款项，包括因购买产品物资和接受劳务、服务等应付的款项以及应付的赔款、利息等。应付款是合作社为满足日常生产经营活动和为成员提供服务需要而形成的。一般在合作社取得赊购非成员产品物资的所有权、接受劳务服务和应付赔款、保证金、利息等时，确认应付款实现并入账核算。

（2）应付款的核算。为反映应付款的形成、偿还、结余及管理情况，合作社应设置"应付款"账户，该账户属于负债类账户。贷方登记合作社与非成员之间发生的各种应付及暂收款项，借方登记偿还和已经核销的应付款，期末余额在贷方，反映合作社应付未付及暂收款项的总额。该账户应按发生应付款的非成员单位和个人设置明细账户，进行明细核算。

3. 应付工资

（1）应付工资的内容。应付工资是指合作社应付给其管理人员及固定员工的工资总额，包括在工资总额内的各种工资、奖金、津贴、补助等。合作社应按劳动工资制度规定，编制"工资表"，计算各种工资。再由合作社财务会计人员将"工资表"进行汇总，编制"工资汇总表"。

（2）应付工资的核算。为了核算合作社工资结算及分配情况，应设置"应付工资"账户，本科目核算合作社应支付给管理人员及固定员工的工资总额。该账户为负债类科目，合作社的应付工资，包括在工资总额内的各种工资、奖金、津贴、补助等，不论是否在当月支付，都应通过本科目核算。合作社付给临时员工的报酬，不通过本科目核算。临时员工是非成员的，通过"应付款"账户核算；临时员工是成员的，通过"成员往来"账户核算。

提取工资时，根据人员岗位进行工资分配，借记"生产成本""管理费用""在建工程"等科目，贷记本科目。实际支付工资时，借记本科目，贷记"库存现金"等科目。合作社应当设置"应付工资明细账"，按照管理人员和固定员工的姓名、类别以及应付工资的组成内容进行明细核算。本科目期末一般应无余额,如有贷方余额,反映合作社已提取但尚未支付的工资额。

4. 应付盈余返还

(1) 应付盈余返还的内容。应付盈余返还是指合作社可分配盈余中应返还给成员的金额。可分配盈余是指合作社在弥补亏损、提取公积金后的当年盈余。本科目核算合作社按成员与本社交易量(额)比例返还给成员的盈余,现行财会制度规定,应付盈余返还按成员与本社交易量(额)比例返还给成员的盈余,返还给成员的盈余不得低于可分配盈余的 60%,具体返还办法按照合作社章程规定或者经成员大会决议确定。

(2) 应付盈余返还的核算。为全面反映应付盈余返还的分配、支付情况,合作社应设置"应付盈余返还"账户,该账户属于负债类账户。贷方登记合作社按成员与本社交易量(额)比例返还给成员的可分配盈余的金额,借方登记合作社按成员与本社交易量(额)比例实际支付给成员的可分配盈余的金额,期末贷方余额反映合作社尚未支付的盈余返还。合作社根据章程规定的盈余分配方案,按成员与本社交易量(额)提取返还盈余时,借记"盈余分配"科目,贷记本科目。实际支付时,借记本科目,贷记"库存现金""银行存款"等科目。本科目期末贷方余额,反映合作社尚未支付的盈余返还。该账户按与本社有交易的成员设置明细账户,进行明细核算。

【例 2-17】2019 年年末,兴业合作社将弥补提取公积金后的当年可分配盈余 150 000 元按章程规定进行分配。合作社章程规定,每个会计年度内,将实现可分配盈余的 70% 返还给成员;返还时,以每个成员与本社的交易额占全部成员与本社交易总额的比重为依据。根据成员账户记载,当年成员与本社的交易总额为 600 000 元,其中,A、B、C、D 4 个成员的交易额分别为 10 000 元、40 000 元、50 000 元、70 000 元。

兴业合作社按规定返还盈余时:

第一步,计算出当年可分配盈余中应返还给与本社有交易的成员的金额。

150 000×70% = 105 000(元)

第二步,计算出每个成员的交易额占全部成员与本社交易总额的比重。

A:10 000÷600 000×100% = 1.7%

B:40 000÷600 000×100% = 6.7%

C:50 000÷600 000×100% = 8.3%

D:70 000÷600 000×100% = 11.7%

第三步,计算出应返还给与本社有交易的成员的可分配盈余金额。

A:105 000×1.7% = 1 785(元)

B:105 000×6.7% = 7 035(元)

C:105 000×8.3% = 8 715(元)

D:105 000×11.7% = 12 285(元)

第四步,依据盈余返还作相应会计分录。

借:盈余分配——各项分配　　　　　　　　　　　　　　29 820
　　贷:应付盈余返还——A　　　　　　　　　　　　　　　　1 785

```
                ——B                              7 035
                ——C                              8 715
                ——D                             12 285
```
合作社兑现返还的盈余时：
```
    借：应付盈余返还——A                         1 785
                    ——B                        7 035
                    ——C                        8 715
                    ——D                       12 285
        贷：库存现金                            29 820
```

5. 应付剩余盈余

（1）应付剩余盈余的内容。应付剩余盈余是指按成员与本社交易量（额）比例返还给成员的可分配盈余后，应付给成员的可分配盈余的剩余部分。这部分可分配盈余在分配时，不再区分成员是否与本社有交易量（额），对成员一视同仁，人人有份，平均受益。合作社财会制度规定，应付剩余盈余以成员账户中记载的出资额和公积金份额，以及本社接受国家财政直接补助和他人捐赠形成的财产平均量化到成员的份额，按比例分配给本社成员。

（2）应付剩余盈余的核算。为全面反映应付剩余盈余的分配、支付情况，合作社应设置"应付剩余盈余"账户，该账户属负债类账户。本科目核算合作社以成员账户中记载的出资额和公积金份额，以及本社接受国家财政直接补助和他人捐赠形成的财产平均量化到本社成员的份额，按比例分配给本社成员的剩余可分配盈余。合作社按交易量（额）返还盈余后，根据章程规定或者成员大会决定分配剩余盈余时，借记"盈余分配"科目，贷记本科目。实际支付时，借记本科目，贷记"库存现金""银行存款"等科目。本科目应按成员设置明细账，进行明细核算。本科目期末贷方余额，反映合作社尚未支付给成员的剩余盈余。

【例2-18】接上例，合作社将当年可分配盈余150 000元的70%，按成员与本社的交易额返还给成员，剩余的30%按《章程》规定，全部对成员进行分配。当年年末，合作社所有者权益总额为700 000元，其中，股本为600 000元，专项基金60 000元，公积金40 000元（包括资本公积和盈余公积）。成员A个人账户记载的出资额为8 000元；专项基金3 000元，公积金4 000元；与合作社没有交易的成员甲个人账户记载的出资额为9 000元，专项基金2 000元、公积金1 000元。

合作社分配剩余盈余时：

第一步，计算出每个成员个人账户记载的出资额、专项基金、公积金占这三项总额的份额。

成员A：（8 000+3 000+4 000）÷（600 000+60 000+40 000）×100%＝2.14%

成员甲：（9 000+2 000+1 000）÷（600 000+60 000+40 000）×100%＝1.71%

第二步，计算出每个成员应分配的剩余盈余金额。

成员A：150 000×30%×2.14%＝963（元）

成员甲：150 000×30%×1.71%＝769.5（元）

第三步，做出分配剩余盈余的会计分录。

借：盈余分配——各项分配　　　　　　　　　　　　　1 732.5
　　贷：应付剩余盈余——A　　　　　　　　　　　　　　　963
　　　　　　　　　　——甲　　　　　　　　　　　　　　769.5

第四步，合作社用现金支付应付剩余盈余时：

借：应付剩余盈余——A　　　　　　　　　　　　　　　　963
　　　　　　　　——甲　　　　　　　　　　　　　　　769.5
　　贷：库存现金　　　　　　　　　　　　　　　　　　1 732.5

三、长期负债的核算

合作社的长期负债是指偿还期限超过1年以上（不含1年）的债务，包括长期借款、专项应付款等。

1. 长期借款

（1）长期借款的内容。长期借款是指合作社从银行、信用社和有关单位、个人借入的期限在1年以上（不含1年）的借款及偿还期在1年以上（不含1年）的应付款项。

（2）长期借款的核算。为反映和监督合作社长期借款的取得、偿还及结余情况，合作社应设置"长期借款"账户，该账户属于负债类账户。本科目核算合作社从银行等金融机构及外部单位和个人借入的期限在1年以上（不含1年）的各项借款。合作社借入长期借款时，借记"库存现金""银行存款"科目，贷记本科目。合作社长期借款利息应按期计提，借记"其他支出"科目，贷记"应付款"科目。合作社偿还长期借款时，借记本科目，贷记"库存现金""银行存款"科目。支付长期借款利息时，借记"应付款"科目，贷记"库存现金""银行存款"科目。本科目应按借款单位和个人设置明细账，进行明细核算。本科目期末贷方余额，反映合作社尚未偿还的长期借款本金。

【例2-19】2014年7月1日，合作社向信用社贷款30 000元，并已到户。贷款合同约定借款期限为2年，年利率为6%，每年年末偿还一次利息，到期时偿还本金和剩余利息。

合作社向信用社贷款30 000元：

借：银行存款　　　　　　　　　　　　　　　　　　　30 000
　　贷：长期借款——信用社　　　　　　　　　　　　　　30 000

2014年年末计提信用社贷款利息，计算该项长期贷款利息：

30 000×6%×（6÷12）＝900（元）

借：其他支出　　　　　　　　　　　　　　　　　　　　900
　　贷：应付款　　　　　　　　　　　　　　　　　　　　900

2014年12月31日，合作社按贷款合同约定支付信用社贷款利息：

借：应付款　　　　　　　　　　　　　　　　　　　　　900
　　贷：银行存款　　　　　　　　　　　　　　　　　　　900

2016年7月1日，合作社归还贷款本金及利息：
借：长期借款——信用社　　　　　　　　　　　　　30 000
　　其他支出　　　　　　　　　　　　　　　　　　 2 200
　　贷：银行存款　　　　　　　　　　　　　　　　　　　32 700

2. 专项应付款

（1）专项应付款的内容。专项应付款是指合作社接受国家财政直接补助的资金。这部分资金具有专门用途，主要是扶持引导合作社发展，支持合作社开展信息、培训、农产品质量标准与认证、农业生产基础设施建设、市场营销和技术推广等服务。

（2）专项应付款的核算。为加强对专项应付款的管理，及时反映专项应付款的取得、使用和结存状况，合作社应设置"专项应付款"账户。本科目核算合作社接受国家财政直接补助的资金。该账户属负债类账户，贷方登记取得专项应付款的数额；借方登记使用专项应付款的数额和转入专项基金的数额；期末贷方余额反映结存专项应付款的数额。该账户应按国家财政补助资金项目设置明细科目，进行明细核算。合作社收到国家财政补助的资金时，借记"库存现金""银行存款"等科目，贷记本科目。合作社按照国家财政补助资金的项目用途，取得固定资产、农业资产、无形资产等时，按实际支出，借记"固定资产""牲畜（禽）资产""林木资产""无形资产"等科目，贷记"库存现金""银行存款"等科目，同时借记本科目，贷记"专项基金"科目；用于开展信息、培训、农产品质量标准与认证、农业生产基础设施建设、市场营销和技术推广等项目支出时，借记本科目，贷记"库存现金""银行存款"等科目。

第四节　农民专业合作社所有者权益的核算

一、所有者权益概述

所有者权益是合作社及其成员在合作社资产中享有的经济利益，其金额为合作社全部资产减去全部负债后的余额。合作社的所有者权益包括股金、专项基金、资本公积、盈余公积和未分配盈余。

（1）股金。股金是合作社成员实际投入合作社的各种资产的价值。它是进行生产经营活动的前提，也是合作社成员分享权益和承担义务的依据。

（2）专项基金。专项基金是合作社通过国家财政直接补助转入和他人捐赠形成的专用基金。

（3）资本公积。资本公积是合作社收到成员入社投入的资产和其他来源取得的用于扩大生产经营、承担经营风险及合作社公益事业的专用基金。

（4）盈余公积。合作社从当年盈余中按一定比例提取盈余公积。盈余公积是合作社的公共积累。根据《章程》规定和经成员大会讨论决定，盈余公积可用于转增股金，弥补亏损等。

（5）未分配盈余。未分配盈余是指合作社历年来积存的未作分配的盈余。

二、所有者权益的核算

1. 股金的核算

股金是合作社成员实际投入合作社的各种资产的价值。它是进行生产经营活动的前提，也是合作社成员分享权益和承担义务的依据。为了反映投资人实际投入的股金以及股金的增减变化情况，应设置"股金"账户，该账户属所有者权益类账户，核算合作社通过成员入社出资、投资入股、公积金转增等所形成的股金。贷方登记实际收到的股金金额以及用资本公积转增的股金数额，借方登记按规定程序减少的股金数额。期末贷方余额反映合作社实际拥有的股金总额。该账户应按合作社成员设置明细账户进行明细核算。

（1）合作社收到成员以货币资金投入的股金。按实际收到的金额，借记"库存现金""银行存款"科目，按成员应享有合作社注册资本的份额计算的金额，贷记本科目，按两者之间的差额，贷记"资本公积"科目。

（2）合作社收到成员投资入股的非货币资产。按投资评估价格或各方确认的价值，借记"产品物资""固定资产""无形资产"等科目，按成员应享有合作社注册资本的份额计算的金额，贷记本科目，按两者之间的差额，贷记或借记"资本公积"科目。

（3）合作社收到成员投入的劳务。按投资方确认价或当时劳务的标准价格确认记入"在建工程"等账户借方，同时记入"股金"账户贷方。

（4）资本公积和盈余公积转增股金。按批准转增额记入"资本公积""盈余公积"账户借方，同时记入"股金"账户贷方。

（5）合作社按照法定程序减少注册资本或成员退股时。借记本科目，贷记"库存现金""银行存款""固定资产""产品物资"等科目，并在有关明细账及备查簿中详细记录股金发生的变动情况。

2. 专项基金的核算

合作社的专项基金是接受国家财政直接补助资金和接受捐赠资金所形成的，因此，应设置"专项基金"账户进行准确及时的反映。该账户属所有者权益类账户，核算合作社通过国家财政直接补助转入和他人捐赠形成的专项基金。贷方登记合作社使用国家财政直接补助资金取得固定资产、无形资产和农业资产等资金数额，以及接受捐赠财产的数额，借方登记按规定减少的数额。期末贷方余额反映的是合作社实有的专项基金数额。应按专项基金的来源设置明细科目，进行明细核算。

（1）合作社使用国家财政直接补助资金取得固定资产、农业资产和无形资产等时，按实际使用国家财政直接补助资金的数额，借记"专项应付款"科目，贷记本科目。

（2）合作社实际收到他人捐赠的货币资金时，借记"库存现金""银行存款"科目，贷记本科目。合作社收到他人捐赠的非货币性资产，按所附发票记载金额加上应支付的相关税费，记入"固定资产""产品物资"等账户借方，同时记入"专项基金"账户贷方；无发票的，按照经过批准的评估价值记入"固定资产""产品物资"等账户借方,同时记入"专项基金"账户贷方。

3. 资本公积的核算

资本公积是合作社收到成员入社投入的资产和其他来源取得的用于扩大生产经营、承担经营风险及集体公益事业的专用基金。合作社收到成员入社投入的资产时,双方确认的价值与按享有合作社注册资本份额计算的金额之差额,计入资本公积;对外投资中,资产重估确认价值与原账面净值的差额计入资本公积。

为了反映合作社资本公积的来源和使用情况,应设置"资本公积"账户。该账户属所有者权益类账户,其贷方登记合作社收到成员入社投入的资产和由于股金溢价、接受捐赠资产价值等增加的资本公积,借方登记按规定转增股金、弥补亏损等原因减少的资本公积。"资本公积"科目应按资本公积的来源设置明细科目,进行明细核算。

(1) 合作社成员入社投入货币资金的核算。合作社成员入社的时间有先有后,因此,投入资金的份额也是有差异的。合作社成员入社投入货币资金时,借记"库存现金""银行存款",贷记"股金"科目,按两者之间的差额,贷记或借记本科目。

【例 2-20】合作社收到成员张某入社投入库存现金 5 000 元,存款转入 10 000 元,协议约定入股份额为 13 000 元。会计分录为:

借:库存现金　　　　　　　　　　　　　　　　　　　　　　5 000
　　银行存款　　　　　　　　　　　　　　　　　　　　　　10 000
　　贷:股金——个人股金　　　　　　　　　　　　　　　　13 000
　　　　资本公积　　　　　　　　　　　　　　　　　　　　2 000

(2) 合作社成员入社投入实物资产的核算。合作社成员入社投入实物资产时,按实际投资各方确认的价值,借记"固定资产""产品物资"等科目,按其应享有合作社注册资本的份额计算的金额,贷记"股金"科目,按两者之间的差额,贷记或借记本科目。

【例 2-21】兴业合作社收到杨某入社投入的加工机器 1 台,双方协议价为 30 000元,协议约定杨某享有合作社股金份额 25 000 元。

借:固定资产　　　　　　　　　　　　　　　　　　　　　　30 000
　　贷:股金——个人股金　　　　　　　　　　　　　　　　25 000
　　　　资本公积　　　　　　　　　　　　　　　　　　　　5 000

(3) 合作社以实物资产方式进行长期投资的核算。合作社以实物资产方式进行长期投资时,按照投资各方确认的价值,借记"对外投资"科目,按投出实物资产的账面价值,贷记"固定资产""产品物资"等科目,按两者之间的差额,借记或贷记本科目。

【例 2-22】兴业合作社将 1 台不需要的旧机器设备进行对外投资,该机器设备原值40 000 元,已计提折旧 20 000 元,双方确认价值 30 000 元。

借:对外投资　　　　　　　　　　　　　　　　　　　　　　30 000
　　累计折旧　　　　　　　　　　　　　　　　　　　　　　20 000
　　贷:固定资产　　　　　　　　　　　　　　　　　　　　40 000
　　　　资本公积　　　　　　　　　　　　　　　　　　　　10 000

（4）资本公积转增股金的核算。合作社经批准以资本公积转增股金时，借记"资本公积"账户，贷记"股金"账户。

【例2-23】经批准，兴业合作社将资本公积30 000元转增股金。

  借：资本公积   30 000
    贷：股金   30 000

4. 盈余公积的核算

合作社在进行会计核算反映盈余公积的提取、使用和结余情况时，应设置"盈余公积"账户，该账户属于所有者权益类账户，其贷方登记合作社提取的盈余公积数额，借方登记转增资本、弥补亏损等使用的数额，期末贷方余额，反映合作社实有的盈余公积数额。本科目应按用途设置明细科目进行明细核算。

合作社年终进行盈余分配时，应按一定比例从本年盈余中提取盈余公积。合作社年终从本年盈余中提取盈余公积时，借记"盈余分配——各项分配"账户，贷记"盈余公积"账户。

【例2-24】2019年年末，兴业合作社从当年盈余当中提取盈余公积12 000元。会计分录为：

  借：盈余分配——各项分配   12 000
    贷：盈余公积   12 000

第五节　农民专业合作社盈余和盈余分配的核算

盈余是指合作社在一定时期的经营成果。合作社作为独立核算的经营实体，其最终目的是取得一定的经济效益，即用一定会计期间的收入抵补其费用，实现盈余。合作社的各项收入包括经营收入和其他收入，各项费用与支出包括经营支出（生产成本）、管理费用和其他支出。如果各项收入大于费用，为盈余；如果各项收入小于费用，则为亏损。盈余的多少是反映合作社生产经营水平的一项综合指标。

一、收入的核算

1. 收入的概念及特点

（1）收入。收入是指农民专业合作社在销售商品、提供劳务、让渡资产使用权以及为成员代购代销、向成员提供技术、信息服务等活动中形成的经济利益总流入。包括销售产品物资收入、劳务收入、租金收入、代购代销收入、服务收入、利息收入等。收入的实现，是农民专业合作社盈余实现的前提和基础，也是农民专业合作社经济活动的重要环节。因此，农民专业合作社应加强对收入实现过程的管理和核算，正确计算各项收入，为准确核算全年收益提供必要的基础。

（2）农民专业合作社收入的特点。

①收入是从农民专业合作社经营活动中产生的，如农民专业合作社组织销售农产品、提供劳务服务等经营活动的收入。有些事项也能给农民专业合作社带来经济利益，但

不属于经营活动，其流入的利益是利得，不是收入，如农民专业合作社接受国家财政补助资金和他人捐赠的资金。②收入可能表现为农民专业合作社资产的增加，如增加库存现金、银行存款、成员往来、应收款等；也可能表现为农民专业合作社负债的减少，如以产品、劳务服务抵偿债务等；或二者兼而有之，如用部分产品、劳务服务偿还债务，部分收取货币资金。③收入能够导致农民专业合作社所有者权益增加。因农民专业合作社的收入能增加资产或减少负债或二者兼而有之，根据"资产-负债=所有者权益"这一会计恒等式，农民专业合作社取得收入一定能增加所有者权益。这里的收入是经济利益的总流入，而不是指净流入，是不将成本考虑在内的。④收入只包括农民专业合作社自身的经济利益流入。农民专业合作社预收或代收的款项，虽然增加了农民专业合作社的资产，但同时也增加了农民专业合作社负债，不能作为农民专业合作社的收入。另外，农民专业合作社具有法人资格，是独立的市场主体，其成员个人取得的收入，也不作为农民专业合作社的收入。

2. 收入的来源及分类

农民专业合作社是一个互助性经济组织，既要为成员提供各项劳务服务，带动成员共同致富，又要开展一定的生产经营活动，增加积累，保障自身正常运转。同时，通过示范作用，辐射到非成员。因此，农民专业合作社的收入来源主要有三个方面：一是为成员提供农业生产资料购买，农产品的销售、加工、运输、贮藏以及与农业生产经营有关的技术、信息服务取得的收入；二是销售农民专业合作社自己生产的产品；三是为非成员提供劳务服务取得的收入。具体来说，可以分为经营收入和其他收入。

（1）经营收入。指农民专业合作社销售产品、提供服务，以及为成员代购代销、向成员提供技术、信息服务等活动取得的收入。包括农产品销售收入、物资销售收入、租赁收入、服务收入、劳务收入等。

（2）其他收入。指农民专业合作社除经营收入以外的其他收入。如罚款收入、违约金收入、存款利息收入等。

3. 收入的内部控制

农民专业合作社应当建立健全销售业务内部控制制度，明确审批人和经办人的权限、程序、责任和相关控制措施。

合作社应当按照规定的程序办理销售和发货业务。应当在销售与发货各环节设置相关的记录、填制相应的凭证，并加强有关单据和凭证的相互核对工作。

合作社应当按照有关规定及时办理销售收款业务，应将销售收入及时入账，不得账外设账，不得坐支现金。

合作社应当加强销售合同、发货凭证、运货凭证、销售发票等文件和凭证的管理。

合作社对定期或不定期监督检查过程中发现的销售与收款业务内部控制中的薄弱环节，应当及时采取措施，加以纠正和完善。

4. 收入的确认

农民专业合作社收入的确认，实际上是指收入在什么时候记账，并在盈余及盈余分配表上反映。

根据《农民专业合作社财务会计制度（试行）》规定，农民专业合作社应按以下原则确认收入的实现。农民专业合作社一般于产品物资已经发出，劳务服务已经提供，同时收讫价款或取得收取价款的凭据时，确认经营收入的实现。农民专业合作社在实际收讫罚款、违约金、利息等款项时，确认其他收入的实现。

5. 收入的核算要求

（1）正确划清收入界限。

①要划清盈余性收入内部各项目的界限。农民专业合作社的盈余性收入虽然都要纳入盈余分配，但为了正确核算经营、劳务服务和投资的经济效益，应按照收入的实际来源和性质认真区别，以便找出薄弱环节，采取增收节支措施。②要划清农民专业合作社收入与成员收入的界限。合作社与其成员的收入实行统一核算和分别核算相结合的核算体系。凡合作社成员家庭承包者经营取得的收入和社会团体成员的自营收入，都由成员独立核算，不纳入合作社核算范畴；凡合作社直接组织生产经营和提供劳务服务取得的收入，都纳入合作社核算范畴；合作社受托代购、代销等取得的收入，既有属于成员的，又有属于合作社的，要按代购、代销合同加以区分。

（2）搞好收支配比。农民专业合作社要按照收入、支出配比原则，在同一会计期间内确认收入的同时，结转为了取得该项收入而发生的相关支出，如产品物资销售收入确认时，要同时结转其入库的生产费用支出；劳务服务收入确认的同时，要结转为提供该项劳务服务而发生的费用支出。

（3）实行收入公开。农民专业合作社要根据《中华人民共和国农民专业合作社法》和章程的规定，于成员大会召开15日前，将年度收入业务报告置于办公地点，供成员查阅。

6. 收入的核算

（1）经营收入的核算。为了反映和监督经营收入的总体情况，农民专业合作社应设置"经营收入"账户，该账户为损益类账户。贷方登记农民专业合作社实现的收入金额，借方登记年末转出的收入金额，平时余额在贷方，反映农民专业合作社本年度实现的经营收入总额。年终结转后，本账户应无余额。为详细反映经营收入的具体情况，农民专业合作社应按经营收入项目分别设置"农产品销售收入""物资销售收入""委托代销商品收入""受托代购商品收入""受托代销商品收入""租赁收入""服务收入""劳务收入"等明细账户，进行明细分类核算。

一是农产品销售收入的核算。农民专业合作社销售农产品，一般于该农产品已经发出，同时收讫价款或取得收取价款的凭据时，确认收入的实现。

二是委托代销商品收入的核算。农民专业合作社委托代销商品，一般于收到代销单位报来的代销清单时，确认收入的实现。

【例2-25】农民专业合作社与某商店签订委托代销海产品合同，约定每千克售价20元，代销商店按售价的10%收取手续费。某日，合作社发给该商店2 000千克海产品，成本为每千克10元。次日，收到该商店的代销清单，记录已出售200千克。

委托代销产品时：
借：委托代销商品——海产品　　　　　　　　　　　　20 000
　　贷：产品物资——海产品　　　　　　　　　　　　　　20 000
收到代销清单时：
借：应收款——某代销商店　　　　　　　　　　　　　4 000
　　贷：经营收入——委托代销商品收入　　　　　　　　　4 000
结转手续费时：
借：经营支出——委托代销商品手续费支出　　　　　　　400
　　贷：应收款——某代销商店　　　　　　　　　　　　　400
结转代销商品成本：
借：经营支出——委托代销商品支出　　　　　　　　　2 000
　　贷：委托代销商品——海产品　　　　　　　　　　　　2 000
收到委托代销商品款时：
借：银行存款　　　　　　　　　　　　　　　　　　　3 600
　　贷：应收款——某代销商店　　　　　　　　　　　　 3 600

三是代购商品收入的核算。农民专业合作社受托代购商品，一般将代购商品交付委托方时，确认收入的实现。

【例2-26】农民专业合作社接受成员张三委托代购水稻种子2 000千克，预收代购款6 000元，并约定按每千克1元收取手续费。合作社以每千克7元按时交付成员张三，代购货款差价和手续费尚未收到。

预收代购款时：
借：库存现金　　　　　　　　　　　　　　　　　　　6 000
　　贷：成员往来——张三　　　　　　　　　　　　　　　6 000
购入代购商品时：
借：受托代购商品——水稻种子　　　　　　　　　　　14 000
　　贷：银行存款　　　　　　　　　　　　　　　　　　14 000
付受托代购商品时：
借：成员往来——张三　　　　　　　　　　　　　　　16 000
　　贷：受托代购商品——水稻种子　　　　　　　　　　14 000
　　　　经营收入——受托代购商品收入　　　　　　　　 2 000

四是受托代销商品收入的核算。农民专业合作社受托代销商品，一般于受托代销商品售出时，确认收入的实现。

【例2-27】农民专业合作社接受成员王五委托代销大米1 000千克，合同或协议约定的价格为每千克2元，合作社以每千克2.3元售出，货款尚未收到。

委托代销商品时：
借：受托代销商品——大米　　　　　　　　　　　　　2 000
　　贷：成员往来——王五　　　　　　　　　　　　　　　2 000

销售代销商品，确认收入时：
借：成员往来——王五　　　　　　　　　　　　　　　　2 300
　　贷：受托代销商品——大米　　　　　　　　　　　　　　2 000
　　　　经营收入——受托代销商品收入　　　　　　　　　　　300

五是服务收入的核算。农民专业合作社的服务收入，一般于服务已经提供，同时收讫价款或取得收取价款的凭据时，确认收入的实现。

【例2-28】农民专业合作社库房为成员李四贮藏荔枝，计收贮藏费用为现金500元。
借：库存现金　　　　　　　　　　　　　　　　　　　　500
　　贷：经营收入——服务收入　　　　　　　　　　　　　　500

（2）其他收入的核算。为了反映和监督其他收入的总体情况，农民专业合作社应设置"其他收入"账户，该账户为损益类账户。贷方登记实际收到的其他各项收入金额，借方登记转出的其他收入金额，结转前余额在贷方，年终结转后，本账户应无余额。农民专业合作社其他收入主要包括罚款收入、违约金收入、利息收入、产品物资盘盈收入等。

农民专业合作社发生其他收入时，借记"库存现金""银行存款"等科目，贷记"其他收入"科目。

二、成本的核算

1. 成本的概念

成本是指农民专业合作社为生产产品或提供劳务服务而发生的各种消耗，主要包括材料、燃料、动力、人工、折旧等各项耗费。《农民专业合作社财务会计制度（试行）》规定，合作社直接组织生产或提供劳务服务所发生的各项生产费用和劳务服务成本，要按成本核算对象和成本项目分别归集，进行成本核算。合作社成本核算的对象主要是农产品和提供劳务服务。成本项目是指生产农产品和提供劳务服务而发生的各种耗费，既包括生产农产品和提供劳务服务而发生的直接费用，也包括为生产农产品和提供劳务服务而发生的间接费用。

（1）农产品的成本项目。

①直接材料。指生产中耗用的自产或外购的种子、种苗、饲料、肥料、地膜、农药等。②直接人工。指直接从事种植业生产人员的工资、工资性津贴、奖金、福利费。③其他直接费用。指除直接材料、直接人工以外的其他直接支出。包括机械作业费、技术服务费、灌溉费、田间运输费等。④间接费用。指应摊销、分配计入各产品的间接生产费用。包括为组织和管理生产所发生的管理人员工资、折旧费、修理费、水电费、办公费等。

（2）加工品的成本项目。

①外购材料。指农民专业合作社为加工农产品而耗用的一切从外单位购进的原料及主要材料、半成品、包装物、低值易耗品等。②外购燃料。指农民专业合作社为加工农

产品而耗用的一切从外单位购进的各种固体、液体和气体燃料。③外购动力。指农民专业合作社为加工农产品而耗用的一切从外单位购进的各种动力。④工资。指农民专业合作社应计入加工农产品成本的职工工资。⑤折旧费。指农民专业合作社按照规定应计入加工农产品成本的固定资产折旧费。⑥包装物。指农民专业合作社外购和自制的应计入加工农产品成本的包装物。⑦其他支出。指不属于以上各要素但应计入加工农产品成本的支出。

（3）劳务服务费用成本项目。农民专业合作社提供劳务服务而发生的各项费用，包括培训费、工资福利、差旅费、保险费等。

2. 成本核算

成本核算是个非常复杂的过程。为正确进行成本核算，满足成本管理的需要，农民专业合作社必须要划分盈余性支出与资本性支出的费用界限、产品生产成本与期间费用的界限、本期产品与下期产品之间的费用界限、各种产品之间的费用界限、本期完工产品与期末在产品之间的界限。这5个方面费用界限的划分，都应遵循受益原则，即谁受益谁负担，负担费用的多少与受益程度的大小相配比，这种费用划分过程，也就是产品和劳务成本的计算过程。

从目前实际情况看，虽然合作社数量和种类较多，涉及领域较广，但就某一个合作社而言，生产经营的品种不多，规模也不大，农产品加工也属于简单的粗加工，大规模农产品深加工一般都由独立的农业企业来组织实施。因此，为了既能适应成本管理的要求，又能达到简化成本核算目的，本节简单介绍合作社相关的成本核算。

为反映、控制和监督合作社生产经营和劳务服务的耗费，合作社应设置"生产成本"账户，进行成本总分类核算。该账户属于成本类账户，借方反映按成本核算对象归集的各项生产费用和劳务服务成本，贷方反映完工入库产品和已完成的劳务服务的实际成本，期末余额在借方，反映合作社尚未完工的产品成本或尚未完成的劳务服务成本。该账户应按生产费用和劳务服务成本的种类设置明细账户，进行明细核算。

（1）农产品成本核算。农产品生产周期较长，收获期比较集中，各项费用和用工发生不均匀，农产品成本通常应按产品生产周期计算。发生各项生产费用和劳务服务成本时，要按成本对象归集和分配生产费用。能够分清属于某种产品负担的，就直接归集计入该种产品成本；不能区分的，可采用一定方法分配计入产品生产成本，如按照产品的种植面积、作业面积、产量等分配，最后将耗用的直接材料、直接人工、其他直接费用和间接费用直接或分配计入产品生产成本。

合作社直接组织生产农产品时，按照实际发生的支出，借记"生产成本"，贷记"产品物资""应付工资""成员往来""应付款""库存现金"等。农产品收获入库时，将按成本核算对象归集的生产费用和劳务服务成本，转入农产品成本，借记"产品物资"，贷记"生产成本"。

【例2-29】大华农民专业合作社统一组织白木耳栽培，购入栽培用工具2 000元，投入培养基3 500元、菌种5 500元、菌袋700元，支付临时工工资1 700元，支付技术服务费 1 700 元，提取生产工人工资 2 300 元。

购入工具时：
借：生产成本——白木耳　　　　　　　　　　　　2 000
　　贷：产品物资——工具　　　　　　　　　　　　　　2 000

投入培养基时：
借：生产成本——白木耳　　　　　　　　　　　　3 500
　　贷：产品物资——白木耳培养基　　　　　　　　　　3 500

投入菌种时：
借：生产成本——白木耳　　　　　　　　　　　　5 500
　　贷：产品物资——白木耳菌种　　　　　　　　　　　5 500

投入菌袋时：
借：生产成本——白木耳　　　　　　　　　　　　700
　　贷：产品物资——菌袋　　　　　　　　　　　　　　700

支付临时工工资时：
借：生产成本——白木耳　　　　　　　　　　　　1 700
　　贷：库存现金　　　　　　　　　　　　　　　　　　1 700

支付技术服务费时：
借：生产成本——白木耳　　　　　　　　　　　　1 700
　　贷：库存现金　　　　　　　　　　　　　　　　　　1 700

提取生产工人工资时：
借：生产成本——白木耳　　　　　　　　　　　　2 300
　　贷：应付工资　　　　　　　　　　　　　　　　　　2 300

白木耳入库时：
借：产品物资——白木耳　　　　　　　　　　　　17 400
　　贷：生产成本——白木耳　　　　　　　　　　　　　17 400

（2）加工农产品成本核算。农民专业合作社直接组织加工农产品的成本核算，要按成本对象归集费用。

【例 2-30】大华农民专业合作社收购成员新茶 3 吨，每吨收购价 20 000 元，售出后结算收购款。合作社统一组织新茶加工、包装和销售，支付临时工工资 1 500 元，领用包装物 1 600 元，计提加工人员工资 4 000 元，提取加工车间固定资产折旧费 1 000 元，加工完全部入库待售。

收购成员新茶入库时：
借：产品物资——茶叶　　　　　　　　　　　　60 000
　　贷：成员往来——成员姓名　　　　　　　　　　　60 000

支付临时工工资时：
借：生产成本——茶叶　　　　　　　　　　　　1 500
　　贷：库存现金　　　　　　　　　　　　　　　　　　1 500

领用包装物时：
 借：生产成本——茶叶   1 600
   贷：产品物资——包装物   1 600
计提加工人员工资时：
 借：生产成本——茶叶   4 000
   贷：应付工资——加工人员姓名   4 000
提取加工车间固定资产折旧费时：
 借：生产成本——茶叶   1 000
   贷：累计折旧   1 000
结转加工茶叶的费用时：
 借：产品物资——茶叶   8 100
   贷：生产成本——茶叶   8 100

三、费用的核算

1. 费用的概念

费用是指合作社为组织生产经营活动和管理活动所发生的各种耗费的总和，主要包括经营支出、管理费用、其他支出等。

成本和费用是两个并行使用的概念，既有联系也有区别。两者均是合作社经济资源的耗费，成本从本质上看就是费用，是按一定对象所归集的费用，是对象化了的费用。也就是说，成本是相对于一定的产品或劳务服务而言所发生的费用，是按照产品品种或劳务服务项目等成本计算对象对当期发生的费用进行归集而形成的。因此，作为会计六大要素之一的费用，自然包括了成本。两者之间也是有所区别的。成本是针对一定成本计算对象而言的，与一定种类和数量的产品或劳务服务相联系，而不论发生在哪一个会计期间。费用则是针对某一期间而言的，它与一定的会计期间相联系，而与生产哪一种产品或提供哪一种劳务服务无关。

2. 费用核算的基本要求

（1）正确划分盈余性支出的界限。

一是要划清盈余性支出与对外投资的界限。盈余性支出是一种耗费性支出，而合作社发生的对外投资，虽然要支付货币或实物，但这种支付并没有因此而耗费，仍可变现。同时，成员退社收回记载在该成员账户的出资额和公积金份额时，尽管农民专业合作社要付出货币或实物，但这是经营资本的减少，而不是经营耗费的增加，同样不能作为经营支出进行核算。

二是要划清盈余性支出与盈余公积支出的界限。盈余性支出是用于生产经营活动的支出，直接以收入补偿。而盈余公积是按照章程规定或者成员大会决议从当年盈余中提取，具有特定用途，主要用于弥补亏损、扩大生产经营或者转为成员出资，其使用不能与生产经营支出相混淆，否则，会不恰当地增加或减少费用，同时会减少或增加盈余分配。

三是要划清盈余性支出与资本性支出的界限。盈余性支出是当年耗费、可以当年补偿的支出，而资本性支出是当年耗费、多年补偿的支出，如果将资本性支出列入盈余性支出核算，必然造成各年度之间收入、支出配比不合理。

四是要划清盈余性支出与往来结算款项的界限。盈余性支出是农民专业合作社直接发生的耗费行为，而往来款项是履行债务或形成债权的行为，两种业务性质截然不同，不能混淆。如农民专业合作社为成员代垫购货款、机耕费等，这对于成员是耗费性支出，而对于农民专业合作社只是形成了一笔债权，并没有发生耗费，所以不能列入盈余性支出进行核算。

五是要划清盈余性支出内部各项目的界限。为考核各支出项目的水平，特别是考核各生产经营项目的投资效果，在核算过程中应严格区分各支出项目的界限。要坚持收支配比的原则使各支出与各收入相对应。

（2）加强各项费用的预算管理。合作社要按农民专业合作社章程规定，每年年初，根据当年的预计收入，编制费用支出预算，并提交农民专业合作社成员大会或成员代表大会讨论通过。同时，要加强对预算执行情况的监督，控制不合理的费用支出，节约开支。

（3）建立健全开支审批制度。对经营性支出，要进行定额控制；对非经营性支出，要实行总量控制，不得超支。所有的支出，要按照农民专业合作社章程规定和财务流程，履行审批手续，规范操作。

3. 费用的核算

农民专业合作社的费用主要包括经营支出、管理费用、其他支出等，具体又可以分为两大类：一类是经营性支出，是指与主要生产经营活动直接相关的支出；另一类是非经营性支出，是指与主要生产经营活动没有直接关系的支出。

（1）经营支出的核算。经营支出是指农民专业合作社因销售产品、提供劳务，以及为成员代购代销，向成员提供技术、信息服务等主要生产经营活动发生的支出。包括销售产品的成本，销售牲畜或林木的成本，对外提供劳务服务的成本，生产经营用固定资产的维修费、保险费，产役畜的饲养费用及其成本摊销，经济林木投产后的管护费用及其成本摊销等。

为了反映和监督经营支出的总体情况，农民专业合作社应设置"经营支出"账户，进行总分类核算。发生经营支出时，借记"经营支出"，贷记"产品物资""生产成本""应付工资""成员往来""应付款""牲畜（禽）资产""林木资产"等。该账户为损益类账户，年终结转时，借记"本年盈余"，贷记"经营支出"，结转后，本科目应无余额。为详细反映经营支出的具体情况，农民专业合作社应按经营支出的项目设置明细账户，进行明细核算。

（2）管理费用的核算。管理费用是指农民专业合作社管理和组织生产经营活动发生的各项支出，包括农民专业合作社管理人员的工资、办公费、差旅费、管理用固定资产折旧费和维修费等。

为了详细反映管理费用的具体情况，合作社应设置"管理费用"账户进行核算。发生管理费用时，借记"管理费用"科目，贷记"应付工资""库存现金""银行存款""累计折旧"等科目。该账户为损益类账户，年终结转时，借记"本年盈余"科目，贷记"管理费用"科目，结转后，本账户应无余额。农民专业合作社应按管理费用的项目分别设置"办公费""差旅费""折旧费""管理人员报酬"等明细账户，进行明细核算。

（3）其他支出的核算。其他支出是指农民专业合作社发生的除"经营支出""管理费用"以外的其他各项支出。还包括公益性固定资产折旧费用、利息支出、农业资产的死亡损毁支出、固定资产及产品物资的盘亏、损失、防汛抢险支出、无法收回的应收款项损失、罚款支出等。

为了详细反映其他支出的情况，农民专业合作社应设置"其他支出"账户进行核算。发生其他支出时，借记"其他支出"科目，贷记"累计折旧""库存现金""银行存款""产品物资""应付款"等科目。该账户为损益类账户，年终结转时，借记"本年盈余"科目，贷记"其他支出"科目，结转后，本账户应无余额。

四、盈余的核算

1. 盈余的概念

盈余是指农民专业合作社在一定期间（月、季、年）内生产组织经营和提供劳务服务活动所取得的净收入，即总收入与总支出的差额，其反映农民专业合作社一定期间的财务成果，是反映和考核农民专业合作社生产经营和提供劳务服务活动质量的一项综合性财务指标。

2. 盈余的特点

（1）农民专业合作社的盈余来源具有专业性和多样性。农民专业合作社是一种经济组织，以其成员为主要服务对象，提供农业生产资料购买，农产品销售、加工、运输、贮藏以及与农业生产经营有关的技术、信息等服务。国家支持发展农业和农村经济的建设项目，可以委托和安排有条件的相关农民专业合作社实施。中央和地方财政应当分别安排资金，支持农民专业合作社开展信息、培训、农产品质量标准与认证、农业生产基础设施建设、市场营销和技术推广等服务。由此可见，其盈余来源具有"专业"特点的单一性，主要是提供"专业"服务取得的盈余。同时，其盈余来源又呈现出多样性，既有直接组织生产经营活动取得的盈余，也有对外投资活动获得的盈余；既有为其成员提供劳务服务取得的盈余，也有为其非成员提供劳务服务获得的盈余，既有国家项目支持形成的盈余，也有中央和地方财政资金支持形成的盈余等。

（2）农民专业合作社盈余中的收入与支出的配比并不严格。农民专业合作社的盈余来源于多种收入。有的收入与它所抵减的支出存在严格的配比关系，如加工农产品的销售收入与农产品购入成本和加工、销售费用支出，就存在着严格的配比关系；有的收入没有与之配比的支出项目,如银行存款利息收入、违约金收入、罚款收入等,只有收入项目,没有与之相对应的支出项目,不存在收入与支出的配比关系;有的收入与多项支出配比,如经济林木投产后的产品销售收入,不仅与该产品的采摘、挑选、贮藏、保管、包装、运输、销售等费用支出配比,而且还与该经济林木的营造、培植、管护所产生的费用支出配比;还有的费用与多项收入配比,如合作社免费为成员代购代销发生的费用支出,没有与之相对应的收入项目,结转盈余时直接从收入中抵减,应与全部收入配比。而在其他行业,盈余性收入与其相应的支出一般都有着严格的配比关系。

3. 盈余总额的构成

农民专业合作社本年盈余总额按下列公式计算:

本年盈余=经营收益+其他收入−其他支出

其中:

经营收益=经营收入+投资收益−经营支出−管理费用

这里的投资收益是指投资净收益,即投资所取得的收益扣除发生的投资损失后的余额。投资收益包括对外投资分得的利润、现金股利和债券利息,以及投资到期收回或者中途转让取得款项高于账面价值的差额等。投资损失包括投资到期收回或者中途转让取得款项低于账面价值的差额。在会计账簿上,投资收益的余额即为"投资收益"账户年末贷方余额。

4. 盈余核算的准备工作

(1) 准确计算全年的收入和支出。凡是属于本年的收入和支出,都要按照权责发生制的原则,记入当年的收入和支出项目。年终,应根据有关收入和支出账户的发生额或余额,计算出应计入本年的收入和支出的数额,并及时进行账务结转。

①要核实直接经营的农产品产量和当年的收入与支出,正确计算在产品费用,为计算各项直接经营收益提供准确的数据。②要认真做好专业合同的结算兑现工作,对未完成合同规定的代购代销业务和提供的劳务服务,应及时进行账务处理。③要核实并收回对外投资应得的收益。

(2) 清理财产和债权债务。年终,农民专业合作社应对所有的财产及债权债务进行一次全面清理。对各项资产、存货出现的盘盈、盘亏、毁损、报废等,要查明原因,及时处理。对各种应收款项应采取必要的措施积极催收。凡是属于本年度应该收回的,都应该收回,当年确实不能收回的,应按《农民专业合作社财务会计制度(试行)》规定,妥善入账处理,任何人不得擅自决定应收款项的减免。对各项债务应积极偿还,按规定支付利息,并结出各项年终余额。

5. 盈余的核算

为了反映和监督农民专业合作社盈余的总体情况,合作社应设置"本年盈余"账户,用于核算合作社在年度内实现的盈余(或亏损)总额,该账户属于所有者权益类账户。会计期末结转盈余时,将"经营收入""其他收入"科目的余额转入"本年盈余"科目的贷方,借记"经营收入""其他收入"科目,贷记"本年盈余"科目;同时将

"经营支出""管理费用""其他支出"科目的余额转入"本年盈余"科目的借方，借记本科目，贷记"经营支出""管理费用""其他支出"科目。"投资收益"科目的净收益转入"本年盈余"科目的贷方，借记"投资收益"科目，贷记"本年盈余"科目；如为投资净损失，转入"本年盈余"科目的借方，借记"本年盈余"科目，贷记"投资收益"科目。

年度终了，应将本年收入和支出相抵后结出的本年实现的净盈余，从"本年盈余"账户的借方转出，转入"盈余分配"账户的贷方，如为净亏损，则做相反的业务处理，结转后"本年盈余"账户无余额。

【例2-31】年度终了，应将本年经营收入80 000元，其他收入20 000元，投资收益10 000元和经营支出30 000元，管理费用50 000元，其他支出8 000元相抵后结出的本年实现的盈余，转入"盈余分配"账户。

结转各项收入：
借：经营收入　　　　　　　　　　　　　　　　　　　　　80 000
　　其他收入　　　　　　　　　　　　　　　　　　　　　20 000
　　贷：本年盈余　　　　　　　　　　　　　　　　　　　100 000

结转各项支出：
借：本年盈余　　　　　　　　　　　　　　　　　　　　　88 000
　　贷：经营支出　　　　　　　　　　　　　　　　　　　30 000
　　　　管理费用　　　　　　　　　　　　　　　　　　　50 000
　　　　其他支出　　　　　　　　　　　　　　　　　　　8 000

结转投资收益：
借：投资收益　　　　　　　　　　　　　　　　　　　　　10 000
　　贷：本年盈余　　　　　　　　　　　　　　　　　　　10 000

结转后，"本年盈余"账户借方发生额为88 000元，贷方发生额为110 000元。根据借贷方发生额之差，计算出本年度的盈余为22 000元，转入"盈余分配"账户，结转本年盈余：

借：本年盈余　　　　　　　　　　　　　　　　　　　　　22 000
　　贷：盈余分配——未分配盈余　　　　　　　　　　　　22 000

五、盈余分配的核算

1. 盈余分配的要求

农民专业合作社的盈余分配，是指把当年已经确定的盈余总额连同以前年度的未分配盈余按照一定的标准进行合理分配。盈余分配是合作社财务管理和会计核算的重要环节，关系到合作社及其成员的切身利益，具有很强的政策性。因此，合作社必须严格遵守法律、法规和章程等有关规定，按要求做好盈余分配工作。

农民专业合作社在进行年终盈余分配工作以前，要准确地核算全年收入和支出，清理财产和债权、债务，做好代购代销和劳务服务合同的结算兑现，结清有关账目，真实完整地登记成员个人账户，确保盈余分配及时兑现，保障盈余分配工作的顺利进行。

农民专业合作社在做好各项准备工作的基础上，按照《中华人民共和国农民专业合作社法》和《农民专业合作社财务会计制度（试行）》规定，编制当年的盈余分配方案，经农民专业合作社成员大会批准后，方可执行。

2. 盈余分配的顺序

（1）弥补亏损。合作社用本年度的盈余直接弥补以前年度的亏损。

（2）提取盈余公积。合作社的盈余公积主要用于弥补亏损、扩大再生产或者转为成员出资。

（3）盈余返还。合作社弥补亏损和提取盈余公积金后的可分配盈余，按成员与本社交易量（额）比例返还，返还总额不得低于可分配盈余的60%。

（4）剩余盈余分配。合作社按前项规定返还后的剩余部分，以成员账户中记载的出资额和公积金份额，以及本社接受国家财政直接补助和他人捐赠形成的财产平均量化到成员的份额，按比例分配给本社成员。

3. 盈余分配的核算

为了反映和监督农民专业合作社盈余分配的总体情况，合作社应设置"盈余分配"账户，该账户属于所有者权益类账户，用于核算合作社盈余的分配和亏损弥补的情况，以及历年分配（或弥补亏损）后的结存余额，同时应设置"各项分配"和"未分配盈余"两个明细账户，进行明细核算。

年终，农民专业合作社应将本年实现的盈余总额，从"本年盈余"账户转入本账户，如为净盈余，应转入本账户贷方的"未分配盈余"明细账户，借记"本年盈余"科目，贷记"盈余分配——未分配盈余"科目；如为净亏损，则做相反会计分录。同时，将"盈余分配"账户下的"各项分配"明细账户的余额转入"盈余分配"账户下的"未分配盈余"明细账户，借记"盈余分配——未分配盈余"科目，贷记"盈余分配——各项分配"科目。年度终了，"盈余分配"账户的"各项分配"明细账户应无余额，"未分配盈余"明细账户的贷方余额表示未分配的盈余，借方余额表示未弥补的亏损。

年终结账后，如发现以前年度盈余计算不准确，或有未反映的会计业务，需要调整增加或减少本年盈余的，也在"盈余分配——未分配盈余"账户核算。调整增加本年盈余时，记入有关账户的借方和"盈余分配——未分配盈余"账户的贷方；调整减少本年盈余时，记入"盈余分配——未分配盈余"账户的借方和有关账户的贷方。

"盈余分配"账户的余额为历年积存的未分配盈余或未弥补亏损。用本年未分配盈余弥补亏损，不需要进行账务处理。

【例2-32】农民专业合作社本年度实现盈余22 000元，根据经批准的盈余分配方案，按本年盈余的5%提取公积金，提取盈余公积后，当年可分配盈余的70%按成员与本社交易额比例返还给成员，其余部分平均分配给全体成员。

结转本年盈余时：

借：本年盈余　　　　　　　　　　　　　　　　　　　　　　　　22 000
　　贷：盈余分配——未分配盈余　　　　　　　　　　　　　　　　　22 000
提取公积金时，按规定的比例计算出提取金额 22 000×5%＝1 100（元）：
借：盈余分配——各项分配——提取公积金　　　　　　　　　　　1 100
　　贷：盈余公积　　　　　　　　　　　　　　　　　　　　　　　1 100
按成员与本社交易额比例返还盈余时，根据成员账户记录的成员与本社交易额比例，分别计算出返还给每个成员的金额和总额（22 000-1 100）×70%＝14 630（元）
借：盈余分配——各项分配——盈余返还　　　　　　　　　　　14 630
　　贷：应付盈余返还——成员姓名　　　　　　　　　　　　　　14 630
分配剩余盈余时，根据成员账户记录的成员出资额和公积金份额，以及国家财政直接补助和他人捐赠形成的财产平均量化到成员的份额，按比例分别计算出分配给每个成员的金额和总额，22 000-1 100-14 630＝6 270（元）
借：盈余分配——各项分配——分配剩余盈余　　　　　　　　　6 270
　　贷：应付剩余盈余——成员姓名　　　　　　　　　　　　　　6 270
结转各项分配时：
借：盈余分配——未分配盈余　　　　　　　　　　　　　　　　22 000
　　贷：盈余分配——各项分配　　　　　　　　　　　　　　　　22 000

第三章　村集体经济组织经济核算

按村或村民小组设置的社区性集体经济组织称村集体经济组织。

农村集体经济组织以从事经济发展为主，同时兼有一定社区管理职能，应按村集体经济组织会计制度的规定，设置和使用会计科目，登记会计账簿，编制会计报表，全面核算、反映村集体经济组织经营活动和社区管理的财务收支，做好村务公开和民主管理，加强村集体经济组织的会计工作，规范村集体经济组织的会计核算。

村集体经济组织应配备必要的会计人员，也可以按照民主、自愿的原则，委托乡（镇）经营管理机构及代理记账机构代理记账、核算。

财政部门依照《中华人民共和国会计法》的规定对村集体经济组织的财务会计工作进行管理和监督。农村经营管理部门依照有关法律、行政法规等规定对村集体经济组织的财务会计工作进行指导和监督。

为适应双层经营的需要，村集体经济组织应实行统一核算和分散核算相结合的两级核算体制。凡是作为发包单位的村集体经济组织发生的收支、结算、分配等会计事项都必须按《村集体经济组织会计制度》的规定进行核算。村集体经济组织所属的各承包单位实行单独核算，所发生的经济业务不记入村集体经济组织的账内。村集体经济组织的会计记账采用借贷记账法。收入和支出的核算原则上采用权责发生制。

自公历1月1日起至12月31日止为一个会计年度。会计核算以人民币"元"为金额单位，"元"以下填至"分"。

第一节　资产核算

资产是指由村集体经济组织过去的交易或者事项形成的、由村集体经济组织拥有或者控制的、预期会给村集体经济组织带来经济利益的资源。

村集体经济组织的资产分为流动资产、农业资产、长期投资和固定资产。

村集体经济组织流动资产是指可以在一年或一个生产周期内变现或者耗用的资产。包括现金、银行存款、短期投资、应收款项、存货等。

一、货币资金核算

货币资金是指村集体经济组织的生产经营活动中，以货币形态存在的那部分资金。包括现金和银行存款，现金亦称库存现金，指存放于村集体经济组织财会部门，由出纳人员经管的货币，如硬币、纸币；银行存款是指村集体经济组织存入银行、信用社或其他金融机构的款项。

(一) 货币资金的管理原则

(1) 村集体经济组织必须根据有关法律法规，结合实际情况，建立健全货币资金内部控制制度。

(2) 村集体经济组织应当建立货币资金业务的岗位责任制，明确相关部门和岗位的职责权限。明确审批人和经办人对货币资金业务的权限、程序、责任和相关控制措施。

(3) 村集体经济组织向单位和农户收取现金时手续要完备，使用统一规定的收款凭证。村集体经济组织取得的所有现金均应及时入账，不准以白条抵库，不准坐支，不准挪用，不准公款私存。应严格遵守库存现金限额制度，库存现金不得超过规定限额，超过库存现金限额的部分应当及时交存银行。

库存现金限额是指为了保证村集体经济组织日常零星支出，按规定允许留存现金的最高限额。

库存现金限额由开户银行或信用社根据村集体经济组织的实际需要（一般按照村集体经济组织3~5天日常零星开支所需现金确定），和距离银行远近等情况核定。远离银行或交通不便的村集体经济组织，银行最多可以根据村集体经济组织15天的正常开支需要量来核定库存现金的限额。正常开支需要量不包括定期和不定期的大额现金支出。

库存现金限额一经核定，村集体经济组织必须严格遵守，不能任意超过，超过限额的现金应及时存入银行（村集体经济组织库存现金低于限额时，可以提现补足限额）。

需要增加或减少库存现金限额的村集体经济组织，可以向开户银行（信用社）提出申请，由开户银行（信用社）重新核定。

(4) 村集体经济组织必须建立健全现金开支审批制度，严格现金开支审批手续。对手续不完备的开支，不准付款；对不合理的开支，经办人有权向民主理财小组或上级主管部门反映。

(5) 村集体经济组织要及时、准确地核算现金收入、支出和结存，做到账款相符。要组织专人定期或不定期清点核对现金。

(6) 村集体经济组织要定期与银行、信用社或其他金融机构核对账目。支票和财务印鉴不得由同一人保管。

(7) 村集体经济组织应当定期或不定期对货币资金内部控制进行监督检查，对发现的薄弱环节，应当及时采取措施，加以纠正和完善。

(二) 现金使用范围

根据国家《现金管理条例》规定，村集体经济组织可在下列范围内使用现金。

(1) 职工（包含村、组干部）工资、津贴。

(2) 个人劳务报酬。

(3) 根据国家规定发给个人的科技、文艺、体育等各种奖金。

(4) 各种劳保、福利费用及国家规定对个人的其他支出。

(5) 向个人收购农副产品和其他物质的款项。

(6) 出差人员必须随身携带的差旅费。

(7) 结算起点（1 000元人民币）以下的零星支出。

(8) 中国人民银行确定需要支付现金的其他支出。

上述现金结算范围内的支出，村集体经济组织可根据实际情况及需要，从开户银行或信用社提取现金支付。不属于上述现金结算范围内的支出，村集体经济组必须通过银行或信用社转账结算。

(三) 现金收支及清查的核算

现金属于资产类账户，借方登记现金的增加数；贷方登记现金的减少；余额在借方反映村集体经济组织实际持有的库存现金。

1. 现金收入的核算

村集体经济组织收入现金时，借记"现金"账户，贷记"经营收入""一事一议资金""发包及上交收入""其他收入""农业税附加返还收入"等有关账户。

【例3-1】张三承包村水库养鱼，交来承包金1 500元，现金已收。

借：现金　　　　　　　　　　　　　　　　　1 500
　　贷：发包及上交收入　　　　　　　　　　　　1 500

【例3-2】A村委会清理废旧报纸并卖得现金350元。

借：现金　　　　　　　　　　　　　　　　　350
　　贷：其他收入　　　　　　　　　　　　　　350

【例3-3】经村民代表大会讨论并经上级批准，村道路水泥硬化，由村民筹资5 600元。现款已收。

借：现金　　　　　　　　　　　　　　　　　5 600
　　贷：一事一议资金——村道　　　　　　　　5 600

2. 现金支出的核算

支出现金时，借记"内部往来""固定资产""经营支出""管理费用"等有关账户，贷记"现金"账户。

【例3-4】村干部李四出差借支现金2 300元。

取现。

借：现金　　　　　　　　　　　　　　　　　2 300
　　贷：银行存款　　　　　　　　　　　　　　2 300

支付。

借：内部往来——李四　　　　　　　　　　　2 300
　　贷：现金　　　　　　　　　　　　　　　　2 300

【例3-5】村委会购买电脑一台，价款4 800元，取现金后支付。

取现

借：现金　　　　　　　　　　　　　　　　　4 800
　　贷：银行存款　　　　　　　　　　　　　　4 800

支付

借：固定资产——电脑   4 800
  贷：现金   4 800

3. 现金清查的核算

现金清查指对库存现金的盘点与核对，包括出纳人员每日终了进行的现金账实核对，和清查小组进行的定期或不定期的现金盘点、核对，达到账实相符的目的。

现金清查一般采用实地盘点法。

清查小组清查时，出纳人员必须在场，清查的主要内容包括是否有挪用现金、白条抵库、超限额留存现金的现象，以及账实是否相符等。

对于现金清查的结果，应编制现金盘点报告单（附后），注明现金溢缺的金额，由出纳人员和盘点人员签字（章）。库存现金盘点报告表见表3-1。

表3-1 库存现金盘点报告

乡（镇）、村：

盘点 日期 年 月 日			清点现钞记录		
			面值	张（枚）数	金额
应存数	盘查日账面余额	元	壹佰元		
	已收未入账	笔　元	伍拾元		
	合计	元	拾元		
银行核定限额		元	伍元		
盘点实存数	现金	元	贰元		
	已付未入账	元	壹元		
	白条	元	伍角		
			贰角		
	合计	元	壹角		
溢余或短缺			伍分		
出纳人员签章			贰分		
主管财务领导签章			壹分		
清查人员签章			合计		

清查意见：

（1）如果发生现金溢余。

审批前，借：现金

贷：内部往来——现金长款或"应付款——现金长款"
待查明原因经批准后
　　借：内部往来——现金长款或"应付款——现金长款"
　　　贷：其他收入

【例3-6】某村集体经济组织清查库存现金时，发现溢余300元，原因待查。根据库存现金盘点报告单，编制会计分录。

　　审批前，借：现金　　　　　　　　　　　　　　　　　　　　　300
　　　　　　　贷：内部往来——现金长款或"应付款——现金长款"　　300

经查，溢余中100元为出纳员李静的私人款项，由李静收回，另外200元原因无法查明，作当期收入处理。

　　借：内部往来——现金长款或"应付款——现金长款"　　　　　　300
　　　贷：其他收入　　　　　　　　　　　　　　　　　　　　　　200
　　　　　现金　　　　　　　　　　　　　　　　　　　　　　　　100

（2）如果发生现金短缺。

　　审批前，借：内部往来——现金短缺或"应收款——现金短缺"
　　　　　　　贷：现金
待查明原因后，借：其他支出
　　　　　　　　　内部往来——×××或"应收款——×××"（明确赔偿责任人）
　　　　　　　　贷：内部往来——现金短缺或"应收款——现金短缺"
收到赔偿款后，借：现金
　　　　　　　　贷：内部往来——×××或"应收款——×××"

【例3-7】某村集体经济组织清查库存现金时，发现短缺500元，原因待查。根据库存现金盘点报告单，编制会计分录。

　　借：内部往来——现金短缺或"应收款——现金短缺"　　　　　　500
　　　贷：现金　　　　　　　　　　　　　　　　　　　　　　　　500

【例3-8】查明上述现金短缺为零售农用材料时出纳员少收货款造成，经批准应由出纳员李静赔偿损失。

　　借：内部往来——李静或"应收款——李静"　　　　　　　　　　500
　　　贷：内部往来——现金短缺或"应收款——现金短缺"　　　　　500
收到赔偿款后
　　借：现金　　　　　　　　　　　　　　　　　　　　　　　　　500
　　　贷：内部往来——李静或"应收款——李静"　　　　　　　　　500

（四）银行存款的管理与核算

按照国家有关规定，凡是独立核算的单位都必须在当地银行开设账户。

1. 银行账户的管理

村集体经济组织在其所在地银行（信用社）开设结算账户时，必须凭中国人民银行当地分支机构核发的开户许可证，带好村集体经济组织财务公章、财务负责人和出纳员印章等印鉴，到当地银行（信用社）开立账户。开立账户必须注意以下几点。

（1）不得为还贷、还债和套取现金而多头开立基本存款账户。

（2）不得出租、出借账户。

（3）不得违反规定为在异地存款和贷款而开立账户。

（4）不得利用银行账户进行非法活动。

2. 银行结算方式

银行结算方式包括票据结算（主要有银行汇票、商业汇票、银行本票、支票等）、信用卡、汇兑、托收承付、委托收款、信用证等。根据村集体经济组织的实际情况，下面仅就支票结算方式作具体规定。

（1）支票。支票是指出票人签发的，委托办理支票存款业务的银行或信用社或其他金融机构，在见票时无条件支付确定金额给收款人或者持票人的票据。

（2）支票的领用。村集体经济组织在开立基本存款账户后，向银行（信用社）申请购买支票。存款账户结清时，必须将剩余的空白支票全部交回银行（信用社）注销。平常工作中，作废的支票也必须妥善保存备查。

（3）支票的种类。支票分为现金支票（支票上印有"现金"字样）、转账支票（支票上印有"转账"字样）、普通支票［未印"现金"或"转账"字样，可以支现也可以转账，但划线普通支票（支票左上角划两条平行线）只能用于转账，不得支取现金］。

（4）支票的签发。

A. 转账支票的签发。指由支票存款人开出，委托金融机构见票后无条件从其账户中拨付一定金额给收款人的票据。

填写转账支票时，各栏项目必须使用碳素墨水笔填写齐全。

a. 出票日期必须大写。

b. 收款人要填写收款单位全称。

c. 付款行名称、出票人账号要填写正确。

d. 金额大、小写要一致，小写金额前加人民币符号"￥"，大写金额紧靠"人民币"字样之后，不能留有空白。

e. 用途如实填写。

f. 支票填妥后，加盖银行预留印鉴。

B. 现金支票的签发。指由支票存款人开出，委托金融机构从其账户中支付一定金额现金给收款人或持票人的票据。

现金支票可以用于支取现金，也可以转账。

现金支票的填制与转账支票的填制方法基本相同，所不同的是，用现金支票支取现金时，收款人必须在支票背面签章。

（5）支票的背书。现金支票不能背书，转账支票可以背书转让，而且可以多次转让，背书方法如下。

限于个人转让给在银行开户的单位或个体经济户。背书转让时，应在"转账支票"

背面的指定位置填明被背书人的名称,并由背书人签章,填明背书日期。

(6) 支票的受理。

A. 收款人收到付款人开出的转账支票后,应认真审核。

一是审核支票票面是否整洁,有无涂改。出票日期、收款人、金额有更改的支票无效。

二是审核支票各项目填写是否齐全正确,支票是否在付款期内(自出票日起 10 日内),收款人是否为本收款人,金额填写是否正确。

三是审核付款人签章是否清晰,有背书的,背书是否连续。

支票审核无误后,方可受理,填制"银行进账单"连同转账支票一同交银行办理转账手续。

B. 出票人开户银行收到支票后,按照前述方法进行审核,无误后受理。对于超过提示付款期限提示付款的,出票人开户行不予受理,付款人不予付款。

必须引起重视的是:签发支票前,村集体经济组织应查明银行(信用社)存款的实际余额,防止签发空头支票(签发空头支票的,银行除退票外,还按票面金额的 5%但不低于 1 000 元处以罚款)。

(7) 支票的挂失。支票是一种非常重要的票据,应妥善保管,严防丢失。

如果已签发的转账支票丢失,银行不办理挂失,可与收款人联系协助防范;如果已签发的现金支票丢失,可到银行办理挂失。挂失前已被冒领的,银行概不负责。

(8) 支票结算的内部控制。支票和财务印鉴应由不同人员保管,相互监督,形成严密的内部牵制制度,减少提现舞弊的可能性。

银行存款属于资产类账户,借方登记银行存款的增加数;贷方登记银行存款的减少;按银行、信用社或其他金融机构的名称设置明细科目,进行明细核算。余额在借方,反映村集体经济组织实际存在银行、信用社或其他金融机构的款项。

3. 银行存款增加的核算

村集体经济组织将款项存入银行、信用社或其他金融机构时,借记"银行存款"账户,贷记"现金""经营收入""应收款"等有关账户。

【例 3-9】村核桃加工厂上交利润 2 000 元。

借:银行存款 2 000
　　贷:经营收入——核桃加工厂 2 000

【例 3-10】财政所通过信用社拨来 A 村财政转移支付资金 5 000 元。

借:银行存款 5 000
　　贷:补助收入——村级转移支付资金收入 5 000

4. 银行存款减少的核算

从银行提取现金和支出存款时,借记"现金""管理费用""其他支出"等有关账户,贷记"银行存款"账户。

【例 3-11】乡会计委托代理服务中心计提备用金 500 元。

借：现金　　　　　　　　　　　　　　　　　　500
　　贷：银行存款　　　　　　　　　　　　　　　　　　500

【例 3-12】村委会抽水站维修，支付材料费 350 元，工时费 70 元。
借：管理费用　　　　　　　　　　　　　　　　420
　　贷：银行存款　　　　　　　　　　　　　　　　　　420

5. 银行存款清查

银行存款清查指村集体经济组织"银行存款日记账"的账面余额与其开户行转来的银行对账单余额进行核对。

如果查明双方余额不一致的原因是属于记账错误，应立即加以更正。

如果查明双方余额不一致的原因不是记账错误，而是因为未达账项（指村集体经济组织与银行取得有关凭证的时间不同，取得的一方已经登记入账，未取得的尚未登记入账的款项）引起的，应编制银行存款余额调节表进行调节。

【例 3-13】甲村 2019 年 10 月 31 日银行对账单余额为 122 800 元，村集体经济组织银行存款日记账余额为 123 700 元，经核对，发现有下列未达账项。

10 月 28 日，托收的货款 12 758 元，银行已收款入账，村集体因尚未收到银行的收款通知而未收款入账；

10 月 28 日，银行已扣收本季度村集体短期借款利息 5 816 元，村集体因未收到银行的付款通知而未付款入账；

10 月 29 日，村集体销售农产品收到转账支票 30 768 元，企业已凭进账单回单收款入账，银行因尚未办妥转账手续而未收款入账；

10 月 25 日，村集体开出转账支票 22 926 元支付购货款，付款入账，持票人未到银行办理转账，银行因此未付款入账。

根据上述资料，村集体编制"银行存款余额调节表"如表 3-2 所示。

表 3-2　银行存款余额调节表

2019 年 10 月 31 日　　　账号：123456＊＊＊＊＊＊　　　　　　　　　　　　单位：元

项目	金额	项目	金额
银行对账单上的余额	122 800	村集体账面上的余额	123 700
加：村集体已收、银行未收款	30 768	加：银行已收、村集体未收款	12 758
减：村集体已付、银行未付款	22 926	减：银行已付、村集体未付款	5 816
调节后的对账单余额	130 642	调节后的存款日记账余额	130 642

二、应收款与内部往来核算

（一）应收款的核算

应收款是指村集体经济组织与外单位和外部个人发生的各种应收及暂付款项。村集体经济组织对拖欠的应收款项要采取切实可行的措施积极催收。

"应收款"属于资产类账户,借方登记增加数,贷方登记减少数,期末借方余额反映村集体经济组织应收而未收回和暂付的款项。按应收款的不同单位和个人设置明细科目,进行明细核算。

(1) 村集体经济组织因销售商品、提供劳务等而发生应收及暂付款项时。

借:应收款
　　贷:经营收入(现金、银行存款)等

(2) 收回款项时。

借:现金、银行存款等
　　贷:应收款

【例3-14】卖给乡油厂库存大豆1 000千克,每千克3.75元,合计价款3 750元,年终付款。会计分录为:

借:应收款——乡油厂　　　　　　　　　　　　　　　3 750
　　贷:经营收入　　　　　　　　　　　　　　　　　　　3 750

年终收到油厂用转账支票交来货款:

借:银行存款　　　　　　　　　　　　　　　　　　　3 750
　　贷:应收款——乡油厂　　　　　　　　　　　　　　3 750

(3) 对债务单位撤销,确实无法追还,或债务人死亡,既无遗产可以清偿,又无义务承担人,确实无法收回的款项,按规定程序批准核销后,作如下账务处理。

借:其他支出
　　贷:应收款由有关责任人造成的损失,应酌情由其赔偿。

【例3-15】承接【例3-14】如果乡油厂倒闭,货款未能收回,明确本单位李某有责任赔偿1 100元,其他部分按规定程序批准核销。会计分录如下。

借:应收款——李某　　　　　　　　　　　　　　　　1 100
　　其他支出　　　　　　　　　　　　　　　　　　　2 650
　　贷:应收款——乡油厂　　　　　　　　　　　　　　3 750

(二) 销售业务内部控制要求

(1) 村集体经济组织应当建立健全销售业务内部控制制度,明确审批人和经办人的权限、程序、责任和相关控制措施。

(2) 村集体经济组织应当按照规定的程序办理销售和发货业务。应当在销售与发货各环节设置相关的记录、填制相应的凭证,并加强有关单据和凭证的相互核对工作。

(3) 村集体经济组织应当按照有关规定及时办理销售收款业务,应将销售收入及时入账,不得账外设账,不得坐支现金。

(4) 村集体经济组织应当加强销售合同、发货凭证、销售发票等文件和凭证的管理。

(5) 村集体经济组织应当定期或不定期对销售业务内部控制进行监督检查,对发现的薄弱环节,应当及时采取措施,加以纠正和完善。

(三) 内部往来的核算

内部往来是指村集体经济组织与所属单位和农户的经济往来业务。按村集体经济组织所属单位和农户设置明细科目，进行明细核算。

（1）村集体经济组织与所属单位和农户发生应收款项和偿还应付款项时。

借：内部往来
　　贷：现金、银行存款

（2）收回应收款项和发生应付款项时。

借：现金、银行存款
　　贷：内部往来

（3）村集体经济组织因所属单位和农户承包集体耕地、林地、果园、鱼塘等而发生的应收承包金或村（组）办企业的应收利润等，年终按经过批准的方案结算出本期所属单位和农户应交未交的款项时。

借：内部往来
　　贷：发包及上交收入实际收到款项时

借：现金、银行存款
　　贷：内部往来

（4）村集体经济组织因筹集一事一议资金与农户发生的应收款项，在筹资方案经成员大会或成员代表大会通过时，按照筹资方案规定的金额入账。

借：内部往来
　　贷：一事一议资金收到款项时

借：现金
　　贷：内部往来

【例3-16】国家修公路征用村土地3亩，拨来土地补偿费90 000元，青苗补偿3 400元。

借：银行存款　　　　　　　　　　　　　　　　　　　　93 400
　　贷：内部往来　　　　　　　　　　　　　　　　　　　93 400

【例3-17】经召开村民大会决定，将国家征用土地补偿费90 000元及青苗补偿费3 400元分配给相关农户。

借：内部往来　　　　　　　　　　　　　　　　　　　　93 400
　　贷：银行存款　　　　　　　　　　　　　　　　　　　93 400

【例3-18】年终按经过批准的方案结算出，农户马五承包村果园应交的承包金为2 600元。

借：内部往来　　　　　　　　　　　　　　　　　　　　2 600
　　贷：发包及上交收入　　　　　　　　　　　　　　　　2 600

【例3-19】某村一通往县城的小桥需要重修，经成员代表大会通过决定由村民筹资8 900元。

借：内部往来　　　　　　　　　　　　　　　　　　　　8 900

贷：一事一议资金——村桥　　　　　　　　　　　　　　　　　　　　　　8 900

（5）内部往来科目各明细科目的期末借方余额合计数反映村集体经济组织所属单位和农户欠村集体经济组织的款项总额；期末贷方余额合计数反映村集体经济组织欠所属单位和农户的款项总额。

各明细科目年末借方余额合计数应在资产负债表的"应收款项"项目内反映，年末贷方余额合计数应在资产负债表的"应付款项"项目内反映。

三、存货核算

（一）存货的内涵

村集体经济组织的存货包括种子、化肥、燃料、农药、原材料、机械零配件、低值易耗品、在产品、农产品和工业产成品等。

（二）存货业务内部控制制度要求

（1）村集体经济组织应当建立健全存货内部控制制度，建立保管人员岗位责任制。存货入库时，由会计填写入库单，保管员根据入库单清点验收，核对无误后入库；出库时，由会计填写出库单，主管负责人批准，领用人签名盖章，保管员根据出库单出库。

（2）村集体经济组织应当定期或不定期对存货内部控制进行监督检查，对发现的薄弱环节，应当及时采取措施，加以纠正和完善。

（三）采购业务内部控制制度要求

（1）村集体经济组织应当建立健全采购业务内部控制制度，明确审批人和经办人的权限、程序、责任和相关控制措施。对于审批人超越授权审批的采购与付款业务，经办人员有权拒绝办理，并及时向民主理财小组或上级主管部门反映。

（2）村集体经济组织应当按照规定的程序办理采购与付款业务。应当在采购与付款各环节设置相关的记录、填制相应的凭证，并加强有关单据和凭证的相互核对工作。在办理付款业务时，应当对采购发票、结算凭证、验收证明等相关凭证进行严格审核。

（3）村集体经济组织应当加强对采购合同、验收证明、入库凭证、采购发票等文件和凭证的管理。

（4）村集体经济组织应当定期或不定期对采购业务内部控制进行监督检查，对发现的薄弱环节，应当及时采取措施，加以纠正和完善。

（四）库存物资的核算

库存物资是指村集体经济组织库存的各种原材料、农用材料、农产品、工业产成品等物资。按库存物资的品名设置明细科目进行明细核算。库存物资属于资产类账户，借方登记增加，贷方登记减少，期末借方余额反映村集体经济组织库存物资的实际成本。

1. 村集体经济组织在购买或其他单位及个人投资投入的原材料、农用材料等物资验收入库时，购入的物资按照买价加运输费、装卸费等费用、运输途中的合理损耗以及相关税金等计价

借：库存物资
　　贷：现金、银行存款、应付款、资本

【例 3-20】在县种子公司购买玉米种子 2 000 千克，每千克 10 元，计 20 000 元，以信用社存款支付种子款，以现金支付运费 180 元，种子已验收入库。会计分录如下。

借：库存物资　　　　　　　　　　　　　　　　　　　　　　　20 180
　　贷：银行存款——信用社　　　　　　　　　　　　　　　　　　20 000
　　　　现金　　　　　　　　　　　　　　　　　　　　　　　　　　180

2. 会计期末，对已收到发票账单但尚未到达或尚未验收入库的购入物资作如下账务处理

借：库存物资
　　贷：应付款

3. 村集体经济组织生产的农产品收获入库或工业产成品完工入库时，按生产过程中发生的实际支出计价

借：库存物资
　　贷：生产（劳务）成本

【例 3-21】村集体经济组织种植的 1 公顷玉米高产试验田，当年收获玉米 15 000 千克，按生产过程中发生的实际支出计价每千克 1.20 元。总价 18 000 元，已入库。

借：库存物资　　　　　　　　　　　　　　　　　　　　　　　18 000
　　贷：生产（劳务）成本　　　　　　　　　　　　　　　　　　18 000

4. 库存物资领用时

借：生产（劳务）成本、应付福利费、在建工程
　　贷：库存物资

【例 3-22】领用玉米 1 000 千克用于生产淀粉。

借：生产（劳务）成本　　　　　　　　　　　　　　　　　　　1 200
　　贷：库存物资　　　　　　　　　　　　　　　　　　　　　　1 200

5. 库存物资销售时，按实现的销售收入入账

借：现金、银行存款等
　　贷：经营收入按照销售物资的收入
借：经营支出
　　贷：库存物资

【例 3-23】领用玉米 2 000 千克用于销售，售价为 1.7 元/千克。收到 3 400 元的转账支票。

借：银行存款　　　　　　　　　　　　　　　　　　　　　　　3 400
　　贷：经营收入　　　　　　　　　　　　　　　　　　　　　　3 400

按照销售物资的实际成本，1.2×2 000＝2 400（元）

借：经营支出　　　　　　　　　　　　　　　　　　　　　　　2 400
　　贷：库存物资　　　　　　　　　　　　　　　　　　　　　　2 400

生产入库的农产品和工业产成品,领用或出售的出库存货的核算,可在"先进先出法""加权平均法"等方法中任选一种,但是一经选定,不得随意变动。

(1) 先进先出法

该方法假定"先入库的存货先发出去",根据这一前提,计入销售或耗用存货的成本应顺着收入存货批次的单位成本次序计算。当然,这仅是为了计价,与物品实际入库或发出的次序并无多大关系。

(2) 加权平均法

加权平均法,又分一次加权平均法和移动加权平均法两种。

采用一次加权平均法,本月销售或耗用的存货,平时只登记数量,不登记单价和金额,月末按一次计算的加权平均单价,计算期末存货成本和本期销售或耗用成本。存货的平均单位成本的计算公式如下。

$$加权平均成本 = \frac{月初库存存货的总成本 + 本月购入存货的总数成本}{月初库存存货的总数量 + 本月购入存货的总数量} \times 100\%$$

6. 村集体经济组织的库存物资应定期盘点清查,做到账实相符,年度终了前必须进行一次全面的盘点清查

(1) 发现物资盘盈时,经审核批准后,按同类或类似存货的市场价格计入其他收入。

借:库存物资
  贷:其他收入

【例 3-24】年末盘点时发现某农产品盘盈,同类农产品市场价格共计 280 元。经审核批准后,会计分录为:

借:库存物资——某农产品 280
  贷:其他收入 280

(2) 出现盘亏和毁损时,经审核批准后,按照应由责任人或保险公司赔偿的金额作如下分录。

借:应收款——某过失人或保险公司或内部往来——某过失人或保险公司
  其他支出(扣除过失人或保险公司应赔偿金额后的净损失)
  贷:库存物资

【例 3-25】年末盘点时发现某农产品盘亏共计 280 元。确认应由保险公司赔偿金额为 100 元,经审核批准后,会计分录为:

借:应收款——某保险公司 100
  其他支出 180
  贷:库存物资——某农产品 280

四、农业资产核算

村集体经济组织的农业资产包括牲畜(禽)资产和林木资产等。

(一) 牲畜（禽）资产的核算

牲畜（禽）资产科目核算村集体经济组织购入或培育的牲畜（禽）的成本。按牲畜（禽）的种类设置"幼畜及育肥畜"和"产役畜"两个二级科目进行明细核算。

"牲畜（禽）资产"属于资产类账户，借方登记增加，贷方登记减少，期末借方余额反映村集体经济组织幼畜及育肥畜和产役畜的账面余额。

1. 村集体经济组织购入幼畜及育肥畜时，按购买价及相关税费入账

借：牲畜（禽）资产——幼畜及育肥畜
　　贷：现金、银行存款

2. 发生幼畜及育肥畜饲养费用时应作如下账务处理

借：牲畜（禽）资产——幼畜及育肥畜
　　贷：应付工资、库存物资

3. 幼畜成龄转作产役畜时，按实际成本入账

借：牲畜（禽）资产——产役畜
　　贷：牲畜（禽）资产——幼畜及育肥畜

4. 产役畜的饲养费用

借：经营支出
　　贷：应付工资、库存物资

5. 产役畜的成本扣除预计残值后的部分应在其正常生产周期内，按照直线法分期摊销，预计净残值率按照产役畜成本的5%确定。已提足折耗但未处理仍继续使用的产役畜不再摊销

借：经营支出
　　贷：牲畜（禽）资产——产役畜

6. 幼畜及育肥畜和产役畜对外销售时，按照实现的销售收入入账

借：现金、银行存款
　　贷：经营收入
　　同时，按照销售牲畜的实际成本

借：经营支出
　　贷：牲畜（禽）资产——产役畜（或幼畜及育肥畜）

7. 以幼畜及育肥畜和产役畜对外投资时，按照合同、协议确定的价值入账

借：长期投资
　　贷：牲畜（禽）资产——产役畜（或幼畜及育肥畜）
借或贷：公积公益金（合同或协议确定的价值与牲畜资产账面价值之间的差额）

8. 牲畜死亡毁损时，按规定程序批准后作如下分录

借：应收款——某过失人或保险公司或内部往来——某过失人或保险公司
　　其他支出（扣除过失人和保险公司应赔偿金额后的净损失）
　　贷：牲畜（禽）资产——产役畜（或幼畜及育肥畜）（按照牲畜资产的账面价值）

其他收入（按照过失人及保险公司应赔偿金额超过牲畜资产账面价值的金额，即产生的净收益）

9. 接受外来投入牲畜（禽）资产和捐赠的牲畜（禽）资产，村集体一方面要反映牲畜（禽）资产的增加，另一方面要反映资本和公共积累的增加。

借：牲畜（禽）资产——产役畜（或幼畜及育肥畜）
　　贷：资本（接受的投入）
　　　　公积公益金（接受的捐赠）

例举荷花村账务实例如下。

【例3-26】荷花村2019年3月6日从大华集团购入奶牛30头，每头奶牛3 500元，通过银行支付。大华集团同荷花村协商达成协议，决定投入荷花村奶牛20头，每头奶牛3 200元，同日连同购买的奶牛运回村内养殖场。购入的奶牛和投入的奶牛预计可产奶10年。会计分录如下。

（1）购入的奶牛。

借：牲畜（禽）资产——产役畜——产畜——奶牛　　　105 000
　　贷：银行存款　　　　　　　　　　　　　　　　　105 000

（2）投入的奶牛。

借：牲畜（禽）资产——产役畜——产畜——奶牛　　　64 000
　　贷：资本——大华集团　　　　　　　　　　　　　　64 000

【例3-27】2019年3月10日，市农牧局向荷花村捐赠奶牛10头，每头3 000元，预计产奶8年。会计分录如下。

借：牲畜（禽）资产——产役畜——产畜——奶牛　　　30 000
　　贷：公积公益金　　　　　　　　　　　　　　　　　30 000

【例3-28】荷花村通过对60头奶牛细心管理和科学喂养，到3月底已产鲜奶6 000千克，出售给大华集团，每千克鲜奶2元1角，通过银行结算。喂奶牛发生的费用是：饲料费支出10 500元，通过银行支付，饲养人员工资支付2 000元现金。会计分录如下。

（1）出售鲜奶。

借：银行存款　　　　　　　　　　　　　　　　　　　12 600
　　贷：经营收入　　　　　　　　　　　　　　　　　　12 600

（2）发生的费用。

借：经营支出　　　　　　　　　　　　　　　　　　　12 500
　　贷：现金　　　　　　　　　　　　　　　　　　　　 2 000
　　　　银行存款　　　　　　　　　　　　　　　　　　10 500

【例3-29】产畜的成本在正常的生产周期内，要按直线法逐年摊销，预计奶牛净残值率按照成本的5%计算，摊销3月份成本。会计分录如下。

首先计算出奶牛每年的摊销成本，再计算出每月的摊销成本。

10年期的年摊销成本＝（105 000+64 000）×（1-5%）÷10＝16 055（元）

月摊销成本＝16 055÷12＝1 337.92（元）

8年期的年摊销成本=30 000×（1-5%）÷8=3 562.5（元）

月摊销成本=3 562.5÷12=296.88（元）

月摊销成本总计。

借：经营支出　　　　　　　　　　　　　　1 634.8（1 337.92+296.88）
　　贷：牲畜（禽）资产——产役畜——产畜——奶牛　　1 634.8

【例3-30】2019年8月，因饲养员王五、李六饲养不善，导致自己购买的奶牛死亡10头，报保险公司来调查后，保险公司决定赔偿15 000元，手续在办理中。经集体研究批准饲养员王五、李六要负担部分经济责任，二人共承担8 000元，用工资扣还。

首先查看奶牛摊销情况。

30头10年期的年摊销成本=105 000×（1-5%）÷10=9 975（元）

月摊销成本=9 975÷12=831.25（元）

已摊销成本5个月=831.25×5=4 156.25÷30=138.54×10=1 385.4（元）

保险公司和王五、李六的赔偿。

借：内部往来——王五、李六　　　　　　　　　8 000
　　应收款——保险公司　　　　　　　　　　　15 000
　　其他支出　　　　　　　　　　　　　　　　10 614.6
　　贷：牲畜（禽）资产——产役畜——产畜——奶牛　　33 614.6

【例3-31】若保险公司赔偿26 000元，则应作会计分录如下。

借：内部往来——王五、李六　　　　　　　　　8 000
　　应收款——保险公司　　　　　　　　　　　26 000
　　贷：牲畜（禽）资产——产役畜——产畜——奶牛　　33 614.6
　　　　其他收入　　　　　　　　　　　　　　385.4

【例3-32】若保险公司赔偿25 614.6元，则应作会计分录如下。

借：内部往来——王五、李六　　　　　　　　　8 000
　　应收款——保险公司　　　　　　　　　　　25 614.6
　　贷：牲畜（禽）资产——产役畜——产畜——奶牛　　33 614.6

【例3-33】飞跃村于2019年1月10日从大利集团购进育肥仔猪100头，每头200元，以现金支票支付。从顺发饲料厂购进饲料10吨，每吨3 000元，款暂欠。会计分录如下。

借：牲畜（禽）资产——幼畜及育肥畜——育肥畜——猪　　20 000
　　贷：银行存款　　　　　　　　　　　　　　20 000

借：库存物资——饲料　　　　　　　　　　　　30 000
　　贷：应付款——顺发饲料厂　　　　　　　　30 000

【例3-34】飞跃村通过饲养人员的喂养，在饲养过程中，发生的费用是：现金支付水电费220元，饲料用去8.5吨，应付饲养人员工资6 000元。育肥仔猪于2019年4月25日已育肥出栏，出售给得利肉品厂，每头育肥猪850元，通过银行结算60 000元，得利肉品厂暂欠飞跃村25 000元。会计分录如下。

发生的各项费用。

借：牲畜（禽）资产——幼畜及育肥畜——育肥畜——猪　　31 500
　　贷：应付工资——张三、李四　　　　　　　　　　　　　 6 000
　　　　库存物资——饲料　　　　　　　　　　　　　　　　25 500
借：牲畜（禽）资产——幼畜及育肥畜——育肥畜——猪　　　　220
　　贷：现金　　　　　　　　　　　　　　　　　　　　　　　 220

出售时。

借：银行存款　　　　　　　　　　　　　　　　　　　　　60 000
　　贷：经营收入　　　　　　　　　　　　　　　　　　　　60 000
借：应收款——得利肉品厂　　　　　　　　　　　　　　　25 000
　　贷：经营收入　　　　　　　　　　　　　　　　　　　　25 000

结转成本。

出售时总成本=购入成本 20 000 元+饲养费用 31 720（6 000+25 500+220）元

借：经营支出　　　　　　　　　　　　　　　　　　　　　51 720
　　贷：牲畜（禽）资产——幼畜及育肥畜——育肥畜——猪　51 720

【例 3-35】飞跃村 2019 年 4 月 26 日以银行存款支付饲养人员工资 6 000 元，支付欠顺发饲料厂饲料款 30 000 元。会计分录如下。

借：应付款——顺发饲料厂　　　　　　　　　　　　　　　30 000
　　应付工资——张三、李四　　　　　　　　　　　　　　 6 000
　　　贷：银行存款　　　　　　　　　　　　　　　　　　36 000

【例 3-36】2019 年 5 月 6 日，飞跃村通过银行收到得利肉品厂暂欠款 25 000 元。

借：银行存款　　　　　　　　　　　　　　　　　　　　　25 000
　　贷：应收款——得利肉品厂　　　　　　　　　　　　　25 000

（二）林木资产的核算

林木资产科目核算村集体经济组织购入或营造的林木的成本。本科目按林木的种类设置"经济林木"和"非经济林木"两个二级科目进行明细核算。

林木资产属于资产类账户，借方登记增加，贷方登记减少，期末借方余额反映村集体经济组织购入或营造林木的账面余额。

1. 经济林木的核算

（1）村集体经济组织购入经济林木时，按购买价及相关税费入账。

借：林木资产——经济林木
　　贷：现金、银行存款

（2）购入或营造的经济林木投产前发生的培植费用。

借：林木资产——经济林木
　　贷：应付工资、库存物资

（3）经济林木投产后发生的管护费用。

借：经营支出
    贷：应付工资、库存物资

（4）经济林木投产后，其成本扣除预计残值后的部分应在其正常生产周期内，按照直线法摊销。预计净残值率按照经济林木成本的5%确定。已提足折耗但未处理仍继续使用的经济林木不再摊销。

借：经营支出
    贷：林木资产——经济林木

2. 非经济林木的核算

（1）村集体经济组织购入非经济林木时，按购买价及相关税费入账。

借：林木资产——非经济林木
    贷：现金、银行存款

（2）购入或营造的非经济林木在郁闭前发生的培植费用。

借：林木资产——非经济林木
    贷：应付工资、库存物资

（3）非经济林木郁闭后发生的管护费用。

借：其他支出
    贷：应付工资、库存物资

3. 按规定程序批准后，林木采伐出售时实现的销售收入

借：现金、银行存款
    贷：经营收入同时，按照出售林木的实际成本
借：经营支出
    贷：林木资产

4. 以林木对外投资时，按照合同、协议确定的价值计量

借：长期投资
    贷：林木资产
借或贷：公积公益金（合同或协议确定的价值与林木资产账面价值之间的差额）

5. 林木死亡毁损时，按规定程序批准后作如下处理

借：应收款/内部往来——某过失人及保险公司
    其他支出（按照扣除过失人和保险公司应赔偿金额后的净损失）
    贷：林木资产（按照林木资产的账面价值）
        其他收入（按照过失人及保险公司应赔偿金额超过林木资产账面价值的金额，即产生净收益时）

【例3-37】寿山村2019年3月10日，为调整产业结构从外地购进红冠蜜桃树苗2 000株建经济园，价款4 000元；购入杨树苗4 000株，植入4条生产路两侧，价款4 000元；共支付运费600元。用现金支付了各项。树苗分别种植，桃树种植应付工钱400元，杨树种植应付工钱800元。会计分录如下。

购树的费用。

借：林木资产——经济林木——红冠蜜桃树   4 200
       ——非经济林木——杨树   4 400
  贷：现金   8 600

植树的费用。

借：林木资产——经济林木——红冠蜜桃树   400
       ——非经济林木——杨树   800
  贷：内部往来——王五等、李四等   1 200

【例 3-38】寿山村建的桃树园和植入路两侧的杨树，通过浇水、施肥等管理发生费用的是：桃树施用复合肥 1 500 千克，价款 3 600 元，用农药一箱，价款 400 元，仓库领用；用水电费 200 元，管理人员工资 400 元，支付现金。路边杨树浇水 4 遍开支 600 元，治虫开支 120 元，支付管理人员工资 300 元，支付现金。会计分录如下。

管理桃树的费用计入成本。

借：林木资产——经济林木——红冠蜜桃树   4 600
  贷：库存物资——复合肥   3 600
       ——农药   400
    现金   600

管理杨树的费用计入成本。

借：林木资产——非经济林木——杨树   1 020
  贷：现金   1 020

【例 3-39】2019 年 2 月，桐峪村村北一片成材的杨树，经研究决定更新换代，重新种植速生杨，办理了采伐证等手续，开支 120 元。这片杨树是前些年种植的，是从原固定资产账户调整出来的，其账面林木资产是 8 000 元，没任何费用和摊销。杨树采伐开支费用 500 元，卖树收入 60 000 元存入银行。会计分录如下。

（1）办证伐树的费用。

借：经营支出   620
  贷：现金   620

（2）出售的收入。

借：银行存款   60 000
  贷：经营收入   60 000

（3）同时结转账面的杨树成本。

借：经营支出   8 000
  贷：林木资产——非经济林木——杨树   8 000

【例 3-40】寿山村建的桃树园于 2019 年 12 月承包给本村王五等 30 户，承包期是 15 年，合同规定每户每年上交承包费 800 元，在每年的 12 月 30 日前一次交清一年的承包费，在 2019 年 12 月预收桃园承包款 24 000 元。桃树园在 2019 年发生的各项费用全部支付了现金 4 800 元。会计分录如下。

（1）预收到的承包费
借：现金　　　　　　　　　　　　　　　　　　　　　　　24 000
　　贷：未分配收益　　　　　　　　　　　　　　　　　　　　24 000
（2）在 2020 年 1 月把预收桃园承包款结转
借：未分配收益　　　　　　　　　　　　　　　　　　　　24 000
　　贷：发包及上交收入　　　　　　　　　　　　　　　　　　24 000
（3）桃树园在 2019 年发生的各项费用
借：林木资产——经济林木——红冠蜜桃树　　　　　　　　4 800
　　贷：现金　　　　　　　　　　　　　　　　　　　　　　　4 800
（4）由于桃树园发生了变化要结转其桃树的成本
桃树的成本＝4 200＋400＋4 600＋4 800＝14 000（元）
借：经营支出　　　　　　　　　　　　　　　　　　　　　14 000
　　贷：林木资产——经济林木——红冠蜜桃树　　　　　　　14 000

五、固定资产核算

村集体经济组织的房屋、建筑物、机器、设备、工具、器具和农业基本建设设施等劳动资料，凡使用年限在一年以上，单位价值在 500 元以上的列为固定资产。有些主要生产工具和设备，单位价值虽低于规定标准，但使用年限在一年以上的，也可列为固定资产。

设置"固定资产"资产类账户核算村集体经济组织所有的固定资产的原值。按固定资产的类别或名称设置明细科目进行明细核算。期末借方余额反映村集体经济组织所有固定资产的原始价值。

设置"在建工程"科目核算村集体经济组织进行工程建设、设备安装、农业基本建设设施大修理等发生的实际支出。购入不需要安装的固定资产，不通过本科目核算。按工程项目设置明细科目，进行明细核算。期末借方余额，反映村集体经济组织尚未完工或虽已完工但尚未办理竣工决算的工程项目实际支出。

设置"累计折旧"账户核算村集体经济组织所有的固定资产计提的累计折旧。期末贷方余额，反映村集体经济组织提取的固定资产折旧累计数。

设置"固定资产清理"科目核算村集体经济组织因出售、报废和毁损等原因转入清理的固定资产净值及其在清理过程中所发生的清理费用和清理收入。按被清理的固定资产设置明细科目，进行明细核算。期末余额，反映村集体经济组织转入清理但尚未清理完毕的固定资产净值，以及固定资产清理过程中所发生的清理费用和变价收入等各项金额的差额。

（一）固定资产增加的核算

1. 购入不需安装的固定资产

按原价加采购费、包装费、运杂费、保险费和相关税金等入账。

借：固定资产
    贷：现金、银行存款

2. 购入需要安装的固定资产

（1）按原价加采购费、包装费、运杂费、保险费和相关税金等入账。
借：在建工程
    贷：现金、银行存款

村集体经济组织的在建工程指尚未完工、或虽已完工但尚未办理竣工决算的工程项目。在建工程按实际消耗的支出或支付的工程价款计价。形成固定资产的在建工程完工交付使用后，计入固定资产。不形成固定资产的在建工程项目完成后，计入经营支出或其他支出。

（2）发生购买待安装设备的原价及运输、保险、采购费用，为建筑和安装固定资产及兴建农业基本建设设施购买专用物资及支付各项工程费用时作以下分录。
借：在建工程
    贷：现金、银行存款、应付款、库存物资等科目

（3）安装完毕交付使用时，按照加上安装费或改装费后的实际成本作如下分录。
借：固定资产
    贷：在建工程

（4）自行新建的房屋及建筑物、农业基本建设设施等固定资产，建造完成交付使用时按竣工验收的决算价计价。
借：固定资产
    贷：在建工程

在建工程部分发生报废或者毁损，按规定程序批准后，按照扣除残料价值和过失人及保险公司赔款后的净损失，计入工程成本。单项工程报废以及由于自然灾害等非常原因造成的报废或者毁损，其净损失计入其他支出。

（5）工程完成未形成固定资产时。
借：经营支出、其他支出
    贷：在建工程

（6）购建固定资产过程中发生的劳务投入，凡属于一事一议筹劳且不需支付劳务报酬的，按当地劳务价格标准作价。
借：在建工程
    贷：公积公益金

支付劳务报酬的，按实际支付的款项入账。
借：在建工程
    贷：应付工资、内部往来

收到以劳务形式投资时，按当地劳务价格标准作价。
借：在建工程
    贷：资本

3. 收到捐赠的固定资产

(1) 收到捐赠的全新固定资产，如果有发票，按照发票所列金额加上实际发生的运输费、保险费、安装调试费和应支付的相关税金等计价。

借：固定资产
　　贷：公积公益金

(2) 收到捐赠的全新固定资产，无所附凭据的，按同类设备的市价加上应支付的相关税费计价。

(3) 收到捐赠的旧固定资产，按照经过批准的评估价值计价。

借：固定资产
　　贷：公积公益金

【例3-41】县级联系单位赠送桌椅30套，经村两委参考市场价及原单位固定资产累计折旧情况讨论每套作价210元，合计6 300元。

借：固定资产——办公桌椅　　　　　　　　　　　　　6 300
　　贷：公积公益金　　　　　　　　　　　　　　　　6 300

【例3-42】财政补助由县级有关单位实施的人畜饮水工程结算12 368元，完工结算交付村委会管理使用。

借：固定资产——人畜饮水　　　　　　　　　　　　　12 368
　　贷：公积公益金　　　　　　　　　　　　　　　　12 368

4. 在原有固定资产基础上进行改造、扩建的

按原有固定资产的价值，加上改造、扩建工程而增加的支出，减去改造、扩建工程中发生的变价收入计价。

5. 投资者投入的固定资产

借：固定资产（按照投资各方确认的价值）
　　贷：资本（按照经过批准的投资者所拥有的资本金额）
　　　　公积公益金（借或贷，投资各方确认的价值与经过批准的投资者所拥有的资本金额的差额）

6. 盘盈的固定资产

借：固定资产（按同类设备的市价）
　　贷：其他收入

(二) 固定资产折旧的核算

村集体经济组织当月增加的固定资产，当月不提折旧，从下月起计提折旧；当月减少的固定资产，当月照提折旧，从下月起不提折旧。

固定资产提足折旧后，不管能否继续使用，均不再提取折旧；提前报废的固定资产，也不再补提折旧。

村集体经济组织必须建立固定资产折旧制度，按年或按季、按月提取固定资产折旧。固定资产的折旧方法可在"年限平均法""工作量法"等方法中任选一种，但是一经选定，不得随意变动。

1. 年限平均法（直线法）

年折旧额=（原值—净残值）/预计使用年限

或：　　=原值×（1-预计净残值率）/预计使用年限或=原值×年折旧率

[年折旧率（%）=（1-预计净残值率）/预计使用年限×100]

【例3-43】某村集体经济组织2019年12月购入一项固定资产，当月投入使用。固定资产的原价为120 000元，预计使用年限为5年，预计净残值率为4%。计算该项固定资产的年折旧额。

年折旧额=原值×（1-预计净残值率）/预计使用年限=
　　　　　120 000×（1-4%）/5=23 040元

2. 工作量法

单位工作量折旧额=原值×（1-预计净残值率）/预计总工作量或=（原值-净残值）/预计总工作量某固定资产月折旧额=当月工作量×单位工作量折旧额

【例3-44】某村集体经济组织2019年12月购入一台轿车，当月投入使用。固定资产的原价为90 000元，预计行驶800 000千米，预计净残值率为5%。计算轿车单位工作量的折旧额。

单位工作量折旧额=原值×（1-预计净残值率）/预计总工作量=90 000×
　　　　　（1-5%）/800 000=0.106 9元/千米

村集体经济组织的下列固定资产应当计提折旧：①房屋和建筑物；②在用的机械、机器设备、运输车辆、工具器具；③季节性停用、大修理停用的固定资产；④融资租入和以经营租赁方式租出的固定资产。

下列固定资产不计提折旧：①房屋、建筑物以外的未使用、不需用的固定资产；②以经营租赁方式租入的固定资产；③已提足折旧继续使用的固定资产；④国家规定不提折旧的其他固定资产。

计算提取固定资产折旧的会计分录如下。

借：生产（劳务）成本（生产经营用的固定资产计提的折旧）
　　管理费用（管理用的固定资产计提的折旧）
　　其他支出（用于公益性用途的固定资产计提的折旧）
　贷：累计折旧

（三）固定资产减少的核算

1. 对外投资投出固定资产

借：长期投资（按照评估确认或者合同、协议约定的价值）
　　累计折旧
　贷：固定资产

借或贷：公积公益金（评估价或协议价与固定资产账面净值之间的差额）

2. 固定资产出售、报废和毁损

（1）转入清理。

借：固定资产清理（按固定资产账面净值扣除责任人或保险公司赔偿的金额）
　　应收款或内部往来（责任人或保险公司赔偿的金额）
　　累计折旧
　　贷：固定资产
　　固定资产账面净值=固定资产账面原值-累计折旧
(2) 发生的清理费用。
借：固定资产清理
　　贷：现金、银行存款
(3) 按照出售固定资产的价款和残值收入。
借：现金、银行存款
　　贷：固定资产清理

固定资产变卖和清理报废的变价净收入与其账面净值的差额计入其他收支。固定资产变价净收入是指变卖和清理报废固定资产所取得的价款减清理费用后的净额。

(4) 清理完毕后发生的净收益。
借：固定资产清理
　　贷：其他收入
(5) 清理完毕后发生的净损失。
借：其他支出
　　贷：固定资产清理

【例3-45】某村集体经济组织有一台收割机报废，累计折旧12 160元，固定资产账面原值16 000元，预计残值率为5%，报废过程中发生的清理费用600元以现金支付，残值收入800元存入银行。完成报废该项收割机的账务处理过程。

(1) 转入清理。
借：固定资产清理　　　　　　　　　　　　　　　　3 840
　　累计折旧　　　　　　　　　　　　　　　　　　12 160
　　贷：固定资产　　　　　　　　　　　　　　　　　　　16 000
(2) 发生的清理费用。
借：固定资产清理　　　　　　　　　　　　　　　　　600
　　贷：现金　　　　　　　　　　　　　　　　　　　　　600
(3) 按照出售固定资产的残值收入。
借：银行存款　　　　　　　　　　　　　　　　　　　800
　　贷：固定资产清理　　　　　　　　　　　　　　　　　800
(4) 清理完毕后发生的净损失。
借：其他支出　　　　　　　　　　　　　　　　　　3 640
　　贷：固定资产清理　　　　　　　　　　　　　　　　　3 640

3. 盘亏及毁损的固定资产

应查明原因，按规定程序批准后，按其原价扣除累计折旧、变价收入、过失人及保险公司赔款之后，计入其他支出。

借：其他支出
　　应收款——保险公司内部往来——某过失人累计折旧
　贷：固定资产

固定资产的修理费用直接计入有关支出项目。

（四）固定资产内部控制管理的要求

村集体经济组织应当建立健全固定资产内部控制制度，建立人员岗位责任制。应当定期对固定资产盘点清查，做到账实相符，年度终了前必须进行一次全面的盘点清查。村集体经济组织应当定期或不定期对固定资产内部控制进行监督检查，对发现的薄弱环节，应当及时采取措施，加以纠正和完善。

【例3-46】2019年6月大河村经批准修建一条2 000米水泥路，工程预算400 000元。其中上级无偿提供水泥300吨，价值90 000元，村民一事一议筹劳款30 000元，建筑工程施工费用需280 000元（村积累200 000元）

（1）收到水泥。

借：库存物资——水泥　　　　　　　　　　　　　　　　　90 000
　贷：公积公益金　　　　　　　　　　　　　　　　　　　　　90 000

如果是工程直接领用则

借：在建工程——水泥路　　　　　　　　　　　　　　　　90 000
　贷：公积公益金　　　　　　　　　　　　　　　　　　　　　90 000

（2）村民一事一议筹劳款。

借：库存物资——沙石等　　　　　　　　　　　　　　　　30 000
　贷：公积公益金　　　　　　　　　　　　　　　　　　　　　30 000

（3）工程领用上述物资。

借：在建工程——水泥路　　　　　　　　　　　　　　　　120 000
　贷：库存物资——沙石等　　　　　　　　　　　　　　　　　30 000
　　　　　　　——水泥　　　　　　　　　　　　　　　　　　90 000

（4）工程开工预付工程款150 000元。

借：在建工程——水泥路　　　　　　　　　　　　　　　　150 000
　贷：银行存款　　　　　　　　　　　　　　　　　　　　　　150 000

（5）2019年7月工程完工，已经过验收，付工程款50 000元，欠工程款80 000元。

借：固定资产——水泥路　　　　　　　　　　　　　　　　400 000
　贷：在建工程——水泥路　　　　　　　　　　　　　　　　　270 000
　　　银行存款　　　　　　　　　　　　　　　　　　　　　　 50 000
　　　应付款——××建筑公司　　　　　　　　　　　　　　　 80 000

固定资产的改建，应在原有固定资产基础上进行改造扩建的，按原有固定资产的价值，加上改造扩建工程而增加的支出，减去改造扩建工程中发生的变价收入计价。

（6）假设上述新建水泥路设计使用年限16年，无残值2019年8月开始计提折旧：

年折旧额 = 400 000元 ÷ 16年 = 25 000（元）

年折旧率 = 25 000 ÷ 400 000 × 100% = 6.25%

月折旧率 = 6.25% ÷ 12 = 0.521%

如按月计提月折旧额为：月折旧额 = 400 000 × 0.521% = 2 084（元）

借：其他支出　　　　　　　　　　　　　　　　　　　　　2 084

　　贷：累计折旧　　　　　　　　　　　　　　　　　　　　2 084

关于村经济组织固定资产折旧的核算是这样规定的：生产用固定资产的折旧计入经营支出，管理用固定资产的折旧计入管理费用，公益性固定资产的折旧计入其他支出。

折旧方法："年限平均法"和"工作量法"中任选一种，一经选定，不得随意变动。

固定资产清理，如果是经盘点盘亏的固定资产（未提折旧的），则

借：固定资产清理

　　贷：固定资产经批准后

借：相关科目（生产用的经营支出、管理用的记入管理费用、公益性列其他支出）

　　贷：固定资产清理

每年年度终了，村集体经济组织应当对短期投资、应收账款、存货、农业资产、长期投资、固定资产、在建工程等资产进行全面检查，对于已发生损失但尚未批准核销的各项资产，应在资产负债表补充资料中予以披露。

这些资产包括：①确实无法收回的应收款项；②无法收回的短期投资和长期投资；③盘亏、毁损或报废的存货；④死亡毁损的农业资产；⑤盘亏或毁损的固定资产；⑥毁损或报废的在建工程。

第二节　负债核算

一、流动负债核算

流动负债指偿还期在一年以内（含一年）的债务，包括短期借款、应付款项、应付工资、应付福利费等。

（一）短期借款的核算

短期借款科目核算村集体经济组织从银行、信用社和有关单位、个人借入的期限在一年以下（含一年）的各种借款。按借款单位或个人名称设置明细科目进行明细核算。期末贷方余额反映村集体经济组织尚未归还的短期借款的本金。

村集体经济组织应当建立健全借款业务内部控制制度，明确审批人和经办人的权限、程序、责任和相关控制措施。不得由同一人办理借款业务的全过程。应当对借款业务实行集体决策和审批，并保留完整的书面记录。在借款各环节设置相关的记录、填制相应的凭证，并加强有关单据和凭证的相互核对工作。加强对借款合同等文件和凭证的管理。做到定期或不定期对借款业务内部控制进行监督检查，对发现的薄弱环节，应当

及时采取措施，加以纠正和完善。

(1) 村集体经济组织借入各种短期借款时。

借：现金、银行存款
　　贷：短期借款

(2) 归还借款时。

借：短期借款
　　贷：现金、银行存款

(3) 短期借款利息应按期支付。

借：其他支出
　　贷：现金、银行存款

【例3-47】2019年12月1日，从某公司借款20 000元用于某工程材料采购，期限10天，按月利率1.5%，计息。

借：银行存款　　　　　　　　　　　　　　　　　　　　20 000
　　贷：短期借款——某公司　　　　　　　　　　　　　　　　20 000

【例3-48】承接【例3-47】，2019年12月10日，以银行存款归还某公司借款本息。

借：短期借款　　　　　　　　　　　　　　　　　　　　20 000
　　其他支出　　　　　　　　　　　　　　　　　　　　　　300
　　贷：银行存款　　　　　　　　　　　　　　　　　　　20 300

（二）应付款的核算

"应付款"科目核算村集体经济组织与外单位和外部个人发生的偿还期在一年以下（含一年）的各种应付及暂收款项。按应付款的不同单位和个人设置明细科目进行明细核算。期末贷方余额反映村集体经济组织应付而未付及暂收的款项。

(1) 村集体经济组织发生以上应付及暂收款项时。

借：现金、银行存款、库存物资等
　　贷：应付款

(2) 偿付应付及暂收款项时。

借：应付款
　　贷：现金、银行存款

(3) 发生确实无法支付的应付款项时。

借：应付款
　　贷：其他收入

【例3-49】某村集体经济组织从某经销种子商店购入种子，价款1 220元暂欠。

借：库存物资　　　　　　　　　　　　　　　　　　　　 1 220
　　贷：应付款——种子商店　　　　　　　　　　　　　　　 1 220

【例3-50】承接【例3-49】，货款在一个月后用转账支票支付。

借：应付款——种子商店　　　　　　　　　　　　　　　 1 220
　　贷：银行存款　　　　　　　　　　　　　　　　　　　 1 220

【例3-51】承接【例3-49】，如果该商店无法经营倒闭，货款确实无法支付。
借：应付款——种子商店　　　　　　　　　　　　　　　　　1 220
　　贷：其他收入　　　　　　　　　　　　　　　　　　　　　　　　1 220

（三）应付工资的核算

"应付工资"科目核算村集体经济组织应付给其管理人员及固定员工的报酬总额。上述人员的各种工资、奖金、津贴、福利补助等，不论是否在当月支付，都应通过本科目核算。应设置"应付工资明细账"，按照管理人员和员工的类别及应付工资的组成内容进行明细核算。期末贷方余额反映村集体经济组织已提取但尚未支付的工资额。

村集体经济组织应付给临时员工的报酬，不通过"应付工资"科目核算，在"应付款"或"内部往来"科目中核算。

（1）村集体经济组织按照经过批准的金额提取工资时，根据人员岗位作如下分录。
借：管理费用
　　生产（劳务）成本
　　牲畜（禽）资产
　　林木资产在建工程
　　贷：应付工资

（2）按规定程序批准后，实际发放工资时。
借：应付工资
　　贷：现金

（四）应付福利费的核算

"应付福利费"科目核算村集体经济组织从收益中提取，用于集体福利、文教、卫生等方面的福利费（不包括兴建集体福利等公益设施支出），包括照顾烈军属、五保户、困难户的支出，计划生育支出，农民因公伤亡的医药费、生活补助及抚恤金等。按支出项目设置明细科目，进行明细核算。期末贷方余额反映村集体经济组织已提取但尚未使用的福利费金额。如为借方余额，反映本年福利费超支数；按规定程序批准后，应按规定转入"公积公益金"科目的借方，未经批准的超支数额，仍保留在本科目借方。

（1）村集体经济组织按照经批准的方案，从收益中提取福利费时。
借：收益分配
　　贷：应付福利费

【例3-52】村集体经济组织本年度收益总额36 200元，根据批准的分配方案，提取福利费3 900元。会计分录如下。
借：收益分配——各项分配　　　　　　　　　　　　　　　　3 900
　　贷：应付福利费　　　　　　　　　　　　　　　　　　　　　　　3 900

（2）发生福利费支出时。
借：应付福利费
　　贷：现金、银行存款

【例3-53】以现金1 000元支付五保户生活费。会计分录如下。
借：应付福利费　　　　　　　　　　　　　　　　　　1 000
　　贷：现金、银行存款　　　　　　　　　　　　　　　　　1000

【例3-54】年终，应付福利费账户余额为3 200元，超支3 200元；按规定程序批准转入公积公益金。会计分录如下。
借：公积公益金　　　　　　　　　　　　　　　　　　3 200
　　贷：应付福利费　　　　　　　　　　　　　　　　　　　3 200

二、长期负债核算

长期负债指偿还期超过一年以上（不含一年）的债务，包括长期借款及应付款、一事一议资金等。

（一）长期借款及应付款的核算

"长期借款及应付款"科目核算村集体经济组织从银行、信用社和有关单位、个人借入的期限在一年以上（不含一年）的借款及偿还期在一年以上（不含一年）的应付款项。按借款及应付款单位和个人设置明细科目，进行明细核算。期末贷方余额，反映村集体经济组织尚未偿还的长期借款及各种应付款项。

（1）村集体经济组织发生长期借款及应付款项时。
借：现金
　　银行存款
　　库存物资
　　贷：长期借款及应付款

（2）归还和偿付长期借款及应付款项时。
借：长期借款及应付款
　　贷：现金、银行存款

（3）发生长期借款的利息支出。
借：其他支出
　　贷：现金、银行存款

（4）发生确实无法偿还的长期借款及应付款时。
借：长期借款及应付款
　　贷：其他收入

【例3-55】2010年12月1日，从某公司借款20 000元用于某工程材料采购，期限2年，按月利率1.8%，计息。
借：银行存款　　　　　　　　　　　　　　　　　　　20 000
　　贷：长期借款及应付款　　　　　　　　　　　　　　　　20 000

【例3-56】承接【例3-55】，2019年12月1日，以银行存款归还某公司借款本息。
借：长期借款及应付款　　　　　　　　　　　　　　　　20 000
　　其他支出　　　　　　　　　　　　　　　　　　　　8 640

贷：银行存款　　　　　　　　　　　　　　　　　　　　　　28 640
（二）一事一议资金的核算
　　"一事一议资金"科目核算村集体经济组织兴办生产、公益事业，按一事一议的形式筹集的专项资金。按所议项目设置明细科目，进行明细核算。同时，必须另设备查账簿对一事一议资金的筹集和使用情况进行登记。
　　期末贷方余额，反映村集体经济组织应当用于一事一议专项工程建设的资金；期末借方余额，反映村集体经济组织一事一议专项工程建设的超支数。
　　（1）村集体经济组织应于一事一议筹资方案经成员大会或成员代表大会通过时。
　　借：内部往来
　　　　贷：一事一议资金
　　（2）收到农户交来的一事一议专项筹资时。
　　借：现金
　　　　贷：内部往来
　　（3）村集体经济组织使用一事一议资金购入不需要安装的固定资产。
　　借：固定资产
　　　　贷：现金、银行存款
　　同时
　　借：一事一议资金
　　　　贷：公积公益金
　　（4）村集体经济组织使用一事一议资金购入需要安装或建造固定资产。
　　借：在建工程
　　　　贷：现金、银行存款固定资产
　　完工后
　　借：固定资产
　　　　贷：在建工程
　　同时
　　借：一事一议资金
　　　　贷：公积公益金
　　（5）村集体经济组织对于使用一事一议资金而没有形成固定资产的项目，在项目支出发生时。
　　借：在建工程
　　　　贷：现金、银行存款项目
　　完成后按使用一事一议资金金额
　　借：管理费用、其他支出
　　　　贷：在建工程
　　同时
　　借：一事一议资金

贷：公积公益金

【例3-57】村集体经济组织通过一事一议筹资筹劳方式修水渠，按人均15元标准收取一事一议资金，全村共计4 000人，款项全部收齐，存入信用社。修水渠共发生50 000元费用，用银行存款支付，共投入劳务4 000个工，当地劳务价格标准为10元/工，现已完工结算，编制会计分录如下。

(1) 筹资方案通过时

借：内部往来——各村民　　　　　　　　　　　　　　60 000
　　贷：一事一议资金——修水渠　　　　　　　　　　　60 000

(2) 收到筹资款时

借：银行存款　　　　　　　　　　　　　　　　　　　60 000
　　贷：内部往来——各村民　　　　　　　　　　　　　60 000

(3) 支付工程建设费用时

借：在建工程——修水渠　　　　　　　　　　　　　　50 000
　　贷：银行存款　　　　　　　　　　　　　　　　　　50 000

(4) 发生劳务投入时

借：在建工程——修水渠　　　　　　　　　　　　　　40 000
　　贷：公积公益金　　　　　　　　　　　　　　　　　40 000

(5) 完工结算时

借：其他支出　　　　　　　　　　　　　　　　　　　90 000
　　贷：在建工程——修水渠　　　　　　　　　　　　　90 000

同时将一事一议资金转入集体积累

借：一事一议资金——修水渠　　　　　　　　　　　　50 000
　　贷：公积公益金　　　　　　　　　　　　　　　　　50 000

(6) 项目完工如一事一议资金余额较大应退还农户

借：一事一议资金
　　贷：银行存款

如余额较小，可征得村民同意或村民代表同意，转用于村内其他一事一议资金项目。

第三节　所有者权益核算

所有者权益是指所有者在村集体组织中享有的经济利益。是资产减去负债后的余额。村集体经济组织的所有者权益包括资本、公积公益金、未分配收益等。

一、资本核算

村集体经济组织对投资者投入的资产要按有关规定进行评估。投入的劳务要合理计价。

"资本"科目核算村集体经济组织实际收到投入的资本。按投资的单位和个人设置明细科目,进行明细核算。期末贷方余额,反映村集体经济组织实有的资本数额。

(1) 村集体经济组织收到以固定资产作为投资时,按照投资各方确认的价值入账。

借:固定资产
　　贷:资本

【例3-58】某村集体经济组织收到某单位以水稻插秧机作为投资时,投资双方确认的价值为5 900元。

借:固定资产——水稻插秧机　　　　　　　　　　　　　　　5 900
　　贷:资本——某单位　　　　　　　　　　　　　　　　　　　5 900

(2) 收到以劳务形式投资时,按当地劳务价格入账。

借:在建工程
　　贷:资本

(3) 收到其他形式投资时。

借:银行存款、库存物资
　　贷:资本

【例3-59】某村集体经济组织收到某单位以水稻种子作为投资,价值为800元。

借:库存物资　　　　　　　　　　　　　　　　　　　　　　　800
　　贷:资本　　　　　　　　　　　　　　　　　　　　　　　　　800

【例3-60】某村集体经济组织收到甲单位以银行存款10 000元作为投资,协议中规定一年后收回投资。

借:银行存款　　　　　　　　　　　　　　　　　　　　　　10 000
　　贷:资本　　　　　　　　　　　　　　　　　　　　　　　10 000

(4) 将公积公益金转增资本时。

借:公积公益金
　　贷:资本

【例3-61】某村集体经济组织将公积公益金2 000元转增资本。

借:公积公益金　　　　　　　　　　　　　　　　　　　　　2 000
　　贷:资本　　　　　　　　　　　　　　　　　　　　　　　2 000

(5) 按照协议规定投资者收回投资时。

借:资本
　　贷:银行存款、固定资产

【例3-62】承接【例3-60】,按照协议规定投资者甲单位收回投资10 000元。

借:资本　　　　　　　　　　　　　　　　　　　　　　　　10 000
　　贷:银行存款　　　　　　　　　　　　　　　　　　　　　10 000

(6) 原生产队积累折股股金及农业合作化时期社员入社的股份基金,也在本科目中核算。

二、公积公益金核算

村集体经济组织接受捐赠的资产计入公积公益金；对外投资中，资产重估确认价值与原账面净值的差额计入公积公益金；收到的征用土地补偿费及拍卖荒山、荒地、荒水、荒滩等使用权收入，计入公积公益金。"公积公益金"科目核算村集体经济组织从收益中提取的和其他来源取得的公积公益金。期末贷方余额，反映村集体经济组织的公积公益金数额。

（1）从收益中提取公积公益金时。
借：收益分配
　　贷：公积公益金

【例3-63】村集体经济组织从收益中提取公积公益金6 800元。
借：收益分配　　　　　　　　　　　　　　　　　　　　　6 800
　　贷：公积公益金　　　　　　　　　　　　　　　　　　　6 800

（2）收到应计入公积公益金的征用土地补偿费及拍卖荒山、荒地、荒水、荒滩等"四荒"使用权价款，或者收到由其他来源取得的公积公益金时。
借：银行存款
　　贷：公积公益金

【例3-64】村集体经济组织收到应计入公积公益金的征用土地补偿费10 600元。
借：银行存款　　　　　　　　　　　　　　　　　　　　　10 600
　　贷：公积公益金　　　　　　　　　　　　　　　　　　　10600

【例3-65】村集体经济组织收到拍卖荒山使用权价款9 600元。
借：银行存款　　　　　　　　　　　　　　　　　　　　　9 600
　　贷：公积公益金　　　　　　　　　　　　　　　　　　　9 600

（3）收到捐赠的资产时。
借：银行存款
　　库存物资
　　固定资产
　　贷：公积公益金

【例3-66】村集体经济组织收到捐赠的电脑10台，价值39 000元。
借：固定资产　　　　　　　　　　　　　　　　　　　　　39 000
　　贷：公积公益金　　　　　　　　　　　　　　　　　　　39 000

（4）按国家有关规定，并按规定程序批准后，公积公益金转增资本、弥补福利费不足或弥补亏损时。
借：公积公益金
　　贷：资本
　　　　应付福利费、收益分配

【例3-67】按国家有关规定，并按规定程序批准后，公积公益金转增资本6 900元、弥补福利费不足 660 元。

  借：公积公益金   7 560
    贷：资本   6 900
      应付福利费   660

【例 3-68】按国家有关规定，并按规定程序批准后，公积公益金弥补亏损 3 589 元。

  借：公积公益金   3 589
    贷：收益分配   3 589

第四节 成本与损益核算

一、生产（劳务）成本核算

  村集体经济组织的生产（劳务）成本是指村集体经济组织直接组织生产或对外提供劳务等活动所发生的各项生产费用和劳务成本。

  生产（劳务）成本科目核算村集体经济组织直接组织生产或对外提供劳务等活动所发生的各项生产费用和劳务成本。按生产费用和劳务成本的种类设置明细科目，进行明细核算。期末借方余额，反映村集体经济组织尚未完成的产品及尚未结转的劳务成本。

  （1）发生的各项生产费用和劳务成本，应按成本核算对象归集。

  借：生产（劳务）成本
    贷：现金
      银行存款
      库存物资
      内部往来
      应付款

【例 3-69】村集体经济组织直接组织生产某种产品，领用玉米 1 000 千克，单位成本 1.20 元。用现金支付费用 400 元。

  借：生产（劳务）成本   1600
    贷：库存物资   1 200
      现金   400

  （2）会计期间终了，对已生产完成并验收入库的工业产成品和农产品作如下会计分录。

  借：库存物资
    贷：生产（劳务）成本

【例 3-70】会计期间终了，已生产完成并验收入库的农产品 800 千克，单位成本 2.9 元。

  借：库存物资   2 320（800×2.9）
    贷：生产（劳务）成本   2 320

(3) 对外提供劳务实现销售时。
借：经营支出
　　贷：生产（劳务）成本

二、收入的核算

（一）经营收入的核算

村集体经济组织的经营收入是指村集体经济组织进行各项生产、服务等经营活动取得的收入。包括产品物资销售收入、出租收入、劳务收入等。村集体经济组织一般应于产品物资已经发出，劳务已经提供，同时收讫价款或取得收取价款的凭据时，确认经营收入的实现。通过"经营收入"科目核算村集体经济组织当年发生的各项经营收入。按经营项目设置明细科目进行明细核算。

(1) 经营收入发生时。
借：现金、银行存款
　　贷：经营收入

(2) 年终，应将本科目的余额转入"本年收益"科目的贷方，结转后本科目应无余额。
借：经营收入
　　贷：本年收益

【例3-71】村集体经济组织出租农机具给农户取得出租收入1 080元。
借：现金　　　　　　　　　　　　　　　　　　　　　1 080
　　贷：经营收入　　　　　　　　　　　　　　　　　1 080

【例3-72】年终，经营收入科目的贷方余额28 000元。
借：经营收入　　　　　　　　　　　　　　　　　　　28 000
　　贷：本年收益　　　　　　　　　　　　　　　　　28 000

（二）发包及上交收入的核算

村集体经济组织的发包及上交收入是指农户和其他单位因承包集体耕地、林地、果园、鱼塘等上交的承包金及村（组）办企业上交的利润等。通过"发包及上交收入"账户进行核算，按项目设置"承包金"和"企业上交利润"两个二级明细科目进行明细核算。

(1) 村集体经济组织收到上交的承包金或利润时。
借：现金、银行存款
　　贷：发包及上交收入

【例3-73】村民刘某承包村果园，交来承包金2 200元，现金已收。
借：现金　　　　　　　　　　　　　　　　　　　　　2 200
　　贷：发包及上交收入　　　　　　　　　　　　　　2 200

(2) 年终，村集体经济组织结算本年应收未收的承包金和利润时。

借：内部往来或应收款
  贷：发包及上交收入

【例3-74】村民马某承包村林地，应交来承包金1 900元，款项还未交。
借：内部往来——马某   1 900
  贷：发包及上交收入   1 900

（3）村集体经济组织收到以前年度应收未收的承包金和利润时。
借：现金、银行存款
  贷：内部往来或应收款

【例3-75】村民赵某交来去年所欠承包耕地的承包金900元。
借：现金   900
  贷：内部往来——赵某   900

（4）年终，应将本科目的余额转入"本年收益"科目的贷方，结转后本科目应无余额。
借：发包及上交收入
  贷：本年收益

【例3-76】年终，发包及上交收入科目贷方余额为36 800元。
借：发包及上交收入   36 800
  贷：本年收益   36 800

（三）农业税附加返还收入的核算

村集体经济组织的农业税附加返还收入是指村集体经济组织按有关规定收到的财税部门返还的农业税附加、牧业税附加等资金。通过"农业税附加返还收入"账户进行核算，已免征农业税和牧业税的地区，不使用该科目。

（1）村集体经济组织收到返还的农业税附加、牧业税附加等资金时。
借：现金、银行存款
  贷：农业税附加返还收入

【例3-77】村集体经济组织收到返还的农业税附加1 160元，返还的牧业税附加980元。
借：银行存款   2 140
  贷：农业税附加返还收入   2 140

（2）年终，应将本科目的余额转入"本年收益"科目的贷方，结转后本科目应无余额。
借：农业税附加返还收入
  贷：本年收益

【例3-78】农业税附加返还收入科目的贷方余额2 140元。
借：农业税附加返还收入   2 140
  贷：本年收益   2 140

（四）补助收入的核算

村集体经济组织的补助收入是指村集体经济组织获得的财政等有关部门的补助资金。通过"补助收入"账户进行核算，按补助项目设置明细科目进行明细核算。

（1）村集体经济组织收到补助资金时。

借：银行存款
　　贷：补助收入

【例3-79】村集体经济组织收到财政部门支付的补助资金6 300元。

借：银行存款　　　　　　　　　　　　　　　　　　　　　　6 300
　　贷：补助收入　　　　　　　　　　　　　　　　　　　　　　　6 300

（2）年终，应将本科目的余额转入"本年收益"科目的贷方，结转后本科目应无余额。

借：补助收入
　　贷：本年收益

【例3-80】年终补助收入科目贷方余额6 300元。

借：补助收入　　　　　　　　　　　　　　　　　　　　　　6 300
　　贷：本年收益　　　　　　　　　　　　　　　　　　　　　　　6 300

（五）其他收入的核算

村集体经济组织的其他收入是指除经营收入、发包及上交收入、农业税附加返还收入和补助收入以外的收入。如罚款收入、存款利息收入、固定资产及库存物资的盘盈收入等。通过"其他收入"账户进行核算。

（1）发生其他收入时。

借：现金、银行存款
　　贷：其他收入

【例3-81】村集体经济组织存款利息收入89元。

借：银行存款　　　　　　　　　　　　　　　　　　　　　　　89
　　贷：其他收入　　　　　　　　　　　　　　　　　　　　　　　　89

【例3-82】村集体经济组织库存玉米盘盈20千克，单位成本1.2元。

借：库存物资　　　　　　　　　　　　　　　　　　　　　　　24
　　贷：其他收入　　　　　　　　　　　　　　　　　　　　　　　　24

【例3-83】A村委会清理废旧报纸并卖得现金180元。

借：现金　　　　　　　　　　　　　　　　　　　　　　　　180
　　贷：其他收入　　　　　　　　　　　　　　　　　　　　　　　180

（2）年终，应将本科目的余额转入"本年收益"科目的贷方，结转后本科目应无余额。

借：其他收入
　　贷：本年收益

【例3-84】年终，其他收入科目的贷方余额1 860元。
　　借：其他收入　　　　　　　　　　　　　　　　　　　　　　1 860
　　　　贷：本年收益　　　　　　　　　　　　　　　　　　　　　　　1 860

三、费用的核算

（一）经营支出的核算

村集体经济组织的经营支出是指村集体经济组织因销售商品、农产品、对外提供劳务等活动而发生的实际支出，包括销售商品或农产品的成本、销售牲畜或林木的成本、对外提供劳务的成本、维修费、运输费、保险费、产役畜的饲养费用及其成本摊销、经济林木投产后的管护费用及其成本摊销等。通过"经营支出"账户进行核算，按经营项目设置明细科目进行明细核算。

（1）村集体经济组织经营支出发生时。
　　借：经营支出
　　　　贷：库存物资、生产（劳务）成本、应付工资、内部往来、应付款、牲畜
　　　　　　（禽）资产、林木资产等

村集体经济组织应根据实际情况，采用先进先出法、加权平均法和个别计价法等方法，确定本期销售的商品、农产品等的实际成本。方法一经选定，不得随意变更。

【例3-85】村集体经济组织销售某种农产品2 000千克，单位成本2.8元。
　　借：经营支出　　　　　　　　　　　　　　　　　　　　　　5 600
　　　　贷：库存物资　　　　　　　　　　　　　　　　　　　　　　　5 600

（2）年终，应将本科目的余额转入"本年收益"科目的借方，结转后本科目应无余额。
　　借：本年收益
　　　　贷：经营支出

【例3-86】年终，经营支出科目的借方余额9 600元。
　　借：本年收益　　　　　　　　　　　　　　　　　　　　　　9 600
　　　　贷：经营支出　　　　　　　　　　　　　　　　　　　　　　　9 600

（二）管理费用的核算

管理费用是指村集体经济组织管理活动发生的各项支出，包括村集体经济组织管理人员及固定员工的工资、办公费、差旅费、管理用固定资产折旧费和维修费等。按费用项目设置明细科目，进行明细核算。

（1）发生上述各项费用时。
　　借：管理费用
　　　　贷：应付工资、现金、银行存款、累计折旧等

（2）年终，应将本科目的余额转入"本年收益"科目的借方，结转后本科目应无余额。

借：本年收益
　　贷：管理费用

【例3-87】12月8日，交村办公用电话费108元。
借：管理费用——办公费　　　　　　　　　　　　　　　　108
　　贷：银行存款　　　　　　　　　　　　　　　　　　　　　108

【例3-88】12月24日，购买信签纸、笔等办公用品支出260元。
借：管理费用——办公费　　　　　　　　　　　　　　　　260
　　贷：银行存款　　　　　　　　　　　　　　　　　　　　　260

【例3-89】12月24日，村委会交电费289元。
借：管理费用——办公费　　　　　　　　　　　　　　　　289
　　贷：银行存款　　　　　　　　　　　　　　　　　　　　　289

（三）其他支出的核算

其他支出是指村集体经济组织与经营管理活动无直接关系的支出。如公益性固定资产折旧费用、利息支出、农业资产的死亡毁损支出、固定资产及库存物资的盘亏、损失、防汛抢险支出、无法收回的应收款项损失、罚款支出等。通过"其他支出"账户进行核算。

（1）发生其他支出时。
借：其他支出
　　贷：累计折旧、现金、银行存款、库存物资、应付款等

【例3-90】村集体经济组织支付防汛抢险支出1 660元。
借：其他支出　　　　　　　　　　　　　　　　　　　　1 660
　　贷：银行存款　　　　　　　　　　　　　　　　　　　　1 660

（2）年终，应将本科目的余额转入"本年收益"科目的借方，结转后本科目应无余额。
借：本年收益
　　贷：其他支出

村集体经济组织要逐步建立健全支出的预算制度，量入为出，对非经营性开支要实行总量控制，不得超支。

【例3-91】年终，其他支出科目的借方余额3 900元。
借：本年收益　　　　　　　　　　　　　　　　　　　　3 900
　　贷：其他支出　　　　　　　　　　　　　　　　　　　　3 900

四、收益及其分配核算

村集体经济组织的全年收益总额按照下列公式计算。
收益总额=经营收益+农业税附加返还收入+补助收入+其他收入-其他支出其中：
经营收益=经营收入+发包及上交收入+投资收益-经营支出-管理费用
村集体经济组织在收取农户、其他单位和个人上交的承包金或利润时，要执行国家

的有关规定，坚持取之有度、用之合理、因地制宜、量力而行的原则，既不能超越农户和所属单位的承受能力，又要保证集体扩大再生产和发展公益事业的需要。

村集体经济组织在进行年终收益分配工作以前，要准确地核算全年的收入和支出；清理财产和债权、债务；搞好承包合同的结算和兑现。

（一）本年收益的核算

"本年收益"科目核算村集体经济组织本年度实现的收益。

(1) 会计期末结转经营收益时。

借：经营收入
　　发包及上交收入
　　农业税附加返还收入
　　补助收入
　　其他收入
　　贷：本年收益

(2) 会计期末结转支出时。

借：本年收益
　　贷：经营支出
　　　　其他支出
　　　　管理费用

"投资收益"账户余额无论为借方还是贷方，都要结转到"本年收益"账户。

【例3-92】某村集体经济组织2019年12初，"本年收益"账户贷方余额为1 260元。本月收益、支出余额见表3-3。

表3-3 科目余额　　　　　　　　　　　　　单位：元

科目名称	借方余额	贷方余额
经营收入		1 800
发包及上交收入		1 260
补助收入		3 000
其他收入		880
经营支出	1 870	
管理费用	6 210	

根据科目余额表结转各项收入

借：经营收入　　　　　　　　　　　　　　　　　　　　1 800
　　发包及上交收入　　　　　　　　　　　　　　　　　1 260
　　补助收入　　　　　　　　　　　　　　　　　　　　3 000
　　其他收入　　　　　　　　　　　　　　　　　　　　　880
　　贷：本年收益　　　　　　　　　　　　　　　　　　6 940

结转支出及费用

借：本年收益　　　　　　　　　　　　　　　　　　　　　　　　8 080
　　贷：经营支出　　　　　　　　　　　　　　　　　　　　　　　1 870
　　　　管理费用　　　　　　　　　　　　　　　　　　　　　　　6 210

（3）年度终了，应将本年收入和支出相抵后结出的本年实现的收益，转入"收益分配"科目。

"本年收益"科目余额表现为净收益时

借：本年收益

　　贷：收益分配——未分配收益

"本年收益"科目余额表现为净损失时

借：收益分配——未分配收益

　　贷：本年收益

【例3-93】承接【例3-92】，年度终了，村集体经济组织2019年12初"本年收益"账户贷方余额12 600元+本期贷方增加发生额6 940＝本期借方减少发生额8 080＝"本年收益"账户贷方余额11 460元，结转至"收益分配——未分配收益"账户。

借：本年收益　　　　　　　　　　　　　　　　　　　　　　　　11 460
　　贷：收益分配——未分配收益　　　　　　　　　　　　　　　　11 460

（二）收益分配的核算

"收益分配"科目核算村集体经济组织当年收益的分配（或亏损的弥补）和历年分配后的结存余额。本科目设置"各项分配"和"未分配收益"两个二级科目。余额为历年积存的未分配收益（或未弥补亏损）。

（1）村集体经济组织用公积公益金弥补亏损时。

借：公积公益金

　　贷：收益分配——未分配收益

（2）按规定提取公积公益金，提取应付福利费，外来投资分利，进行农户分配等时。

借：收益分配——各项分配

　　贷：公积公益金（提取公积公益金）

　　　　应付福利费（提取应付福利费）

　　　　应付款（外来投资分利）

　　　　内部往来（进行农户分配）

（3）年终，村集体经济组织应将全年实现的收益总额，自"本年收益"科目转入本科目。

"本年收益"科目余额表现为净收益时

借：本年收益

　　贷：收益分配——未分配收益

"本年收益"科目余额表现为净损失时

借：收益分配——未分配收益
    贷：本年收益

同时，将"收益分配——各项分配"明细科目的余额全部转入"收益分配——未分配收益"

借：收益分配——未分配收益
    贷：收益分配——各项分配

（4）年终结账后，如发现以前年度收益计算不准确，或有未反映的会计业务，需要调整增加本年收益时，贷记"收益分配——未分配收益"；调整减少本年收益时，借记"收益分配——未分配收益"。

（三）投资收益

"投资收益"科目核算村集体经济组织对外投资取得的收益或发生的损失。按投资种类设置明细科目进行明细核算。年末应无余额。

（1）村集体经济组织取得投资收益时。

借：现金、银行存款
    贷：投资收益

（2）转让、收回投资或出售有价证券时，按实际取得的价款入账。

借：现金、银行存款及有关资产科目
    贷：短期投资或长期投资（按原账面价值）
借或贷：投资收益（按实际取得价款和原账面价值的差额）

（3）年终，"投资收益"科目余额的转入本年收益。

"投资收益"科目余额表现为净收益时

借：投资收益
    贷：本年收益

"投资收益"科目余额表现为净损失时

借：本年收益
    贷：投资收益

第五节　财务分析

一、财务报表编制与规定

会计报表是反映村集体经济组织一定时期内经济活动情况的书面报告。村集体经济组织应按规定准确、及时、完整地编制会计报表，定期向财政部门或农村经营管理部门上报，并向全体成员公布。

（1）村集体经济组织应编制以下会计报表。

月份报表或季度报表：包括科目余额表和收支明细表。

年度报表：包括资产负债表和收益及收益分配表。

各级农村经营管理部门，应对所辖地区报送的村集体经济组织的会计报表进行审查，然后逐级汇总上报。

各省、自治区、直辖市农村经营管理部门年终应汇总年度的资产负债表和收益及收益分配表，同时附送财务状况说明书，按规定时间上报农业农村部。

（2）月份或季度会计报表的格式由各省、自治区、直辖市的财政部门或农村经营管理部门根据本制度进行规定。

二、资产负债表的格式及编制说明

（一）资产负债表的格式

村集体经济组织资产负债表的结构见表3-4。

表3-4　资产负债表　　　　　　　　村会01表

编制单位：　　　　　年　月　日　　　　　　　　单位：元

资产	年初数	年末数	负债及所有者权益	年初数	年末数
流动资产：			流动负债：		
货币资金			短期借款		
短期投资			应付款项		
应收款项			应付工资		
存货			应付福利费		
流动资产合计			流动负债合计		
农业资产：			长期负债：		
牲畜（禽）资产			长期借款及应付款		
林木资产			一事一议资金		
农业资产合计			长期负债合计		
长期资产：			负债合计		
长期投资			所有者权益：		
固定资产：			资本		
固定资产原价			公积公益金		
减：累计折旧			未分配收益		
固定资产净值			所有者权益合计		
固定资产清理					
在建工程					
固定资产合计					
资产总计			负债和所有者权益总计		

补充资料：

项目	金额
无法收回、尚未批准核销的短期投资确实无法收回、尚未批准核销的应收款项盘亏、毁损和报废、尚未批准核销的存货死亡毁损、尚未批准核销的农业资产无法收回、尚未批准核销的长期投资盘亏和毁损、尚未批准核销的固定资产毁损和报废、尚未批准核销的在建工程	

（二）资产负债表编制说明

（1）本表反映村集体经济组织年末全部资产、负债和所有者权益状况。

（2）本表"年初数"应按上年末资产负债表"年末数"栏内所列数字填列。如果本年度资产负债表规定的各个项目的名称和内容同上年度不相一致，应对上年末资产负债表各项目的名称和数字按照本年度的规定进行调整，填入本表"年初数"栏内，并加以书面说明。

（3）本表"年末数"各项目的内容和填列方法如下。①"货币资金"项目，反映村集体经济组织库存现金、银行存款等货币资金的合计数。本项目应根据"现金""银行存款"科目的年末余额合计填列。②"短期投资"项目，反映村集体经济组织购入的各种能随时变现并且持有时间不超过一年（含一年）的有价证券等投资。本项目应根据"短期投资"科目的年末余额填列。③"应收款项"项目，反映村集体经济组织应收而未收回和暂付的各种款项。本项目应根据"应收款"科目年末余额和"内部往来"各明细科目年末借方余额合计数合计填列。④"存货"项目，反映村集体经济组织年末在库、在途和在加工中的各项存货的价值，包括各种原材料、农用材料、农产品、工业产成品等物资、在产品等。本项目应根据"库存物资""生产（劳务）成本"科目年末余额合计填列。⑤"牲畜（禽）资产"项目，反映村集体经济组织购入或培育的幼畜及育肥畜和产役畜的账面余额。本项目应根据"牲畜（禽）资产"科目的年末余额填列。⑥"林木资产"项目，反映村集体经济组织购入或营造的林木的账面余额。本项目应根据"林木资产"科目的年末余额填列。⑦"长期投资"项目，反映村集体经济组织不准备在一年内（不含一年）变现的投资。本项目应根据"长期投资"科目的年末余额填列。⑧"固定资产原价"项目和"累计折旧"项目，反映村集体经济组织各种固定资产原价及累计折旧。这两个项目应根据"固定资产"科目和"累计折旧"科目的年末余额填列。⑨"固定资产清理"项目，反映村集体经济组织因出售、报废、毁损等原因转入清理但尚未清理完毕的固定资产的账面净值，以及固定资产清理过程中所发生的清理费用和变价收入等各项金额的差额。本项目应根据"固定资产清理"科目的年末借方余额填列；如为贷方余额，本项目数字应以"-"号表示。⑩"在建工程"项目，反映村集体经济组织各项尚未完工或虽已完工但尚未办理竣工决算的工程项目实际成本。本项目应根据"在建工程"科目的年末余额填列。⑪"短期借款"项目，反映村集体经济组织借入尚未归还的一年期以下（含一年）的借款。本项目应根据"短期借款"科目的年末余额填列。⑫"应付款项"项目，反映村集体经济组织应付而未付及暂收的各种款项。本项目应根据"应付款"科目年末余额和"内部往来"各明细科目年末贷方余额合计数合计填列。⑬"应付工资"项目，反映村集体经济组织已提取但尚未支付的职工工资。本项目应根据"应付工资"科目年末余额填列。⑭"应付福利费"项目，反映村集体经济组织已提取但尚未使用的福利费金额。本项目应根据"应付福利费"科目年末贷方余额填列；如为借方余额，本项目数字应以"－"号表示。⑮"长期借款及应付款"项目，反映村集体经济组织借入尚未归还的一年期以上（不含一年）的借款以及偿还期在一年以上（不含一年）的应付未付款项。本项目应根据"长期借款及应付款"科目年末余额填列。⑯"一事一议资金"项目，反映村集体经济组织应当用于一事一议专项工程建设的资金数额。本项目应根据"一事一议资金"科目年末贷方余额填列；如为借方余额，本项目数字应以"－"号表示。⑰"资本"项目，反映村集体经济组织实际收到投入的资本总额。本项目应根据"资本"科目的年末余额填列。⑱"公积公益金"项目，反映村集体经济组织公积公益金的年末余额。本项目应根据"公积公益金"科目的年末贷方余额填列。⑲"未分配收益"项目，反映村集体经济组织尚未分配的收益。本项目应根据"本年收益"科目和"收益分配"科目的余额计算填列；未弥补的亏损，在本项目内数字以"－"号表示。

资产负债表可反映村集体经济组织在一年内所掌握的经济资源及这些经济资源的分布情况、年末负债总额及其结构情况、净资产情况、财务实力、短期偿还能力和支付能力。

目前从村级资产负债表反映的情况来看，大多数村集体经济组织的所有者权益均为正数，并且有的数字较大，但事实并非如此，相关会计信息数据并不符合客观性原则的要求，其原因主要有以下几个方面。

1. 资产负债表中的有些项目有名无实

一是应收款项目。从资产负债表上我们发现，应收款项目数额巨大，一般要占到村集体经济组织资产总额的30%左右，其中绝大多数是村民历年欠村集体的"三提五统"等税费往来款项。农村税费改革后，根据国家有关农村税费改革政策，村民欠村集体的往来款项一律暂停征收，所以这部分债权资产基本无法变现，这对于村集体来说已没有什么实际意义。二是短期投资和长期投资项目。村集体经济组织的短期投资和长期投资一般是以前的信用社和农村合作基金会的股金及其对村集体开办的集体企业的投资。目前，这些相关单位大多已撤并或关闭或破产，兑现无门，长期也不见投资收益。对于村集体来说，这样的资产只能作为坏账处理。

2. 资产负债表中的有些项目名实不符

一是固定资产项目。首先是固定资产长期不提折旧。根据《村集体经济组织会计制度》的规定，村集体经济组织必须建立固定资产折旧制度，按年或按季或按月提取固定资产折旧。绝大多数的农村会计服务中心对代理的村集体财务进行核算时，并没有严格遵守这一规定，长期不提折旧，当初入账是多少，现在仍然是多少，数据严重失真。其次是部分固定资产有账无物。对于村集体出售、变卖和毁损的固定资产，账务处理不规范，没有及时从账面注销已出售、变卖和毁损的固定资产的账面价值。最后是固定资产虚增现象严重。按照《村集体经济组织会计制度》的规定，村集体的各项公益设施的工程项目完工交付使用后，对于不形成固定资产的，记入经营支出或其他支出。随着社会主义新农村建设的深入，村集体经济组织的各项公益设施不断完善，这些公益设施大都不形成固定资产。但在进行账务处理时，大多都将国家拨款建成的公益设施直接作为固定资产登记入账，无形中虚增了资产。

二是在建工程项目。村集体进行工程建设、设备安装、农业基本建设、设施大修理等发生的实际支出，反映在"在建工程"项目中，在建工程项目完工后，不按规定及时进行结转。有的已经增加了"固定资产"或"经营支出"或"其他支出"等项目，而不注销"在建工程"项目，导致资产虚增。

三是村级负债项目。相比应收款项目，债务是一个刚性数据，不能打丝毫的折扣。对于一般的农业型的村集体经济组织，发展村级经济无路，集体实力无法壮大，没有国家政策的倾斜，没有区位优势，在短期内难以化解债务。不仅如此，沉重的债务每年还要派生利息，由于国家规定村集体不能新增债务，客观上派生的利息债务也就没有入账，导致实际债务额大于账内债务额。

3. 农业资产有实无名

2005年1月1日起在村集体经济组织中执行的《村集体经济组织会计制度》将"产畜""役畜""经济林木"等内容作为"农业资产"单列。其价值在正常生产周期内按照直线法摊销。但绝大多数的农村会计服务中心在进行会计核算时，没有启用"农业资产"项目，而将发生的"产畜""役畜""经济林木"等内容的支出直接计入"其他支出"或"公积公益金"项目，人为虚减了资产。

已经发生损失但尚未批准核销的各项资产，应在资产负债表补充资料中予以披露，实质是将村集体经济组织没有实际意义的或已经根本不存在的资产予以披露，进一步明确集体的资产状况。

三、收益及收益分配表编制说明

（1）本表反映村集体经济组织年度内收益实现及其分配的实际情况。村（组）办企业和承包农户的数字不在此列。

（2）本表主要项目的内容及其填列方法如下。①"经营收入"项目，反映村集体经济组织进行各项生产、服务等经营活动取得的收入。本项目应根据"经营收入"科目的本年发生额分析填列。②"发包及上交收入"项目，反映村集体经济组织取得的农户和其他单位上交的承包金及村（组）办企业上交的利润等。本项目应根据"发包及上交收入"科目的本年发生额分析填列。③"投资收益"项目，反映村集体经济组织对外投资取得的收益。本项目应根据"投资收益"科目的本年发生额分析填列；如为投资损失，以"-"号填列。④"经营支出"项目，反映村集体经济组织因销售商品、农产品、对外提供劳务等活动而发生的支出。本项目应根据"经营支出"科目的本年发生额分析填列。⑤"管理费用"项目，反映村集体经济组织管理活动发生的各项支出。本项目应根据"管理费用"科目的本年发生额分析填列。⑥"经营收益"项目，反映村集体经济组织本年通过生产经营活动实现的收益。如为净亏损，本项目数字以"-"号填列。⑦"农业税附加返还收入"项目，反映村集体经济组织按有关规定收到的财税部门返还的农业税附加、牧业税附加等资金。本项目应根据"农业税附加返还收入"科目的本年发生额分析填列。⑧"补助收入"项目，反映村集体经济组织获得的财政等有关部门的补助资金。本项目应根据"补助收入"科目的本年发生额分析填列。⑨"其他收入"项目和"其他支出"项目，反映村集体经济组织与经营管理活动无直接关系的各项收入和支出。这两个项目应分别根据"其他收入"科目和"其他支出"科目的本年发生额分析填列。⑩"本年收益"项目，反映村集体经济组织本年实现的收益总额。如为亏损总额，本项目数字以"-"号填列。⑪"年初未分配收益"项目，反映村集体经济组织上年度未分配的收益。本项目应根据上年度收益及收益分配表中的"年末未分配收益"数额填列。如为未弥补的亏损，本项目数字以"-"号填列。⑫"其他转入"项目，反映村集体经济组织按规定用公积公益金弥补亏损等转入的数额。⑬"可分配收益"项目，反映村集体经济组织年末可分配的收益总额。本项目应根据"本年收益"项目、"年初未分配收益"项目和"其他转入"项目的合计数填列。⑭"年末未分配收益"项目，反映村集体经济组织年末累计未分配的收益。本项目应根据"可分配收益"项目扣除各项分配数额的差额填列。如为未弥补的亏损，本项目数字以"-"号填列。

收益及收益分配表通过分析，可以判断经营成果，评价业绩，预测未来发展趋向。

四、总量指标分析

农村集体经济统计核算是以农村集体经济现象总体的数量特征为研究对象的社会经济统计，它通过对农村集体经济组织及其所辖（或所属）经营单位经济活动在数量方面的表现进行收集、整理和分析，以研究和认识农村集体经济发展状况和运行规律。

农村集体经济统计核算的研究对象是农村集体经济现象总体的数量特征和数量关系，其调查对象包括构成农村集体经济的各类经营单位，主要内容有农村经济基本情况统计、农村经济收益分配统计等。

农村集体经济统计资料的搜集方法包括以下几种。

（1）统计报表。统计报表是指按照国家有关法规规定，按统一规定的表格形式，统一的指标项目，统一的报送时间，自上而下逐级部署，自下而上逐级定期提供基本资料的一种调查制度。按报送单位的多少不同，统计报表分为全面统计报表和非全面统计报表。农村集体经济统计报表属于全面统计报表。

（2）普查。普查是为了某种特定的目的而专门组织的一次性的全面调查，普查的组织方式一般有两种：一种是建立专门的普查机构，配备大量的普查人员，对调查单位进行直接的登记，如人口普查等；另一种是利用调查单位的原始记录和核算资料，颁发调查表，由登记单位填报，如物资库存普查等。这种方式比第一种简便，适用于内容比较单一、涉及范围较小的情况，特别是为了满足某种紧迫需要而进行的"快速普查"，就可以采用这种方式，它由登记单位将填报的表格越过中间一些环节直接报送到最高一级机构集中汇总。

（3）抽样调查。抽样调查抽样调查是实际中应用最广泛的一种调查方法，它是从调查对象的总体中随机抽取一部分单位作为样本进行调查，并根据样本调查结果来推断总体数量特征的一种非全面调查方法。农村集体经济统计除村农户家庭经营收支资料外，其他调查对象的数据信息主要通过全面调查获得，农民家庭经营收入支出资料采用抽样调查方法取得。

（4）重点调查。重点调查是专门组织的一种非全面调查，它是在总体中选择个别的或部分重点单位进行调查，以了解总体的基本情况。所谓重点单位，是指在总体中具有举足轻重地位的单位。这些单位虽然少，但它们调查的标志值在总体标志总量中占有绝大比重，通过对这些单位的调查，就能掌握总体的基本情况。

（5）典型调查。典型调查也是专门组织的一种非全面调查，它是根据调查研究的目的和要求，在对总体进行全面分析的基础上，有意识地选择其中有代表性的典型单位进行深入细致的调查，借以认识事物的本质特征、因果关系和发展变化的趋势。所谓有代表性的典型单位，是指那些最充分、最集中地体现总体某方面共性的单位。

（一）农村经济基本情况统计

农村经济基本情况统计是农经统计报表体系中的基础。它是通过对农村基层组织及生产要素的统计，掌握农村基层组织和基本生产要素的数量和构成。农村基本情况统计一般采取全面调查的统计方法，以村为起报单位，农村经济基本情况包括下列总量指标。

（1）汇总农户数。农户是指户口在农村的常住户。汇总农户数是指参加乡村集体经济组织，并具有明确权利、义务的家庭户数。不包括在乡村地区内的国家所有的机关、团体、学校、企业、事业单位的集体户。

（2）集体所有农用地总面积。指农村集体所有的农用地面积，即农林牧渔用地面积。包括耕地面积、园地面积、草地面积、林地面积、水面（面积）、其他（农用地面积）。

（3）耕地面积。指经过开垦用以种植农作物并经常进行耕种的田地。包括种有作物的土地面积、休闲地、新开荒地和抛荒未满三年的土地面积。

（4）汇总劳动力数。指汇总人口中在劳动年龄内（男 16~59 岁、女 16~54 岁）的人口总数。在劳动年龄以外，能经常参加生产劳动，并能顶劳动力使用的成员，也应统计在内；在劳动年龄之内，不能经常参加劳动的，则不应统计在内。

（5）从事家庭经营的劳动力。指年内 6 个月以上的时间在本乡镇内从事家庭经营的劳动力。包括从事农业和非农产业的劳动力。

（6）外出务工劳动力。指年度内离开本乡镇到外地从业全年累计达 3 个月以上的农村劳动力。

(7) 常年外出务工劳动力。指在外出劳动力中，全年累计在外劳动时间超过 6 个月的劳动力数量。

(8) 有组织输出劳动力。是指通过政府或其他部门的组织介绍而输出的劳动力数量。不含能人带动、自发流动的外出劳动力。

(9) 村组集体所有年末生产性固定资产原值。指村组集体经济组织年度结束时仍存在的直接用于生产经营或生产服务的各种固定资产的原值。凡使用年限在一年以上，单位价值在 500 元以上的生产经营用房屋及建筑物、机器、设备等劳动资料列为生产性固定资产。某些主要生产工具和设备，单位价值虽低于规定标准，但使用年限在一年以上的也可列为生产性固定资产。

（二）农村经济收益分配情况统计核算

农村集体经济收益分配统计是全面统计乡村集体经济组织及其所属（或所辖）经营单位全年从事各产业生产经营活动所取得的总收益，以及总收益在国家、集体和农民个人以及有关单位之间的分配情况。

农村经济收益分配统计指标体系主要包括以下几种。

收入，包括总收入、农村集体经济各经营层次收入、各产业收入、出售产品收入。

支出，包括总费用、生产费用和管理费用支出。

分配，包括分配的来源和去向，反映分配来源的指标包括净收入（总收入－总费用）、投资收益、农民外出劳务收入，三者之和构成可分配净收入；分配的去向包括提取公积公益金、提取福利费、投资分利、进行农户分配等。

1. 总收入核算

总收入指统计范围内的各生产经营单位当年的农、林、牧、渔、工业、建筑业、交通运输业、商业、饮食业、服务业等各项经营收入和利息、租金等非生产性收入。不包括用来分配、属于借贷性质或暂收性质的收入，如贷款收入、预购定金、国家投资、农民投资、救灾救济等。

总收入＝各经营层次收入之和＝各行业收入之和。

农村经济总收入＝乡（镇）办企业收入＋村组集体经营收入＋农民家庭经营收入＋其他经营收入＝农业收入＋林业收入＋牧业收入＋渔业收入＋工业收入＋建筑业收入＋运输业收入＋商饮业收入＋服务业收入＋其他收入＝总费用＋净收入

其中，乡镇集体企业收入按各行业的全部收入计算，包括经营收入、产品销售收入、劳务收入和其他收入等；家庭经营中的种植业、林业、牧业和渔业等，按当年收获到手的主副产品计算收入，包括已出售、自食自用和储存的主副产品在内。农民外出打工所获得劳务收入不计入家庭经营收入中，而是作为净要素收入单独统计并计入可分配净收入中。

收入的价格应按当年价格核算，也就是按当年经济活动发生时的现行价格进行核算。具体核算方法是：各种主产品、副产品出售部分按实际出售价格计算；自食自用和储存的农副产品，按出售全部该产品（包括出售给国家和在市场上出售的）综合平均价格计算。

2. 总费用核算

总费用包括生产费用、管理费用和其他费用三项。但不包括乡、村两级企业中农村务工人员的工资，只包括非农村人员的工资。外来农民工的工资计入"外来人员带走劳务收入"指标中，本地农民工工资加到"农民经营所得"中。

生产费用，是指为实现当年生产经营收入应由当年负担的生产费用。凡利用不计收入的自产产品（原料）进行再生产时，不应作为生产费用支出。如自积自用畜禽厩肥和其他土杂肥、绿肥、青饲料，以及自采野生手工业原料等因不计算生产收入，故也不计入生产费用支出。生产费用必须同生产收入一致，即获得了当年某项收入而支出的费用，才能计算为当年该项收入的生产费用，包括上年预付结转应由本年负担的费用。不包括本年预付下年度的各项费用支出。

3. 净收入核算

净收入指从总收入中扣除当年经营中发生的各种费用后的余额，也就是当年的生产经营收益，公式为：净收入＝总收入－总费用

可分配净收入，指净收入、投资收益、农民外出劳务收入三个指标的合计数。可分配净收入按分配的去向划分为国家税金、上缴国家有关部门、外来投资分利、外来人员带走劳务收入、企业各项留利、乡村集体所得、农民经营所得。

可分配净收入总额＝净收入＋投资收益＋农民外出务工收入＝国家税金＋上缴国家有关部门＋外来投资分利＋外来人员带走劳务收入＋企业各项留利＋乡村集体所得＋农民经营所得

（三）村集体经济组织收益分配统计核算

村集体经济组织收益分配统计核算的范围包括按村或村民小组设置的社区性集体经济组织，主要包括下面的内容。

1. 经营收益核算

经营收益＝经营收入＋发包及上交收入＋投资收益－经营支出－管理费用

2. 本年收益核算

本年收益＝经营收益＋补助收入＋其他收入－其他支出

3. 可支配收益核算

可分配收益＝本年收益＋年初未分配收益＋其他转入

4. 年末未分配收益核算

年末未分配收益＝可分配收益－提取公积公益金－提取应付福利费－外来投资分利－农户分配－其他

5. 集体经营收益核算

集体经营收益＝经营收入＋发包及上交收入＋投资收益－经营支出－管理费用

其中：

（1）经营收入是指村集体经济组织进行各项生产、服务等经营活动取得的收入。

(2) 发包及上交收入指村集体经济组织取得的农户和其他单位上交的承包金及村（组）办企业上交的利润等。

(3) 投资收益包括对外投资分得的利润、股利和债券利息，以及投资到期收回或者中途转让取得款项高于账面价值的差额。

(4) 经营支出指村集体经济组织直接从事各项经营活动所耗费的各项支出。包括生产资料费以及折旧费、运输费、修理费和保险费。

(5) 管理费用指村集体经济组织管理活动发生的各项支出，包括干部报酬、办公费、差旅费、管理用固定资产折旧和维修费等。

(6) 经营收益指村集体经济组织本年通过生产经营活动实现的收益。

(7) 年初未分配收益指村集体经济组织上年度未分配的收益。本指标应根据上年度收益及收益分配表中的"年末未分配收益"数额填列。

五、相对指标分析

（一）村集体经济基本情况分析

根据农村经济基本情况总量指标，并结合其他报表中的有关指标，可做一系列分析。文中仅介绍以下几种。

(1) 每个劳动力平均负荷人口＝汇总人口数÷汇总劳动力数

上式中"汇总劳动力数"包括外出劳动力。

(2) 每个劳动力创造的总（净）收入＝总（净）收入÷汇总劳动力数

(3) 外出务工农民所占比重＝外出务工劳动力数÷汇总劳动力数

(4) 某类型农用地比重＝该类型农用地面积÷农用地总面积

（二）村集体经济效益分析

农村经济效益分析通常有以下两个指标。

农村经济净收益率（%）＝（农村经济净收入/农村经济总收入）×100

农村经济投入产出率（%）＝（农村经济净收入/农村经济总费用）×100

（三）农民收入分析

农民人均纯收入＝家庭全年纯收入÷家庭常住人口

农民家庭纯收入是从农民家庭总收入中扣除费用性支出后可以直接用于进行生产和非生产性建设，改善生活的那部分收入。

第四章 财务管理基本价值观念及定价模型

企业财务管理有 4 个基本的价值,即时间价值、资本成本与必要报酬率、现金流量、风险与报酬。

本章在介绍这 4 个价值的基础上,分析其在经济生活中的运用,以便能够将其运用到实际的理财活动之中。

第一节 资金的时间价值

一、资金的时间价值的含义

在经济学中,等量资金在不同时点上的价值并不相等,现在 1 元钱的价值不等于将来 1 元钱的价值,现在的 1 元钱比将来的 1 元钱更值钱,即拥有更高的经济价值。如果现在你拥有 1 元钱,不是将其用于消费,而是将其用于投资,就可以产生资金的时间价值。假如你用 1 元钱购买 1 年期年利率为 10% 的国债,一年后你就拥有 1.10 元,这 1 元经过 1 年时间的投资产生了增值 0.10 元。随着时间的推移,资金发生了增值,它就是资金的时间价值。所以现在的 1 元不等于 1 年后的 1 元,而是等于 1 年后的 1.10 元。

资金的时间价值是指在不考虑风险和通货膨胀的情况下,资金经过一定时间的投资与再投资所产生的增值,是等量资金在不同时点上的价值量差额,也称为货币的时间价值。

理论上,资金的时间价值相当于没有风险和没有通货膨胀条件下的社会平均资金利润率。由于时间价值的计算方法同有关利息的计算方法相同,因而时间价值与利率容易被混为一谈。实际上,财务管理活动总是或多或少地存在风险,而通货膨胀也是市场经济中客观存在的经济现象。因此,利率既包含时间价值,也包含通货膨胀和风险的因素。只有在购买政府债券时几乎没有风险。如果通货膨胀很低,可以用政府债券利率来表现时间价值。资金时间价值与利率等因素之间的关系如图 4-1 所示。

资金时间价值可以用绝对数表示,也可以用相对数表示。所谓用绝对数表示,就是指用资金周转过程中的增加额来表示;所谓用相对数表示,就是指用增加值占投入资金的百分数表示。为便于不同资金之间时间价值的比较,在实务中人们习惯用相对数表示资金的时间价值。由于不同时点的单位资金的时间价值不同,所以不同时点的资金收入(支出)不能直接进行比较,而要把它们换算到相同的时点上,才能进行大小比较和比率的计算。

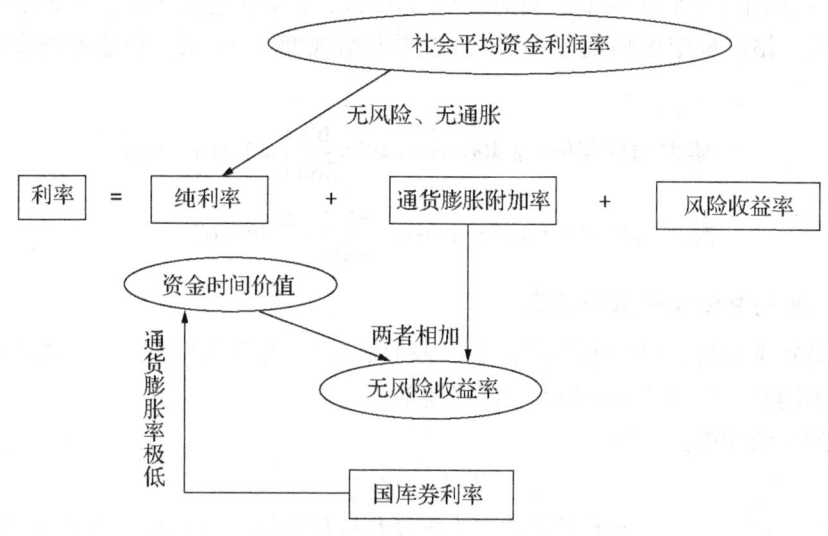

图 4-1 资金时间价值与利率等因素的关系

二、资金时间价值的计算

（一）单利终值和现值的计算

单利是利息的一种计算制度。按照这种方法，只就初始投入的本金计算各年的利息，所生利息不加入本金重复计算利息。在借贷关系中，本金是指贷给别人以收取利息的原本金，利息则是指借款人付给贷款人超过本金部分的金额，在数量上等于本金乘以利率。

应该指出，单利不是资金时间价值的表现形式，不能以单利计量资金的时间价值。单利只适合于特定情况下的计算，如商业票据的贴现息的计算、单利计息条件下债券利息的计算等。

单利的终值计算公式为：

$$F=P(1+ni)$$

单利的现值计算公式为：

$$P=\frac{F}{1+ni}$$

式中：P——本金；

i——利率；

n——时间，通常以年为单位；

F——终值。

【例 4-1】某企业向银行借入 1 年期 6% 单利到期的短期借款 1 000 000 元，问到期的本利和是多少？

$$F=1\ 000\ 000\times(1+6\%\times1)=1\ 060\ 000\ （元）$$

【例 4-2】某企业收到一张面值为 2 400 元的带息票据，票面利率为 4%，出票日为

6月15日，到期日为8月14日，持有期限为60天，企业因急需现金，于6月27日到银行办理贴现，银行规定的贴现率为6%，该票据贴现期为48天。企业贴现实得款计算如下：

$$票据的到期值 = 2\ 400 \times \left(1 + 4\% \times \frac{60}{360}\right) = 2\ 416（元）$$

$$贴现实得款 = 2\ 416 \times \left(1 - 6\% \times \frac{48}{360}\right) = 2\ 396.67（元）$$

（二）复利终值和现值的计算

复利是本金和利息都要计算利息的一种利息制度。在复利制下，一个重要的特征是上一年的本利和要作为下一年的本金计算利息。

复利的现值计算公式为：

$$F = P\ (1+i)^n$$

上式中，$(1+i)^n$ 为1元复利终值，也称复利终值系数，它表示1元钱的本金在特定利率和期数条件下到期的本利和，也就是1元本金相当于到期的本利和，1元现值与其复利终值在经济上是等值的。我们可以将1元复利终值简记作 $(F/P, i, n)$。为便于计算，可根据利率与期数，查"复利终值系数表"来确定1元复利终值。该表的作用不仅在于根据 i 和 n 查1元复利的终值，而且可以根据1元复利终值和 n 查找 i，或者根据1元复利终值和 i 查找 n。

复利的终值计算公式为：

$$P = F \cdot \frac{1}{(1+i)^n}$$

式中，$(1+i)^n$ 为1元复利现值，其含义为1元的终值在特定的利率和期数条件下折合的本金，可简记作 $P/F\ (i, n)$，可以根据利率和期数查1元复利的现值表查得，代入公式即可求解。

【例4-3】某企业现从银行一次借入200万元。投资建一项目，该项目建设期5年，银行规定，复利计息，年利率10%，则至建设期满的本利和是多少？

$$F = 200 \times (1+10\%)^5 = 200 \times 1.610\ 5 = 322.1（万元）$$

或 $F = 200 \times (F/P, 10\%, 5) = 200 \times 1.610\ 5 = 322.1$（万元）

【例4-4】某项投资预计在6年后可获现金净流量2 000万元，投资者要求的必要报酬率为12%，则该项目的价值是多少？

该投资项目的价值等于其未来所创造的现金净流量值现在多少钱即现值。

$$P = F\ (1+i)^{-n} = F \cdot (P/F, 12\%, 6) = 2\ 000 \times 0.506\ 6 = 1\ 013.2（万元）$$

【例4-5】依上例，若该投资项目需要现在一次投资1 200万元，其他条件不变，则能否进行该项目的投资？

净现值 = 1 013.2 − 1 200 = −186.8（万元）

由于净现值为负数，说明不能够增加企业价值，投资的期望报酬率低于必要报酬率，方案不可行。

【例 4-6】 面值为 200 万元，票面利率 10%、10 年期、单利计息、到期一次还本付息的债券，在投资者要求的必要报酬率（市场利率）为 8% 的情况下，最高买价不能超过多少？

到期的本利和 = 200 × （1+10%×10） = 400 （万元）

债券的价值 = 400 × （P/F，8%，10） = 400×0.462 3 = 184.92 （万元）

债券的最高买价不能超过 184.92 万元。

（三）年金的计算

年金是指在一定时期内系列、等额收付的款项，通常记作 A。年金的特征是在一定的时期内，每次收付款的时间间隔相同，收付的金额相等。年金有多种形式，如保险费、直线法下计提的固定资产折旧、等额分期付款，以及零存整取或整存零取储蓄等。

年金按其每次收付发生的时点不同，可分为普通年金、预付年金、递延年金和永续年金。

1. 普通年金的计算

（1）普通年金终值的计算。

普通年金又称后付年金，是指于各期末收付的年金。普通年金的终值是指最后一期（第 n 期）期末的本利和，它是一定时期内各个时点收付款项复利终值之和。

普通年金终值计算式的推导如下：

按照复利计算年金的方式，可表达为：

$$F = A \cdot \sum_{t=0}^{n-1} (1+i)^t$$

式中 $\sum_{t=0}^{n-1} (1+i)^t$ 为 1 元普通年金的终值，可简化为：$\dfrac{(1+i)^n - 1}{i}$

简记作 （F/A，i，n），故普通年金的终值表达式为：

$$F = A \cdot \dfrac{(1+i)^n - 1}{i} = A \cdot (F/A, i, n)$$

式中 1 元年金终值，可根据利率与期数查 1 元年金终值表求得。

（2）偿债基金的计算。

偿债基金是指为了使年金终值达到清偿到期债务或满足企业到期特定的财务需要而于每年年末等额存入银行或支付给信托投资机构的存款准备金。偿债基金的计算是根据年金的终值计算出的年金，其计算公式为：

$$A = F \cdot \dfrac{1}{(F/A, i, n)} = F \cdot \dfrac{i}{(1+i)^n - 1}$$

式中 1 元年金的倒数为 1 元偿债基金，表示为清偿到期债务 1 元钱，而应该在每年年末提取的存款准备金。

【例 4-7】 假设某企业有一笔 4 年后到期的债务 1 000 万元，为此设置偿债基金，年复利率为 10%，为还清到期债务，每年年末应存入的金额是多少？

$$A = 1\,000 \times \dfrac{1}{(F/A, 10\%, 4)} = 1\,000 \times 0.215\,4 = 215.4 \text{（万元）}$$

(3) 普通年金现值的计算。

普通年金现值是指为在每期期末取得相等金额的款项，现在（即第 0 年或第 1 年年初）需要投入的金额，即各期期末的现金流量相当于现在的价值。年金现值的计算公式为：

$$P = A \cdot \sum_{t=1}^{n} (1+i)^{-t}$$

式中，$\sum_{t=1}^{n} A \cdot (1+i)^{-t}$ 为 1 元年金的现值，可简化为：$\dfrac{1-\dfrac{1}{(1+i)^n}}{i}$ 简记作 $(P/A, i, n)$，可直接查阅 1 元年金的现值表。

【例 4-8】假设某企业打算进行一项投资，该项目预期使用 10 年，预计每年可获现金净流量 100 万元，进行此项投资的必要报酬率为 10%，则该项目的价值是多少？

$P = 100 \times (P/A, 10\%, 10) = 100 \times 6.144\,6 = 614.46$（万元）

(4) 年资本回收额的计算。

年资本回收额是指收回现在的投资而应于未来每年年末等额回收的金额，即根据年金的现值计算的年金。根据年金现值的计算表达式，有：

$$A = P \cdot \dfrac{1}{P/A, i, n} = P \cdot \dfrac{1}{1-(1+i)^{-n}}$$

式中，1 元年金现值的倒数称为 1 元资本回收额或资本回收系数，表示收回现在 1 元投资而应于未来每年年末回收的数额。

【例 4-9】某企业现在一次投资 2 000 万元，建一项目，必要报酬率为 12%，10 年期，则该项目每年至少应等额回收多少元，才是基本合算的？

$A = 2\,000 \times [1/(P/A, 12\%, 10)] = 2\,000 \times [1/5.650\,2] = 354$（万元）

2. 预付年金的计算

预付年金是于每期期初付款的年金，又称即付年金。普通年金付款的时点是在年末，而预付年金付款的时点则是在期初，这是两种年金的区别。由于没有给出预付年金的终值和现值系数表，故计算预付年金的终值与现值需要将其转化为普通年金再加以计算，这是理解预付年金终值与现值计算的关键。

预付年金终值的计算

预付年金的终值是其最后 1 期期末（n 期末）时的本利和。下面结合【例 4-10】观察计算预付年金终值的计算方法。

【例 4-10】某人于未来 3 年内，每年年初等额存入银行 200 元，年复利率为 10%，则期满的本利和是多少？

因为每期期初就是上期期末，如果将其视为 n 期的普通年金的话，图示如下：

这样，可按两种方法计算预付年金的终值：

(1) 按照 n 期普通年金、1 年期复利计算其终值：

即 $F=A(F/A, i, n)(1+i)$。

本例中：$F=200(F/A, 10\%, 3)(1+10\%)=200×3.31×1.1=728.2$（元）

(2) 按照 $n+1$ 期普通年金计算其终值：

即 $F=A(F/A, I, n+1)-A=A[(F/A, i, n+1)-1]$。

本例中：$F=200[(F/A, 10\%, 4)-1]=200×(4.641-1)=728.2$（元）。

预付年金现值的计算

预付年金的现值是其第 1 期期初的现值。下面结合【例 4-11】观察其现值的计算方法。

【例 4-11】某人于未来 3 年内，每期期初从银行取出 200 元，年复利率为 10%，则应该在第一年年初存入银行多少元？

(1) 按照 $n-1$ 期普通年金计算其现值：

即将第 2 期期初视为第 1 期期末，依此类推，按普通年金计算其现值，再加上第 1 期期初的 A 值。于是有：

$$P=A(P/A, i, n-1)+A=A[(P/A, i, n-1)+1]$$

本例中：$P=200[(P/A, 10\%, 2)+1]=547.1$（元）。

(2) 按照 n 期普通年金计算其现值：

即将第 2 期期初看作是普通年金的第 1 期期末，依此类推，按照 n 期普通年金计算其现值，比预付年金现值计算要求的时点多计算 1 期，再计算 1 期的复利终值逆运算回来。于是有：

$$P=A(P/A, i, n)(1+i)$$

本例中：$P=200(P/A, 10\%, 3)(1+10\%)=547.1$（元）。

3. 递延年金现值的计算

递延年金是指第 1 次支付发生在第 2 期或第 2 期以后的普通年金。凡支付期不是在第 1 期期末的普通年金均为递延年金。递延年金终值的计算与普通年金终值的计算等同，与递延的期数无关。递延年金的现值与递延期数相关，递延的期数越长，其现值越低，故需要采用一定方法计算的是递延年金的现值。下面结合【例 4-12】观察其现值的计算方法。

【例 4-12】假设某企业现购置一台设备，前 3 年不用付款，从第 4 年年末起分 4 年等额还本付息 200 元，企业要求的必要报酬率为 10%，问付款的总现值是多少？

```
 0   1   2   3   4   5   6   7
                200 200 200 200
```

设递延期数为 m，付款期数为 n，其计算方法有两种：

（1）按照 n 期普通年金和 m 期复利贴现。

采用这种方法，将普通年金贴现到递延年金最后一期，然后按照 m 期复利贴现到第 1 期期初。公式为：$P=A\ (P/A, i, n)\ (P/F, i, m)$。

本例中：$P=200\ (P/A, 10\%, 4)\ (P/F, 10\%, 3) = 476.32$（元）。

（2）按照 $n+m$ 期普通年金贴现，再减去 m 期普通年金的现值。

采用这种方法，是假设 m 期内也发生了普通年金的支付，先计算出 $n+m$ 期普通年金的现值，然后再减去实际并未支付的 m 期年金的现值。计算表达式为：

$$P=A\ (P/A, i, n+m) - A\ (P/A, i, m) = A\ [(P/A, i, n+m) - (P/A, i, m)]$$

本例中：$P=200\ [(P/A, 10\%, 7) - (P/A, 10\%, 3)] = 476.2$（元）。

4. 永续年金现值的计算

无限期等额支付的年金，称为永续年金，即期数趋向于无穷远的普通年金。由于永续年金没有终止的期限，也就没有终值。永续年金现值的计算，可由普通年金现值的计算公式导出：

$$P=A \cdot \frac{1-\frac{1}{(1+i)^n}}{i} = A \cdot \frac{1-\frac{1}{(1+i)^\infty}}{i} = A \cdot \frac{1}{i}$$

【例 4-13】某企业欲建立永久性的奖励基金，希望于未来每年年末取出 200 000 元，奖励有贡献的员工，假设同有关机构签订的协议规定投资报酬率为 10%，则现在应一次投资多少？

$$P = 200\ 000/10\% = 2\ 000\ 000\ （元）$$

【例 4-14】某企业的每股优先股面值为 200，票面利率为 10%，假设投资者要求的报酬率为 8%，则该优先股的价值是多少？

$$P = (200 \times 10\%) \div 8\% = 250\ （元）$$

（四）名义利率与实际利率的换算

上面在计算货币的时间价值时，我们假定利率均为年利率，每年复利一次。但实际上，复利的计息期间不一定是一年，有可能是季度、月份或日。如有的债券每半年计息一次；有的抵押贷款每月计息一次；银行之间拆借资金均为每天计息一次。当每年复利次数超过一次时，则年利率为名义利率，而每年复利一次时的利率为实际利率。

对于一年内多次复利的情况,可采取两种方法计算时间价值。

方法一:将名义利率调整为实际利率,n 用年数,然后按实际利率计算时间价值。调整公式为:

$$i = (1+r/m)^m - 1$$

式中:i——实际利率;

r——名义利率;

m——每年复利次数。

方法二:将名义利率 r 调整为每复利周期一次时的利率 r/m,复利期数为 n 年内总的复利次数 $m×n$。

【例4-15】某企业现在存入银行 20 000 元,在年利率为 10%,每半年复利计息一次的情况下,到第 10 年末的本利和是多少?

方法一:$i = (1+10\%/2)^2 - 1 = 10.25\%$

$F = 20\ 000\ (1+10.25\%)^{10} = 53\ 060$(元)

方法二:$F = 20\ 000\ (F/P, 5\%, 20) = 53\ 060$(元)

【例4-16】某企业欲购买面值为 20 000 元,10%,5 年期,每半年复利计息并支付利息一次的债券,市场利率(必要投资报酬率)为 12%,则该债券的价值是多少?

债券的价值等于其未来现金净流量的现值。故:

$P = [(20\ 000×10\%) ÷ 2]\ (P/A, 6\%, 10) + 20\ 000\ (P/F, 6\%, 10)$

$= 1\ 000 × 7.360\ 1 + 20\ 000 × 0.558\ 4 = 18\ 528.1$(元)

第二节 风险与报酬

风险与报酬是贯串于财务管理过程的、影响企业价值的基本因素。妥善处理风险与报酬之间的关系,是增加企业价值的需要,也是企业理财工作的重要内容之一。

一、风险的概念及类别

(一)风险的概念

风险一般是指某一行动的结果具有多样性。从财务的角度来看,风险就是企业在各项财务活动过程中,由于各种难以预料或无法控制的因素作用,使企业的实际收益与预期收益发生背离,因而产生的蒙受经济损失的可能性。

风险可能给投资者带来超出预期的收益,也可能带来超出预期的损失。一般而言,投资者对意外损失更加关注。因此,人们研究风险时侧重减少损失,主要从不利的方面来考察风险,经常将风险看成是不利事件发生的可能性。从财务的角度来说,风险主要指无法到达预期报酬的可能性。

与风险相联系的另一个概念是不确定性,即人们事先只知道采取某种行动可能形成的各种结果,但并不知道它们出现的概率,或者两者都不知道,而只能做些粗略的估计。例如，企业试制一种新产品，事先只能确定该种产品有试制成功或失败两种可能，但不知道这两种结果出现可能性的大小。经营决策一般都是在不确定的情况下做出的，在实务工作中，通常不对风险和不确定这两个概念加以区分，把不确定视同风险加以计量，以便进行定量分析。

企业决策者一般都讨厌风险，并尽可能地回避风险。在进行任何一项投资时，投资者都宁愿要确定的某一报酬率，也不要不确定的同一报酬率，这种现象称为风险反感。在风险反感普遍存在的情况下，诱使投资者进行风险投资的原因是能获得投资风险价值。投资风险价值是指投资者由于冒着风险进行投资而获得的超过资金时间价值的额外收益，又称投资风险收益或投资风险报酬。

投资风险价值有两种表示方法：风险收益额和风险报酬率。在实际工作中，通常以相对数——风险报酬率进行计量。如果不考虑通货膨胀，投资者进行风险投资所要求或期望的投资报酬率（投资收益额与投资额的比率）便是资金时间价值（无风险投资报酬率）与风险投资报酬率之和，即

$$投资报酬率＝无风险投资报酬率＋风险投资报酬率$$

（二）风险的类别

对于风险，可以从不同的角度分类。

（1）从企业自身的角度，可将企业风险分为经营风险和财务风险。

经营风险。经营风险是指由于企业生产经营的不确定性所造成的企业盈利的不确定性，也叫商业风险或投资风险。企业生产经营中，由于企业内部和外部的各项因素具有不确定性，会造成企业经营收益的波动。主要包括市场销售的波动、成本费用的波动、生产技术的不稳定、新产品研究开发的成败、外部环境如经济周期和国家宏观调控政策的变动等因素。总之，凡是导致企业经营收益发生变动的各项因素的不确定性，就是经营风险。

财务风险。财务风险是企业由于负债融资导致的净资产收益率或每股收益的不确定性，也是企业到期不能还本付息的可能性。财务风险也称筹资风险。产生财务风险的根源在于举债融资后，预期实现的资产报酬率是否大于债务利率的不确定性。当预期实现的资产报酬率大于债务的利率时，资产获取的收益补偿债务的利息后尚有剩余，能够增加归属于股东的剩余收益，又由于举债融资相对少使用了股东的资本，故此时净资产收益率或每股收益会提高；但是当资产报酬率不足以补偿债务的利率时，意味着股东资本部分的资产报酬要补偿一部分利息，净资产收益率或每股收益就会相应降低，这种债务可能提高也可能降低净资产收益率或每股收益的作用，称为财务杠杆，其不确定性称为财务风险。此外，举债融资加大了企业破产的概率，这也是财务风险。

（2）从个别投资主体的角度，可将风险分为市场风险和企业特有风险。市场风险是指那些对所有的公司产生影响的因素引起的风险。如战争、经济衰退、利率调整、通货膨胀等。这类风险涉及所有的投资对象，不能通过多元化投资来分散，是投资者进行投资所必须承担的风险，又称不可分散风险或系统风险。对于这类风险，投资者只能够根据承担的风险程度要求相应的报酬。

企业特有风险是指发生在个别企业的特有事件造成投资者发生损失的可能性。如罢工、新产品开发失败、高举债造成的到期不能还债、诉讼失败等。从投资者的角度看，这类风险只是发生在个别公司的内部，可以通过多元化投资予以分散，即发生在个别公司的不利事件可以被其他公司的有利事件所抵消。例如，在证券投资上，同时购买若干种股票，比只购买一种风险小。再如，在企业的经营中，在资源允许的前提下，同时经营不同的投资项目，比只经营一种投资项目的风险小。因此，分散化投资更安全。

二、风险和报酬的关系

风险越大，要求的报酬率就越高，这就是风险与报酬的基本关系。如前所述，在自由竞争的市场上，不存在风险最低而报酬最高的投资机会，竞争的结果是高报酬必然要承担高风险，承担低风险获取的报酬也低。

投资者进行投资要求的报酬，是与其投资承担的风险程度相匹配的必要报酬率。投资者必要报酬率＝无风险报酬率＋风险报酬率。无风险报酬率可以以国库券的利率来表示。风险报酬率是风险的函数，风险越大，则要求的报酬率就越高。

三、单项资产的风险和报酬

风险的衡量，是指通过一定的方法，计量特定项目或事件的风险程度。风险的衡量，是通过使用概率和统计方法进行的。

（一）概率及其分布

在现实生活中，某一事件在完全相同的条件下可能发生也可能不发生，可能出现这样的结果也可能出现那样的结果，这类事件称为随机事件。概率就是用百分数或小数值表示的随机事件发生可能性大小的数值。通常，把必然发生的事件的概率定为1，把不可能发生的事件的概率定为0，而一般随机事件的概率是介于0和1之间的一个数值。即概率的数值大于等于0，小于等于1；并且所有事件的概率之和等于1。概率越大，表示随机事件发生的可能性就越大。随机变量和相对应的概率，按一定的规则进行排列称为概率分布。

【例4-17】某企业拟投资于甲产品，预计收益情况和概率分布如表4-1：

表4-1 预计收益及概率分布

市场情况（随机事件）	年收益（随机变量）X_i	概率 P_i
繁荣	100	0.2
一般	40	0.5
较差	-20	0.3

概率分布有两种类型，如果对于随机变量和相对应的概率只取有限个数值，在坐标上表现为有限个点，这种分布就为离散型分布。如果对于所有的随机变量和相对应的概率都予以估计，并且在坐标上描述出来，表现为曲线，则为连续型分布，如果曲线为对称的钟形，则为正态分布。依照统计学的理论，不论总体分布是正态还是非正态，当选

取的样本量很大时，其样本平均数都呈正态分布。只有在概率分布符合正态分布的前提下，我们才可以计算其标准离差，衡量随机变量的离散程度即风险（图4-2、图4-3）。

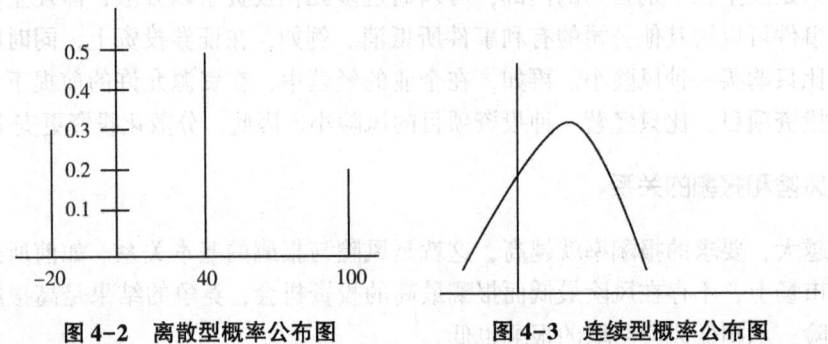

图 4-2 离散型概率公布图   图 4-3 连续型概率公布图

（二）期望值

期望值是随机变量以概率为权数的加权平均数。反映随机变量的平均化，代表着投资者的合理预期。通常用符号 $\bar{E}$ 表示。

$$\bar{E} = \sum_{i=1}^{n} x_i p_i$$

本例中：$\bar{E} = 100 \times 0.2 + 40 \times 0.5 + (-20) \times 0.3 = 34$（万元）。

（三）标准离差

标准离差是衡量随机变量脱离其期望值离散程度的指标。标准离差越大，说明随机变量脱离其期望值的幅度越大，项目的风险程度越高。当对两个项目的风险程度进行比较且两个项目的期望值相同时，标准离差越大，风险就越大；反之，标准离差越小，风险就越小。标准离差的计算公式为：

$$\sigma = \sqrt{\sum_{i=1}^{n} (X_i - \bar{E})^2 \cdot P_i}$$

本例中：

$\sigma = \sqrt{(100-34)^2 \times 0.2 + (40-34)^2 \times 0.5 + [(-20)-34]^2 \times 0.3} = 42$。

（四）变异系数

变异系数又称标准离差率，是标准离差与期望值之比。通常用符号 V 表示变异系数是以相对数形式反映决策方案的风险程度。标准离差是绝对数，只适用于期望值相同的方案的比较，对于期望值不同的决策方案，只能通过比较变异系数来确定方案风险的大小。变异系数的计算公式为：

$$V = \frac{\sigma}{\bar{E}}$$

本例中：$V = 42/34 = 1.2352$。

四、投资组合的风险和报酬

投资组合理论认为：若干种证券组成的投资组合，其收益是这些证券收益的加权平均数,但是其风险并不是这些证券风险的加权平均风险,故投资组合能降低风险。

(一)证券组合的预期报酬率和标准差

(1)组合的预期报酬率:

$$r_p = \sum_{j=1}^{m} r_j A_j$$

(2)标准差与相关性。

证券组合的标准差不是各个证券标准差的加权平均数。证券组合的风险不仅取决于组合内各证券的风险(即各证券的标准差),还取决于各个证券之间的关系(即相关系数 r)。

(二)投资组合的风险计量

(1)投资组合的标准差:

$$\sigma = \sqrt{\sum_{j=1}^{m}\sum_{k=1}^{m} A_j A_k \sigma_{jk}}$$

(2)协方差的计算:

$$\sigma_{jk} = r_{jk} g \sigma_j g \sigma_k$$

一般而言,多数证券的报酬率趋于同向变动,因此,两种证券之间的相关系数多为小于1的正值。

(3)相关系数:

$$r = \frac{\sum_{i=1}^{m}\left[X_i - \overline{X} \times (Y_i - \overline{y})\right]}{\sqrt{\sum_{i=1}^{n}(X_i - \overline{X})^2} \times \sqrt{\sum_{i=1}^{N}(y_i - \overline{y})^2}}$$

(4)协方差比方差更重要:随着证券组合中证券个数的增加,协方差项比方差项越来越重要。

(5)两种证券的标准差的计算公式:

$$\sigma = \sqrt{(A_1\sigma_1)^2 + (A_2\sigma_2)^2 + 2grg(A_1\sigma_1)(A_2\sigma_2)}$$

注意:如果两种证券的相关系数=1,投资组合的预期值和标准差都等于2个证券预期值和2个证券标差的加权平均数。

【例4-18】假设某投资组合A、B股票的投资比例分别为70%和30%(表4-2):

表4-2 预期A、B股票的报酬率

经济状况	概率	预期报酬率(%)	
		A	B
好	0.2	10	20
较好	0.4	8	10
一般	0.3	5	5
差	0.1	-2	2

要求计算 A、B 两种股票的：
（1）预期报酬率。
（2）各自的标准差。
（3）协方差。
（4）相关系数。
（5）投资组合的预期报酬率。
（6）投资组合的标准差解。具体解答如下。

a. $r_A = 10\% \times 0.2 + 8\% \times 0.4 + 5\% \times 0.3 + (-2\%) \times 0.1 = 6.5\%$，
　$r_B = 9.7\%$；

b. $\sigma_A^2 = (10\% - 6.5\%)^2 \times 0.2 + (8\% - 6.5\%)^2 \times 0.4$
　　　　$+ (5\% - 6.5\%)^2 \times 0.3 + (-2\% - 6.5\%)^2 \times 0.1 = 0.001\,125$；
　$\sigma_A = 3.35\%$；
　$\sigma_B^2 = 0.003\,381$；　　　$\sigma_B = 5.81\%$；

c. $\sigma_{AB} = (10\% - 6.5\%)(20\% - 9.7\%) \times 0.2 + (8\% - 6.5\%)(10\% - 9.7\%) \times 0.4 +$
　　　　$(5\% - 6.5\%)(5\% - 9.7\%) \times 0.3 + (-2\% - 6.5\%)(2\% - 9.7\%) \times 0.1$
　　　　$= 0.001\,605$；

d. $\gamma = \dfrac{0.001\,605}{3.35\% \times 5.81\%} = 0.824\,6$；

e. $6.5\% \times 70\% + 9.7\% \times 30\% = 7.46\%$；

f. $\sigma p = [(3.35\% \times 0.7)^2 + (5.81\% \times 0.3)^2 + 2 \times 0.7 \times 0.3 \times 0.160\,5\%]^{1/2}$
　　　$= 3.91\%$。

五、风险报酬率

前面介绍的资金时间价值是投资者在无风险条件下进行投资所要求的报酬率（这里暂不考虑通货膨胀因素）。这是以确定的报酬率为计算依据的，也就是以肯定能取得的收益为条件的。但是，企业财务和经营管理活动总是处于或大或小的风险之中，任何经济预测的准确性都是相对的，预测的时间越长，风险程度就越高。因此，为了简化决策分析工作，在短期财务决策中一般不考虑风险因素。而在长期财务决策中，则不得不考虑风险因素，需要计量风险程度。

在风险反感普遍存在的情况下，诱使投资者进行风险投资的因素是风险收益。

标准离差率虽然能正确评价投资风险程度的大小，但还无法将风险与收益结合起来进行分析。假设我们面临的决策不是评价与比较两个投资项目的风险水平，而是要决定是否对某一投资项目进行投资，此时就需要计算出该项目的风险报酬率。因此，需要一个指标将对风险的评价转化为报酬率指标，这便是风险价值系数。风险报酬率、风险价值系数和标准离差率之间的关系可用公式表示：

$$R_R = b \cdot V$$

式中，R_R 为风险报酬率；b 为风险价值系数；V 为标准离差率。

在不考虑通货膨胀因素的情况下，投资的总报酬率（R）为：
$$R = R_f + R_R = R_f + b \cdot V$$
式中，R 为投资报酬率；R_f 为无风险报酬率。

其中无风险报酬率 R_f 可用加上通货膨胀溢价的时间价值来确定。在财务管理实务中一般把短期政府债券（如短期国债）的报酬率作为无风险报酬率；风险价值系数（b）的数学意义是指该项目投资的风险报酬率占该项投资的标准离差率的比率。

六、风险控制对策

（1）规避风险。当项目风险所造成的损失不能由该项目可能获得的收益予以抵消时，应当放弃该项目，以规避风险。对于决策者来说，他们总是以无风险或低风险作为衡量各种备选方案优劣的评价标准，将那些可能发生风险的备选方案淘汰出局，同时也就丧失了收益丰厚的备选方案，因为风险总是和收益联系在一起的。

（2）减少风险。在风险管理中，采取相应的措施，控制风险因素，减少风险的发生。控制风险发生的概率和降低风险损害程度，减少风险可能给企业带来的损失。

（3）接受风险。在风险管理中，对可能发生的风险，提前做好准备，应对风险带来的损失，企业财务活动中的风险是不可避免的，如企业赊销政策所带来的坏账风险、市场波动所引起的库存风险等。针对这些风险，企业应采取自我保护的接受风险策略，每期提取一笔准备金，用作未来发生风险给企业带来损失的补偿，如财务实践中的计提资产减值准备金。

（4）转移风险。在风险管理中，对某些可能发生风险损失的财产或项目，用转移的方式转移出企业，并换回较为保险的财产或项目。例如，用参加保险的形式，通过支付保险费，将风险转移给保险公司；采取合资、联营等措施实现风险共担；通过租赁经营和业务外包等实现风险转移。

风险既可能使企业获得收益，也可能使企业遭受损失。风险管理就是预先确定一系列的政策、措施，将风险造成的损失降低到最小值，从而保证企业经营活动按预期目标进行。由于风险的大小与风险报酬率成正比例变化，所以风险管理的目标就是在风险与收益之间做出恰当的选择。

第三节 资本资产定价模型

一、资本资产定价模型与价值

资本资产定价模型是继哈里·马柯维茨（Harry M. Markowitz）于1952年建立资产组合理论后，由威廉·夏普（William Sharpe）和约翰·林特（John Linter）、简·莫辛（Jan Mossin）等人创立的。模型主要体现证券市场中均衡价格是怎样形成的，以此来寻找证券市场中被错误定价的证券。它在现实市场中得到广泛的应用，成为普通投资者、基金管理者和投资银行进行证券投资的重要工具之一。

资本资产定价模型是基于风险资产的期望收益均衡基础上的预测模型，它所表明的是单个证券的合理风险溢价，取决于单个证券的风险对投资者整个资产组合风险的贡献程度。而单个证券的风险是由系统风险和非系统风险组成的，非系统风险是可以通过投资多样化消除的。因而单个证券的风险对整个资产组合风险贡献的只是它的系统风险，其贡献程度的大小用 β 来衡量。即：

$$\beta_i = cov(R_i, R_m) / \sigma_m^2$$

式中，β_i 为证券 i 的相对风险；$cov(R_i, R_m)$ 是证券 i 的回报与市场证券组合回报的协方差；σ_m^2 为市场证券组首的方差。

资本资产定价模型假定所有的投资者都运用马柯维茨的投资组合理论在有效集里去寻找投资组合，这时证券的收益与风险将呈现出一种清晰的线性关系，这种线性关系表示为：

$$E(R_i) = R_f + [E(R_m) - R_f]\beta_i$$

该模型即为资本资产定价模型。式中 $E(R_i)$ 为证券 i 在均衡状态下的期望收益率；R_f 为无风险利率，一般指短期国库券或者是存款利率；$E(R_m)$ 为市场证券组合的期望收益率。投资者可根据市场证券组合收益率的估计值和证券的 β 估计值，算出证券在市场均衡状态下的期望收益率，然后根据这个均衡状态下的期望收益率计算出均衡的期初价格：

均衡的期初价格 = E（期末价格+股息）/ $[(ER_i) + 1]$

将现行的实际市场价格与均衡的期初价格进行比较，若两者不等，说明市场价格被误定，误定的价格应该有回归的要求。利用这一点，便可获得超正常收益。当现实的市场价格低于均衡价格时，说明该证券是廉价证券，应该购买；相反，现实的市场价格若高于均衡价格，则应卖出该证券，并将资金转向其他廉价证券。

资本资产定价模型是现代经济学的奠基石，它揭示了资本市场基本的运行，对于市场实践和理论研究都具有重要的意义。它不仅被广泛地应用于资本市场上的各种资产，用来决定各种资产的价格，例如，证券一级市场的发行应如何定价等；同时，也为投资者提供了一种机制，投资者可以根据资产的系统风险来对几种竞争报价的金融资产进行选择。具体地说，投资者可以通过权威性的综合指数来确定全市场组合的期望收益率，并据此计算出可供投资者选择的单项资产的 β 系数，同时，用国库券或其他合适的政府债券来确定无风险收益率。当一个投资者得到这些信息后，资本资产定价模型就为投资者提供了一种对潜在投资项目估计其收益率的方法。当某种资产的期望收益率高于投资者所要求得到的必要报酬率时，购买这种资产便是最合适的投资选择。这样，资本资产定价模型在现实市场中就得到了广泛应用。

二、资本资产定价模型的应用前提

尽管资本资产定价模型是资本市场上一种有效的风险资产价格预测模型，并且具有简单明了的特点，一直引起人们的重视并加以运用，但其模型严格，过多地假设了它的适用性。其基本假设的核心就是证券市场是一个有效市场，这就是该模型的应用前提。

在投资实践中，投资者都追求实现最大利润，谋求高于平均收益的超额收益，但在理论上，投资者所获取信息的机会是均等的，如果投资者是理性的，任何投资者都不可能获得超额收益，据此可以认为，此时的市场是"有效市场"。可见，市场的有效性是衡量市场是否成熟、完善的标志。

在一个有效市场中，任何新的信息都会迅速而充分地反映在价格中，亦即有了新的信息，价格就会变动。价格的变动既可以是正的也可以是负的，它是围绕着固定价值随机波动的。在一个完全有效的市场中，价格的变动几乎是盲目的。投资者通常只能获得一般的利润，不可能得到超额利润，想要通过买卖证券来获得不寻常的利润是非常困难的。因为，投资者在寻求利用暂时的无效率所带来的机会时，同时也减弱了无效率的程度。因此，对于那些警觉性差、信息不灵的人来说，要想获得不寻常的利润几乎是不可能的。

根据市场价格所反映的信息的不同，有效市场分为弱式有效市场、半强式有效市场和强式有效市场。在弱式有效市场中，现实的股票价格是过去的股票价格的简单推进，呈现出随机的特征。投资者无法通过对股票价格及其交易量的统计来获得超额利润。在半强式有效市场中，现实的股票价格反映了所有公开可得到的信息，这些信息不仅包括有关公司的信息、公司经营和公司财务报告，而且还包括相关的宏观及其他公开可用的信息。投资者不可能通过对公开信息的分析获取超额利润。在强式有效市场中，现行股票价格充分反映了历史上所有公开的信息和尚未公开的内部信息。所以，投资者无法通过获取内部信息取得超额利润。对于投资者来说，任何历史的信息和内部信息都是没有价值的。市场中所有的投资者对信息的获取都有高度的反应能力，股票的价格会因所有投资者对信息的反应而做出及时的调整。当根据内部信息交易时，任何投资者都不可能通过其他投资者对信息的滞后反应获得超额利润。实践研究表明，证券市场一般是与半强式有效市场假设相一致的。所以，通常认为的有效市场是指半强式有效市场。

三、资本资产定价模型

资本资产定价模型的研究对象，是充分组合情况下的风险与要求收益率之间的均衡关系。

（一）系统风险的度量（贝他系数）

（1）度量一项资产系统风险的指标是贝他系数β。贝他系数被定义为某项资产的收益率与市场组合之间的相关性。公式如下：

$$\beta_J = \frac{cov(K_J, K_M)}{\sigma_M^2} = \frac{r_{JM}\sigma_J\sigma_M}{\sigma_M^2} = r_{JM}\left(\frac{\sigma_J}{\sigma_M}\right)$$

（2）贝他系数的计算处理方法有两种：

第一种：使用回归直线法。
第二种：定义法求β，其步骤如下。

第一步求r_{JM}相关系数：

$$(r) = \frac{\sum_{i=1}^{n}[(X_i-\overline{X}) \times (y_i-\overline{y})]}{\sqrt{\sum_{i=1}^{n}(X_i-\overline{X})^2} \times \sqrt{\sum_{i=1}^{n}(y_i-\overline{y})^2}}$$

第二步求标准差 σ_J、σ_M，利用公式：

$$\sigma = \sqrt{\frac{\sum_{i=1}^{n}(X_i-\overline{X})^2}{n-1}}$$

第三步求贝他系数：

$$\beta_J = r_{JM}\left(\frac{\sigma_J}{\sigma_M}\right)$$

贝他系数 β 的经济意义在于，它告诉我们相对于市场组合而言特定资产的系统风险是多少。

(二) 投资组合的贝他系数

投资组合的 β_p 等于被组合各证券 β 值的加权：

$$\beta_p = \sum_{i=1}^{n} X_i \beta_i$$

(三) 证券市场线

按照资本资产定价模型理论，单一证券的系统风险可由 β 系数来衡量，而其风险和收益之间的关系可以由证券市场线来描述。

1. 公式

$K_i = R_f + \beta(K_m - R_f)$

式中：K_i——第 i 个股票的要求收益率；

　　　R_f——无风险收益率；

　　　K_m——平均股票的要求收益率；

　　　$(K_m - R_f)$——投资者为补偿承担超过无风险收益的平均风险而要求的额外收益，即风险价格。

注意：

(1) 一般来说，投资者对风险的厌恶感越强，证券市场线的斜率就越大，对风险资产所要求的风险补偿越大，对风险资产的要求收益率就越高。

(2) β 值越大，要求的收益率就越高。

(3) 从证券市场线可以看出，投资者要求的收益率不仅仅取决于市场风险，还取决于无风险利率和市场风险补偿程度。

(4) 预计通货膨胀时，无风险利率会随之提高，进而导致证券市场线向上平移；风险厌恶程度的加强，会提高证券市场线的斜率。

(5) 证券市场线适用于单个证券，也适用于证券组合，而且不论是否已经有效地分散了风险。它测度的是证券每单位系统风险 β 的超额收益。证券市场线比资本市场线的前提宽松，应用也广泛。

2. 资本资产定价模型的假设

（1）所有投资者均追求单期财富的期望效用最大化，并以各备选组合的期望收益和标准差为基础进行组合选择。

（2）所有投资者均可以无风险利率无限制地借入或贷出资金。

（3）所有投资者拥有同样预期，即对所有资产收益的均值、方差和协方差等，投资者均有完全相同的主观估计。

（4）所有的资产均可被完全细分，拥有充分的流动性且没有交易成本。

（5）没有税金。

（6）所有投资者均为价格的接受者，即任何一个投资者的买卖行为都不会对股票价格产生影响。

（7）所有资产的数量是给定的、固定不变的。

第四节 套利定价理论

套利定价理论是由斯蒂芬·罗斯（Stephen Ross）于1976年提出的。他试图提出一种比传统CAPM更好地解释资本资产定价的理论模型。

套利定价理论研究的是如果每个投资者对各种证券的预期收益和市场敏感都有相同估计的话，各种证券的均衡价格是怎样形成的。

套利定价理论认为，套利行为是现代有效率市场（即市场均衡价格）形成的一个决定因素。如果市场未达到均衡状态的话，市场上就会存在无风险套利机会。

一、套利行为

套利是利用同一种实物资产或证券的不同价格来赚取无风险利润的行为，套利作为一种广泛使用的投资策略，最具代表性的是以较高的价格出售证券并同时以较低价格购进相同的证券（或功能上等价的证券）。

套利行为是现代有效市场的一个决定性要素。因为套利利润根据定义是无风险的，所以投资者一旦发现这种机会就会设法利用它们。随着投资者套利行为的发生，将消除这些获利机会。

二、因素模型

套利定价理论的出发点是假设证券的回报率与未知数量的未知因素相联系。因素模型是一种统计模型。套利定价理论是利用因素模型来描述资产价格的决定因素和均衡价格的形成机理的。这在套利定价理论的假设条件和套利定价理论中都清楚地体现了出来。

（一）单因素模型

单因素模型认为证券收益率受到一种因素的影响，一般可以用下面的方程来表示单因素模型：

$$r_i = a_i + b_i F + \varepsilon_i$$

这里，F 是因素值，b_i 是证券对这一影响因素的敏感度。如果因素等于零，这种证券的收益率等于 $a_i + \varepsilon_i$。

因素每变动一个单位，收益率 r_i 增减 b_i 单位。ε_i 是随机误差项，它是一个期望值为零、标准差等于 $\sigma_{\varepsilon i}$ 的随机变量。

根据单因素模型中参数的估计，证券 i 的预期收益率可以写成：

$$\overline{r}_i = a_i + b_i \overline{F}$$

式中 a_i 表示因素预期值为零时证券 i 的预期收益率。

（二）多因素模型

在现实经济中，影响预期收益率改变的因素往往有若干种，因此，用多因素模型取代单因素模型分析证券的收益率，将会更切合实际。我们首先从多因素模型的特例——两因素模型入手。

1. 两因素模型

假定收益率决定模型中含有两种因素，模型表达如下：

$$r_i = a_i + b_{i1} F_1 + b_{i2} F_2 + \varepsilon_i$$

这里，F_1 和 F_2 是影响证券收益率的两个因素；b_{i1} 和 b_{i2} 是证券 i 对这两个因素的灵敏度；同前面一样，ε_i 为随机误差项；a_i 是当两个因素为零时证券 i 的预期收益率。

根据上述参数估计值，通过下式可得到证券 i 的预期收益率：

$$\overline{r}_i = a_1 + b_{i2} \overline{F}_1 + b_{i2} \overline{F}_2$$

如果因素间不存在相关关系，对于任意一种证券，它的方差是：

$$\sigma_1^2 = b_{i1}^2 \sigma_{F_1}^2 + b_{i2}^2 \sigma_{F_2}^2 + \sigma_{\varepsilon i}^2$$

任意两种证券 i 和 j 的协方差是：

$$\sigma_{ij} = b_{i1} b_{j1} \sigma_{F_1}^2 + b_{i2} b_{j2} \sigma_{F_2}^2$$

如果因素之间存在相关关系，则需要运用更复杂的方程来估计方差和协方差。与单因素模型相似，一旦运用上述方程估计出每一种证券的预期收益率、方差和协方差，投资者就可找出马柯维茨有效组合，加上无风险收益率，就能确定切点处的证券组合，继而根据投资者的无差异曲线决定最优证券组合。

2. 多因素模型

多因素模型是两因素模型的扩展，即把多种因素纳入收益率方程中。其因素模型的一般形式如下：

$$r_i = a_i + b_{i1} F_1 + b_{i2} F_2 + L + b_{ij} F_j + \varepsilon_j$$

因素模型表明，具有相同的因素敏感性的证券或组合除了非因素风险以外，将以相同的方式行动。因而具有相同的因素敏感性的证券或组合必要求有相同的预期回报率，不然，"准套利"机会便会存在，投资者将利用这些机会，最终使得其消失。这就是套利定价理论的最本质的逻辑。

三、套利组合

根据套利定价理论，投资者会竭力发掘一个套利组合的可能性，以便在不增加风险的情况下，增加组合的预期收益率。套利组合一般具有如下三个特点。

首先，它是一个不需要投资者任何额外资金的组合，如果 x_i 表示投资者对证券 i 的持有量的变化（因此也表示套利组合中证券 i 的权数），则套利组合的这一要求可以表述为：

$$x_1 + x_2 + x_3 = 0$$

其次，套利组合对任何因素都没有敏感性，因为组合对某一因素的敏感性恰好是组合中各证券对该因素敏感性的加权平均，套利组合的这一性质可表述为：

$$x_1 b_1 + x_2 b_2 + x_3 b_3 = 0$$

最后，套利组合的预期收益率必须为正，即：

$$x_1 \overline{r_1} + x_2 \overline{r_2} + x_3 \overline{r_3} = 0$$

当满足上面三点要求时，该组合就是一个套利组合。一个套利组合对任何一个渴望高收益而不关心非因素风险的投资者都有吸引力。它不需要任何资金，没有任何风险因素，却能带来正的预期收益。

四、套利定价模型（APT Model）

1. 关于套利定价模型的假设

套利定价模型最基本的假设是投资者相信证券 i 的收益受到 n 个因素的共同影响，证券的收益与因素间的关系可以用 n 因素模型表示：

$$r_i = E(r_i) + b_{i1}F_i + b_{i2}F_2 + L + b_{in}F_n + \varepsilon_j$$

式中，r_i 是任意证券 i 的收益，$E(r_i)$ 是证券 i 的预期收益，b_{in} 是证券 i 对 n 因素的敏感度。

相对于 CAPM 来说，APT 的假设条件没有那么严格，不会考虑税收因素，不用要求无风险利率借贷，也没有假设只有市场风险影响资产的预期收益。APT 与 CAPM 相同的假设只在于：投资者相同的预期；投资者追求效用最大化；市场是有效的；收益率受到因素模型影响。

2. 套利定价模型

因素模型没有描绘在均衡状态时的状况，我们需要将因素模型转换成一个均衡模型。

APT 的推导是基于以下两点。

（1）在一个有效市场中，均衡状态下，不存在无风险的套利机会。

（2）对于一个高度分散化的资产组合来说，只有几个共同因素需要补偿。证券与这些共同因素的关系为：

$$\overline{r_i} = r_f + b_{i1}\lambda_1 + b_{i2}\lambda_2 + L + b_{in}\lambda_n$$

式中，λ_n 是投资者承担一个单位 n 因素风险的补偿额，其风险大小由 b_{in} 表示。

上述便是套利定价模型的表达式。

可以看到，套利定价理论中的资产定价方程可以分解为两个部分：一是无风险利率；二是因素风险收益率。

套利定价模型可以表述为：一种证券的预期收益率将与它的影响因素线性相关，其截距等于无风险收益率。

五、套利定价模型 APT 与资本资产定价模型 CAPM 对比分析

（一）与资本资产定价模型一样，套利定价理论的假设

（1）投资者有相同的投资理念。
（2）投资者是回避风险的，并且要效用最大化。
（3）市场是完全的。

（二）与资本资产定价模型不同的是，套利定价理论还包括的假设

（1）单一投资期。
（2）不存在税收。
（3）投资者能以无风险利率自由借贷。
（4）投资者以收益率的均值和方差为基础选择投资组合。

套利定价理论导出了与资本资产定价模型相似的一种市场关系。套利定价理论以收益率形成过程的多因子模型为基础，认为证券收益率与一组因子线性相关，这组因子代表证券收益率的一些基本因素。事实上，当收益率通过单一因子（市场组合）形成时，将会发现套利定价理论形成了一种与资本资产定价模型相同的关系。因此，套利定价理论可以被认为是一种广义的资本资产定价模型，为投资者提供了一种替代性的方法，来理解市场中的风险与收益率间的均衡关系。套利定价理论与现代资产组合理论、资本资产定价模型、期权定价模型等一起构成了现代金融学的理论基础。

套利定价理论的基本机制是：在给定资产收益率计算公式的条件下，根据套利原理推导出资产的价格和均衡关系式。APT 作为描述资本资产价格形成机制的一种新方法，其基础是价格规律：在均衡市场上，两种性质相同的商品不能以不同的价格出售。套利定价理论是一种均衡模型，用来研究证券价格是如何决定的。它假设证券的收益是由一系列产业方面和市场方面的因素确定的。当两种证券的收益受到某种或某些因素的影响时，两种证券收益之间就存在相关性。

第五章　企业筹资管理

企业财务活动是以筹集企业必需的资金为前提的,企业的生存与发展离不开资金的筹措。

本章主要讲授企业筹资的原则、资金需求量的预测以及各种筹资方式及其特点,学习本章,要掌握企业资金需要量预测的各种方法,掌握各种筹资方式的概念、分类、程序和优缺点。

第一节　企业筹资概述

一、企业筹资的分类

企业筹资是指企业根据生产经营、对外投资及调整资金结构的需要,通过一定的渠道、采取适当的方式,获取所需资金的一种行为。筹集资金是企业资金运动的起点,是决定资金运动规模和生产经营发展程度的重要环节。筹资管理是企业财务管理的一项基本内容。

企业筹集的资金可按不同标准分类,主要有以下两种分类方式。

(一)　按资金使用时间的长短将企业筹集的资金分为短期资金和长期资金

短期资金是指供一年以内使用的资金。短期资金主要投资于现金、应收账款、存货等,一般在短期内可收回。短期资金常采用商业信用、银行短期借款等方式来筹集。

长期资金一般是指供一年以上使用的资金。长期资金主要投资于新产品的开发和推广、固定资产的投资和更新,一般需要几年甚至十几年才能收回,长期资金通常采用吸收投资、发行股票、发行债券、长期借款、融资租赁、留存收益等方式来筹集。

(二)　按企业承担风险和付出成本的高低将企业筹集的资金分为自有资金和借入资金

企业所筹集的资金,主要有所有者权益和负债两大类。所有者权益是企业所有者在企业资产中所享有的经济利益,其金额为资产减去负债后的余额。包括投资者投入企业的资本、非收益转化而形成的资本公积以及持续经营中形成的经营积累,包括资本公积、盈余公积和未分配利润。负债是企业过去的交易事项形成的现时义务,履行该义务预期会导致经济利益的流出。

企业通过发行股票、吸收直接投资、留存收益等方式筹集的资金都属于企业的所有者权益。所有者权益不用还本因而称之为企业的自有资金或权益资金。企业采用自有资金的方式筹集资金,财务风险小,但付出的资金成本相对较高。

企业通过发行债券、银行借款、融资租赁等方式筹集的资金属于企业的负债，到期要归还本金，因而又称之为企业的借入资金或负债资金。借入资金，因为要还本付息，所以一般承担较大的风险，但付出的资金成本较低。

二、企业筹资的动机

（一）扩张性筹资动机

扩张性筹资动机，是指企业因扩大生产经营规模或增加对外投资而产生的追加筹资动机。企业维持简单再生产所需要的资金是稳定的，通常不需要或很少追加投资。一旦企业扩大再生产、经营规模扩张、开展对外投资，就需要大量追加筹资。具有良好发展前景，处于成长期的企业，往往会产生扩张性的筹资动机。

（二）调整性筹资动机

调整性筹资动机，是指企业因调整现有资金结构的需要而产生的筹资动机。资金结构是指企业各种筹资方式的组合及其比例关系。企业产生调整性筹资动机的原因大致有二：一是优化资本结构，合理利用财务杠杆效应；二是偿还到期债务，债务结构内部调整。一如流动负债比例过大，使得企业近期偿还债务的压力较大，可以举借长期债务来偿还部分短期债务。又如一些债务即将到期，企业虽然有足够的偿债能力，但为了保持现有的资本结构，可以举借新债以偿还旧债。

（三）混合性筹资动机

混合性筹资动机，是指企业同时既为扩张规模又为调整资金结构而产生的筹资动机，兼容了扩张性筹资和调整性筹资两种筹资动机：在这种情况下，既扩大了资产和筹资的规模，又调整了资金结构。

三、企业筹资渠道与筹资方式

（一）筹资渠道

筹资渠道是指筹措资金来源的方向与通道，体现资金的来源与供应量。认识和了解各筹资渠道及其特点，有助于企业充分拓宽和正确利用筹资渠道。我国企业目前筹资渠道主要如下。

1. 国家财政资金

国家对企业的直接投资是国有企业最主要的资金来源渠道。我国现有的股份制企业大都是由原来的国有企业改制而成的。其股份总额中的国家股就是国家以各种方式向原国有企业投入的资本。对于某些关系国计民生的大型重点企业和骨干企业，国家可以采用参股、控股的方式向企业注入资金。因而国家财政资金仍是企业的一条重要筹资渠道。

2. 银行信贷资金

银行对企业的各种贷款，是我国目前各类企业最为重要的资金来源。我国的银行包括中央银行、商业银行和政策性银行。能向各类企业提供贷款的银行是商业银行。商业银行是以盈利为主要目标的信用机构,包括国有商业银行、股份制商业银行和合作银行。

政策性银行是国务院直属政策性金融机构,是以贯彻国家产业政策和区域性发展战略为基本职能的政府金融机构。其特点是不以盈利为目的。其资金投向是商业银行不愿承担的那些社会发展急需、社会效益好但经济效益不高的项目。

3. 非银行金融机构资金

非银行金融机构主要指信托投资公司、保险公司、租赁公司、证券公司、企业集团所属财务公司等。他们所提供的各种金融服务,既包括信贷资金投放,也包括物资的融通,还包括为企业承销证券等金融服务。

4. 其他法人资金

企业在生产经营过程中,往往有一部分暂时闲置或多余的资金,在本企业产品市场饱和的情况下,为了充分利用这些资金,他们愿意向其他企业进行投资,或直接投资,或购买其发行的股票、债券等,以便获得更多的投资收益。这相对于被投资企业来讲就构成了一种资金来源。另外,企业间的购销业务可以通过商业信用方式来完成,从而形成企业间债权债务关系,形成债务人对债权人的短期信用资金的占用。企业间的相互投资和商业信用的存在,使其他企业资金也成为企业资金的重要来源。

5. 民间资金

企业职工和居民个人结余货币作为"游离"于银行及非银行金融机构等之外的个人资金,可用于对企业进行投资,形成民间资金来源渠道。随着证券市场的发展,民间资金已成为股份制企业的一条广阔的筹资渠道。

6. 企业自留资金

它是指企业内部形成的资金,也称企业内部资金,主要包括计提折旧、提取公积金和未分配利润等。企业自留资金是企业生产经营资金的重要的补充来源。这些资金的重要特征之一是,无须企业通过一定的方式来筹集,而是直接由企业内部自动生成或转移。

7. 外商资金

外商资金是指外国投资者及我国香港、澳门、台湾地区投资者投入的资金,它是我国外商投资企业重要的资金来源渠道。

(二) 筹资方式

筹资方式是指企业筹集资金所采用的具体形式。如果说筹资渠道是客观存在的,那么筹资方式则属于企业主观能动行为。企业筹资管理的重要内容是如何针对客观存在的筹资渠道,选择合理的筹资方式进行筹资。

目前我国企业筹资方式主要有以下几种:①吸收直接投资;②发行普通股票;③银行借款;④发行优先股票;⑤发行债券;⑥融资租赁;⑦商业信用;⑧利用留存收益等。

（三）筹资渠道与筹资方式的对应关系

筹资渠道，即取得资金的来源，而筹资方式则指通过何种方式取得所需资金，它们之间存在一定的对应关系，一定的筹资方式可以适用于多种筹资渠道，同一种筹资渠道，也可以采用不同的筹资方式。它们之间的对应关系，可用表5-1表示。

表5-1　筹资方式与筹资渠道的对应关系

筹资渠道	吸收直接投资	发行股票	银行借款	发行债券	商业信用	融资租赁
国家财政资金	√	√				
银行信贷资金			√			
非银行金融机构资金	√		√	√		√
其他企业资金	√		√	√	√	√
居民个人资金	√	√		√		
企业自留资金	√					
外商资金	√	√				√

四、企业筹集资金的基本原则

企业筹集资金时要认真研究筹资的数量、何时筹资、通过什么渠道、采用何种方式、筹资的成本和使用条件等，以求最大限度地获取资金筹集的经济效益。在筹资时应把握以下原则。

（一）合理确定筹资规模，确保资金高效运行

企业筹资的目的在于保证生产经营机体的正常运行。资金不足固然会影响生产经营发展，而资金过剩也会影响资金的使用效果。因此，企业筹集资金应确定一个合理的资金需用量界限，即按企业最低必要资金需用量进行筹集，使资金的筹集量与需求量基本达到平衡，尽可能做到资金低耗、高效运行。

（二）重视资金时间价值，适时取得所需资金

同等数量的资金，在不同时点上具有不同的价值，企业财务人员在筹集资金时必须熟知资金时间价值的原理和计算方法，以便根据资金需求的具体情况安排资金的筹集时间，适时获取所需资金，以避免过早筹资导致时间闲置及资金滞后而错过投资机会。

（三）认真选择筹资渠道与方式，力求降低资金成本

资金成本是指企业为筹集资金和使用资金而付出的代价，企业筹集资金的渠道、方式多种多样，不同筹资渠道和方式的资金成本及风险程度各不相同。因此，在选择资金来源和决策筹资方式时，应根据资金需要量研究各种资金来源的构成，综合考虑各种筹资渠道的资金成本、风险程度等多方面因素，力求最优的筹资组合，降低综合资金成本。

（四）优化资金结构，适度进行负债经营

资金结构一般由权益资本和负债资金构成。通常情况下企业不会以权益资本作为唯

一的资金来源，举债经营以期获得在负债利息率低于投资利润率时的差额收益，是企业最乐于采用的筹资方式之一。但是，企业经营的收益大小与财务风险程度是并存的，负债越多、财务风险就越大，因此，企业在筹集资金时要正确运用负债经营策略，确定举债资金的合理比例，既要提高企业权益资本的收益水平，又要维护企业的财务信誉。

（五）遵守国家有关法规，维护国家金融秩序

企业资金是社会总资金的重要组成部分，企业的筹资活动将形成社会资金运动的重要一环，它直接影响金融资金在各部门之间的流量和流向，并涉及国家的金融秩序、建设规模和产业结构。为此，企业在筹资和投资活动中应接受国家的宏观指导与控制，遵守国家的有关法律、法规，使社会资源得到最优的配置。

五、企业资金需要量的预测

企业筹资之前，必须用特定的方法来预测其所需资金的数量，只有这样才能使筹集的资金既能保证满足生产经营的需要，又不会有太多的闲置，预测资金需要量的常用方法有销售百分比预测法和资金习性预测法。

（一）销售百分比预测法

销售百分比预测法是根据销售与资产负债表有关项目的比例关系，预测各项目短期资金需要量的方法。

【例5-1】网信公司2015年12月31日资产负债表如表5-2所示。

表5-2 网信公司简要资产负债表

2015年12月31日　　　　　　　　　　　　　　　单位：万元

资产	金额	负债及所有者权益	金额
现　金	5	短期借款	5
应收账款	35	应付票据	10
存　货	56	应付账款	20
长期投资	4	应付债券	50
固定资产净值	50	实收资本	60
		留存收益	5
合　计	150	合　计	150

网信公司2015年的销售收入200万元，现在还有剩余生产能力，即增加销售收入，不需进行固定资产方面的投资。假定税后销售利润率为10%，如果2010年的销售收入提高到240万元，那么要筹集多少资金呢？现将应用销售百分比预测法进行预测的程序说明如下。

首先，将资产负债表中预计随销售变动而变动的项目分离出来，因为较多的销售量

需要占用较多的存货,发生较多的应收账款,需要较多的现金。在负债与所有者权益一方,应付账款和应付票据也会随销量的增加而增加,但短期借款、应付债券、实收资本等不会自动增加。公司的盈余如果不全部分配出来,留存收益也会有适当增加,预计随销售增加而自动增加的项目列示在表5-3中。

表5-3　网信公司销售百分比预测法

资　产	销售百分比（%）	负债及所有者权益	销售百分比（%）
现　金	2.5	短期借款	2.5
应收账款	17.5	应付票据	5
存货	28	应付账款	10
长期投资	不变动	应付债券	不变动
固定资产净值	不变动	实收资本	不变动
		留存收益	不变动
合　计	48	合　计	17.5

在表5-3中,不变动是指该项目不随销售的变化而变化。表中的百分比都用表5-3中有关项目的数字除以销售收入求得,如存货:56÷200=28%。

其次,确定需要增加的资金。从表5-3中可以看出:销售收入每增加100元,必须增加48元的资金占用,但同时增加17.5元的资金来源。从48%的资金需求中减去17.5%自动产生的资金来源,还剩下30.5%的资金需求。因此,每增加100元销售收入,网信公司必须取得30.5元的资金来源。在本例中,销售收入从200万元,增加到240万元,增加了40万元,使用30.5%的比例可预测销售的增加将增加12.2万元的资金需求。

最后,确定对外界资金需求的数量。上述12.2万元的资金需求,有些可通过企业内部来筹集,2016年,销售利润24万元（240×10%）,如果公司利润分配给投资者的比例为70%,则将有30%的盈余即7.2万元被保留下来,从12.2万元中减去7.2万元的留存收益,则还有5万元的资金必须向外界来筹集。上述预测过程可用下列公式表示:

$$D = \frac{A}{S_1}(\Delta S) - \frac{B}{S_1}(\Delta S) - E \cdot P \cdot S_2$$

或

$$P = \frac{\Delta S}{S_1}(A - B) - E \cdot P \cdot S_2$$

式中:D——对外界的资金需求量;
　　　A——随销售变化的资产（变动资产）;
　　　B——随销售变化的负债（变动负债）;
　　　S_1——基期销售额;
　　　S_2——预测期销售额;
　　　ΔS——销售的变动额;
　　　P——销售净利润;

E——收益留存比率；

$\dfrac{A}{S_1}$——变动资产占基期销售额的百分比；

$\dfrac{B}{S_1}$——变动负债占基期销售额的百分比。

根据网信公司的资料可求得对外界资金的需求量为：

$$D = \dfrac{A}{S_1}(\triangle S) - \dfrac{B}{S_1}(\triangle S) - E \cdot P \cdot S_2$$
$$= 48\% \times 40 - 17.5\% \times 40 - 240 \times 10\% \times 30\%$$
$$= 5（万元）$$

或 $P = \dfrac{\triangle S}{S_1}(A-B) - E \cdot P \cdot S_2$
$$= 40\%（48-17.5）- 240 \times 10\% \times 30\%$$
$$= 5（万元）$$

（二）资金习性预测法

资金习性预测法是指资金的变动同产销量变动之间的数量依存关系。按资金习性可将资金区分为不变资金、变动资金和半变动资金。

不变资金是指在一定产销量范围内总额不受产销量变动的影响而保持固定不变的那部分资金，如维持营业而占用的最低数额的现金、原材料的保险储备、必要的成品储备、厂房、机器设备等固定资产占用的资金。

变动资金是指总额随产销的变动而同比例变动的那部分资金。它一般包括构成产品实体的原材料、外购零部件等占用的资金。另外，在最低储备以外的现金、应收账款等也具有变动资金的性质。

半变动资金是指总额虽然受产销量变化的影响，但不成同比例变动的资金，如一些辅助材料上占用的资金。半变动资金可采用一定的方法划分为不变资金和变动资金两部分。

把企业的总资金划分为不变资金和变动资金，再按照回归的方法建立相关的模型。在财务管理中，最常用的回归模型是线性回归模型：

$$y = a + bx$$

式中：y——筹资规模或需要量；

a——不变资金；

b——单位销售量所需要变动资金；

x——销售量。

根据数理统计的回归分析法，可直接利用相应公式，以计算回归系数 a、b，从而确定出观察的历史资料的资金习性模型。其具体计算步骤如下：

（1）根据历史资料列表计算出变量数 n、$\sum x$、$\sum y$、$\sum xy$、$\sum x^2$ 等数据的值。

（2）根据下列公式计算回归系数 a 和 b 的值。

$$b=\frac{n\sum xy-\sum x\cdot\sum y}{n\sum x^2-(\sum x)^2}$$

$$a=\frac{\sum y}{n}-b\frac{\sum x}{n}$$

(3) 将求得的 a 与 b 的数值代入下式，得到该项资金的习性模型：$y=a+bx$。

【例 5-2】某企业 2011—2015 年销售量和资金需要量的历史资料如表 5-4。假定 2016 销售量为 75 万件，试确定 2010 年的资金需求量。

表 5-4 某企业 2011—2015 年销售量与资金需求量

年 度	销售量 x（万件）	资金需要量 y（万元）	xy	x^2
2005	60	500	30 000	3 600
2006	56	580	32 4800	3 136
2007	52	450	23 400	2 704
2008	65	520	33 800	4 225
2009	70	550	38 500	4 900
合计 n=5	$\sum x=303$	$\sum y=2\ 600$	$\sum xy=158\ 180$	$\sum x^2=18\ 565$

根据表 5-4 有关资料，代入公式：

$$b=\frac{\sum xy-\sum x\cdot\sum y}{n\sum x^2-(\sum x)^2}$$

$$=\frac{5\times158\ 180-303\times2\ 600}{5\times18\ 565-303^2}$$

$$=3.051；$$

$$a=\frac{\sum y-b\sum x}{n}$$

$$=\frac{2600-3.05\times303}{5}$$

$$=335.2。$$

将 $a=335.2$、$b=3.051$ 代入 $y=a+bx$ 求得：

$$y=335.2+3.051x。$$

将 2016 年预计销售量 75 万件代入上式，得 2016 年资金需要量：

$$y=335.2+3.051\times75$$

$$=564.025（万元）。$$

（三）高低点法

高低点法，是指以一定期间的最高销售量（高点）的资金需求量与最低销售量（低点）的资金需求量之差，除以最高销售量与最低销售量之差，先计算出单位产销量所需变动资金，然后再分解出资金总需求量中变动部分和不变资金部分各占多少。其数学模型为：
$$y = a + bx$$
式中，y 为资金需求量；x 为产销量；a 为不变部分；b 为产销量所需的变动资金。

在实际运用中，需要利用历史资料先确定 a，b 值，然后在已知预测销售量的基础上，计算出其资金需求量。

【例 5-3】正泰公司 2011-2015 年的销售量和资金需求量的历史数据如表 5-5 所示，假定 2016 年的销售量为 35 000 万件，试确定 2016 年的资金需求量。

表 5-5　正泰公司销售量与资金需求量相关数据

年度	销售量 x（万件）	资金需求量 y（万元）
2005	20 000	1 100
2006	24 000	1 300
2007	26 000	1 400
2008	28 000	1 500
2009	30 000	1 600

用高低点法先求 a，b 的值

$$b = \frac{\text{最高收入期的资金需求量} - \text{最低收入期的资金需求量}}{\text{最高销售量} - \text{最低销售量}}$$

$$= \frac{1\,600 - 1\,100}{30\,000 - 20\,000} = 0.05 \text{（元/件）}$$

$$a = y - bx = 1\,600 - 30\,000 \times 0.05 = 100 \text{（万元）}$$

最终得：$y = a + bx = 100 + 0.05x$

2016 年销售量为 35 000 万件时的资金需求量为：

$$y = 100 + 0.05x = 100 + 0.05 \times 35\,000 = 1\,850 \text{（万元）}$$

从以上分析可以看出，资金习性预测法考虑了资金需求量与产销量之间的变动关系，是一种比较简单而又准确的预测方法。

第二节　权益资金的筹集

权益资金的筹集方式主要有吸收直接投资、发行股票、发行优先股和留存收益等。

一、吸收直接投资

吸收直接投资是指企业按照"共同投资、共同经营、共担风险、共享利润"的原则直接吸收国家、法人、个人投入资金的一种筹资方式。它不以股票为媒介，适用于非股份制企业。

(一) 吸收直接投资中的出资方式

吸收直接投资可以采用多种形式,从出资者的出资形式看,主要有4种类型。

1. 吸收现金投资

吸收现金投资是企业吸收直接投资最为主要的形式之一。因为现金比其他出资方式所筹资本在使用上有更大的灵活性,它既可以购置资产,也可用于费用支付。

2. 吸收实物投资

吸收以厂房、建筑物、设备等固定资产和原材料、产品等流动资产的投资,均属吸收实物投资。一般来说,企业吸收的实物投资应符合如下条件:①确为企业科研生产经营所需;②技术性能较好;③作价公平合理。

3. 吸收工业产权投资

指企业吸收以专有技术、商标权、专利权等无形资产所进行的投资。企业吸收的工业产权应符合以下条件:①能帮助研究和开发新的高科技产品;②能帮助生产出适销对路的高科技产品;③能帮助改进产品质量,提高生产效率;④能帮助大幅度降低各种消耗;⑤作价比较合理。

4. 吸收土地使用权投资

土地使用权是按有关法规和合同的规定使用土地的权利。企业吸收土地使用权投资应符合以下条件:①企业科研、生产、销售活动所需要的;②交通、地理条件比较适宜;③作价公平合理。

(二) 吸收直接投资的管理

1. 确定筹资数量

吸收直接投资一般是在企业开办时所使用的一种筹资方式。在大多数情况下能直接形成生产经营能力,因此,企业在创建时必须注意其资本筹集规模与投资规模的关系,要求从总量上协调两者关系,以避免因吸收直接投资规模过大而造成资金闲置,或者因规模不足而影响生产经营效益。

2. 正确选择出资形式,以保持合理的出资结构与资产结构

由于吸收直接投资形式下各种不同出资方式形成的资产周转能力与变现能力不同,对企业正常生产经营能力的影响也不同,因而对不同的出资方式下的资产,应在吸收投资时确定较合理的资产结构关系。

3. 明确投资过程中的产权关系

对于企业与投资者的产权关系,应以各投资者所投资产办理产权手续为前提。只有在产权转移完成的前提下,投资者所拥有企业的产权才能真正与企业法人财产权相分离,对于各投资者的产权关系,应将出资比例以合同、协议的方式来确定。

（三）吸收直接投资的程序

1. 确定筹资数量

企业在新建或扩大经营时，要先确定资金的需要量。资金的需要量要根据企业的生产经营规模和供销条件等来核定，筹资数量与资金需要量应当适应。

2. 选择投资单位

企业既要广泛了解有关投资者的资信、财力和投资意向，又要通过信息交流和宣传，使出资方了解企业的经营能力、财务状况以及未来预期，以便于公司寻找合适的合作伙伴。

3. 协商、签署投资协议

找到合适的投资伙伴后，双方进行具体协商，确定出资数额和出资方式及出资时间。

4. 取得筹集的资金

签署协议以后，企业应按规定或计划取得资金。如果采取现金投资方式，通常还需要编制计划，确定拨款期限、每期数额及划拨方式，有时投资者还要规定拨款的用途等。

（四）吸收直接投资的优缺点

1. 吸收直接投资的优点

（1）有利于提高企业对外负债能力。吸收直接投资所筹集的资金属于自有资金，自有资金与债务资金相比，它能增强企业的信誉和借款能力。吸收的直接投资越多，举债能力就越强。

（2）有利于尽快形成企业生产经营能力。吸收直接投资可以直接获取投资者的先进设备和先进技术，有利于尽快形成企业生产经营能力，尽快开拓市场。

（3）有利于降低财务风险。吸收直接投资所筹资金属自有资金，不需支付利息和偿还本金，不存在偿债风险。可根据企业经营状况好坏，向投资者支付较多或较少的报酬，比较灵活，所以财务风险较小。

2. 吸收直接投资的缺点

（1）资金成本较高。投资者的投资目的主要是为了获利，作为被投资企业来讲，应支付较高的投资报酬。特别是企业经营状况较好和盈利较强时，更是如此，因为向投资者支付的报酬是根据其出资的数额和企业实现利润的多少来计算的。

（2）企业控制权容易分散。因为投资者的投资目的不尽相同，有的是为了单纯获利，而有的则是为了取得被投资企业的控制权，当投资者的投资数额达到一定比例时就会获得相应的控制权和管理权，从而会威胁到原投资者的权限。

二、发行普通股

股票是股份公司为筹集自有资金而发行的有价证券，是投资人投资入股以及取得股利的凭证，它代表了股东对股份制公司的所有权。

(一) 股票的分类

根据不同标准，可以对股票进行以下分类。

1. 按股东权利和义务将股票分为普通股和优先股

(1) 普通股票（简称普通股）是股份公司依法发行的具有管理权的股利不固定的股票。普通股具备股票的一般特征，是股份公司资金结构中最基本的部分。

(2) 优先股票（简称优先股）是股份公司依法发行的具有一定优先权的股票。从法律上来讲，企业的优先股不承担法定的还本义务，是企业自有资金的一部分。

2. 按股票票面上有无记名，将股票分为记名股票和无记名股票

(1) 记名股票是在股票上载有股东姓名并将其记入公司股东名册的一种股票。记名股票要同时附有股权手册，只有同时具备股票和股权手册，才能领取股息和红利。记名股票的转让、继承都要办理过户手续。

(2) 无记名股票是指在股票上不记载股东姓名的股票。该股票的转让、继承无需办理过户手续，只要将股票交给受让人，就可发生转让效力、移交股权。

3. 按股票票面上有无金额，将股票分为面值股票和无面值股票

(1) 面值股票是指在股票的票面上记载每股金额的股票。股票面值的主要功能是确定每股股票在公司所占有的份额。

(2) 无面值股票是指票面不记载每股金额的股票。无面值股票仅表示每一股在公司全部股票中所占的比例，其价值随公司财产价值的增减而增减。

4. 按持股主体，将股票分为国家股、法人股、个人股、外资股

(1) 国家股为有权代表国家投资的政府部门或机构以国有资产投入股份公司所购买的股票，这部分股金形成国家资本金。

(2) 法人股是法人单位以其依法可支配的资产投入公司所购买的股票，这部分股金形成法人资本金。

(3) 个人股是社会个人或本公司内部职工以个人合法财产投入公司所购买的股票，这部分股金形成个人资本金。

(4) 外资股是指外国投资者及我国香港、澳门和台湾地区投资者以合法财产投入公司所购买的股票，这部分股金形成外商资本金。

5. 按发行对象和上市地区，可分为A股、B股、H股、N股和S股等

A股是以人民币标明票面金额并以人民币认购和交易的股票。

B股是以人民币标明票面金额并以外币认购和交易的股票。

H股是中国香港上市的股票。

N股是在纽约上市的股票。

S股是在新加坡上市的股票。

6. 按发行时间的先后，分为始发股和新发股。

始发股是公司设立时发行的股票，新发股是增资时发行的股票。

（二）普通股股东的权利

有关的法律、法规和股份公司章程赋予普通股股东的权利如下。

1. 股票表决权

普通股股东可出席或委托代理人出席股东大会，在选举董事会成员和公司其他重大事项的表决中进行投票。这是普通股股东参与公司管理的基本形式。

2. 股票出售或转让权

普通股股东可在法律、法规和公司章程所规定的条件下转让所拥有的股份。一般而言，普通股股本一经形成，不能随意抽回，但当普通股股东对所获得的收益不满或需要现金时，可在证券市场上出售或转让其股票。

3. 优先认股权

股份公司在发行新股时，都会给普通股东以优先认购的权利。这种优先认购权使现有股东在一定时间内以低于市价的价格购买新股票。优先认股权能使现有股东保持其在股份公司股本中的份额，以保证普通股股东在公司发行新股时，公司的控制权不发生改变。

4. 分享盈余权

分享盈余也是普通股股东的一项基本权利。盈余的分配方案由股东大会决定，每一个会计年度由董事会根据企业的盈利数额和财务状况来决定分发股利的多少并经股东大会投票表决。

5. 剩余财产的要求权

当公司解散、清算时，普通股股东对剩余财产有要求权。

6. 对公司账目及公司事务的查询权以及对管理当局越权行为的阻止权

普通股股东在每个会计年度终了均可委托注册会计师对公司账目进行审查，通过注册会计师出具的审计报告了解公司的财务状况、经营业绩。当管理当局在经营活动中有超过职权范围的行为发生时，普通股股东有权阻止越权行为的发生。

（三）普通股发行条件

发行股票是股份公司一种很有效的筹资方式，但并非所有的公司都可以通过发行股票筹资。公司发行股票需遵循有关的法律法规，并接受证券监督管理委员会的管理和监督。

（1）根据1993年国务院颁布的《股票发行与交易管理暂行条例》规定，我国股份公司发行股票，应符合下列条件。

①生产经营符合产业政策。②其发行的普通股限于一种，同股同权，同股同利。③发起人认购的股本数额不少于公司拟发行股本总额的35%。④在公司拟发行的股本中，发起人认购部分不少于人民币3 000万元，但国家另有规定的除外。⑤向社会公众发行部分不少于公司拟发行股本总额的25%，其中公司职工认购的股本数额不得超过拟向社会公众发行的股本总额的10%。公司拟发行股本总额超过人民币4亿元的，向社会

公众发行部分的比例可适当降低,但最低不少于公司股本总额的15%。⑥发起人在近三年内没有重大违法行为。⑦证监委规定的其他条件。

(2)原有公司改组成立股份有限公司,申请公开发行股票,除应当符合上述条件外,还应符合下列条件。

①发行前一年末,公司净资产在总资产中所占比例不低于30%,无形资产在净资产中所占比例不高于20%;证监委另有规定的除外。②公司近三年连续盈利。

(3)股份有限公司增资公开发行股票,除应符合上述条件外,还应符合下列条件。

①前一次发行的股份已募足,并间隔一年以上。②公司最近三年内连续盈利,并向股东支付股利。③公司最近三年内财务会计文件无虚假记载。④公司预期利润率可达同期银行存款利率。

(四)股票发行的基本程序

股票发行有着严格的法律程序,任何未经法定程序发行的股票都不发生效力。公开发行股票的基本程序如下。

(1)公司做出新股发行决策。公司应根据企业生产经营情况,在对股票筹资可行性分析的基础上,提出发行新股的计划,提交董事会讨论表决,董事会应根据资本授权制度和新股发行计划做出发行新股的决议。决议的内容通常有:新股的种类;新股发行数量;新股发行目的;新股发行价格;认购新股的申请期限;股款交纳日期等。

(2)公司做好发行新股的准备工作。准备和起草申报工作所需的各种材料和文件,包括:申请报告;招股说明书;公司章程;股东大会或董事会决议等。另外,还要委托会计师事务所对最近三年的财务报表进行审核和公证;委托一家资产评估机构评估公司的资产价值。

(3)提出发行股票的申请。企业在聘请会计师事务所、资产评估机构、律师事务所等专业机构,对其资信、资产、财力状况进行审定、评估和就有关事项出具法律意见后,按照隶属关系,分别向省、自治区、直辖市,计划单列市人民政府或者中央企业主管部门提出公开发行股票的申请。申请时应申报以下文件:①申报报告。②发起人会议或股东大会同意公开发行股票的决议。③批准设立股份有限公司的文件。④工商管理部门颁发的股份有限公司营业执照或者股份有限公司筹建登记证明。⑤公司章程或公司章程草案。⑥招股说明书。⑦资金运行的可行性报告。⑧经会计师事务所审计的公司近三年财务报告和由两名以上注册会计师及其所在事务所签字、盖章的审计报告。⑨经两名以上律师及其所在事务所就有关事项签字、盖章的法律意见书。⑩经两名以上专业评估人员及其所在机构签字、盖章的资产评估报告;经两名以上注册会计师及其所在事务所签字、盖章的验资报告;涉及国有资产的,还应当提供国有资产管理部门出具的确认文件。⑪股票发行承销方案和承销协议。⑫地方政府或中央企业主管部门要求报送的其他文献。

(4)有关机构的审核。地方政府、中央企业主管部门应当自收到发行申请之日起30个工作日内做出审批决定,并报抄中国证券管理监督委员会。被批准的发行申请,送证监会复审。证监会应当自收到复审申请之日起20个工作日内出具复审意见书,并将复审意见书抄报中国证券管理监督委员会。经中国证券管理监督委员会复审同意的，申请人应当向证券交易所上市委员会提出申请，经上市委员会同意接受上市，方可发行股票。

（5）签署承销协议。公开发行的股票应由投资银行、证券公司等证券经营机构承销。发行人应当与证券经营机构签署承销协议。承销协议应当载明下列事项：①当事人的名称、住所及法定代表人的姓名。②承销方式。有包销和代销两种方式。包销是指证券经营机构以低于发行的价格买入证券，同时也承担无法卖出股票的风险。代销是指证券经营机构不需要买入证券，它仅仅只是作为一个代理商，它从所售出的证券中收取佣金。③承销的种类、数量、金额及发行的价格。④承销期及起止日期。承销期不得少于10日和超过30日。⑤承销付款的日期及方式。⑥承销费的计算、支付方式和日期。⑦违约责任。⑧其他需要约定的事项。

（6）公告招股说明书。在获准公开发行股票后，发行人应在规定期限内向社会公告招股说明书。招股说明书应附有发起人制定的公司章程，并载明发起人认购的股份书，每股的票面金额和发行价格，无记名股票的发行总数、认股人的权利和义务，本次募股的起至期限及逾期未募足认股人可撤回所认股份的说明等事项。招股说明书有效期为6个月，自招股说明书签署完毕之日起计算，招股说明书失效后，股票发行必须立即停止。

（7）按规定程序招认股份。发起人或承销机构通常以广告或书面通知的方式招募股份。认购人认购时需要填写认股书。认购人填写了认股书，便承担按认股书的约定缴纳股款的义务，其认购顺序为：原有股东优先认购股票，公司有关人员认购股票，最后是公众认购。

（8）认股人缴纳股款。认购人缴纳股款时，一律按股票发行价一次缴足。代收机构收款后，应向缴款人交付经由发行公司签名盖章的股款交纳凭证。

（9）向认股人交割股票。当发行公司收到股款后，要在规定的期限内向认股人交付所售出的股票。

（10）改组董事会、监事会；办理变更登记并向社会公告。

（五）普通股发行价格

股票的发行价格是指股份公司发行股票时，将股票出售给投资者所采用的价格，也是投资者认购股票时所支付的价格。股票发行价格通常根据股票市场价格水平和公司预期收益状况等因素确定。以募集式设立方式设立公司首次发行的股票价格，由发起人决定；公司增资发行新股的股票价格，由股东大会决定。按国际惯例，股票发行价格可采用以下3种方式。

（1）等价发行，也称平价发行，是指公司以股票面值作为发行价格，发行其股票，此方式可以保证公司及时募足全部资本，但使公司失去了获得溢价收入的机会。等价发行适用于设立公司发行新股或股份公司向原始股东配股。

（2）时价发行，也称市价发行，即公司以已发行流通在外的原股票市价为基准，来确定新发行股票的价格。股票在第二次发行时已经增值，收益率也发生了变化。选用时价发行股票，考虑了股票的现行市场价格，对投资者也有较大的吸引力。时价发行适用于公开发售股票时使用。它是最为流行的一种股票发行方式。

（3）中间价发行，即以原股票面值和市场价格的中间值作为新股的发行价格。中间价发行适用于向股东配股发行股票时采用。

按时价或中间价发行股票，股票发行价格会高于或低于其面值额。前者称溢价发行，后者称为折价发行。如溢价发行公司可获得溢价收益。我国《公司法》规定，股票发行价格可以等于票面金额，也可以超过票面金额，但不得低于票面金额。

（六）普通股筹资的优缺点

1. 普通股筹资的优点

（1）普通股没有到期日，是公司的一种永久性资金，不必考虑偿还本金。

（2）普通股没有固定的股利负担。公司发行股票后，每年分配给股东股利的多少，取决于公司当年的盈利水平和公司所采取的股利分配政策。而不像债券筹资，无论有无盈利都要支付固定的利息，这就减轻了公司的支付负担。

（3）利用普通股筹资的风险小。由于普通股没有到期日，不用支付固定的利息，这种筹资实际上不存在不能偿付的风险，因此风险最小。

（4）能增加公司的信誉。发行普通股筹集的资本是公司最基本的资金来源，它反映了公司的实力，可以作为其他方式筹资的基础，尤其可为债权人提供保障，增强了公司的举债能力。

（5）普通股筹资的限制较少。利用优先股或债券筹资，通常有许多限制，这些限制往往影响公司经营的灵活性，而利用普通股筹资则没有这种限制。

2. 普通股筹资的缺点

（1）资金成本较高。在众多的筹资方式中，通常普通股筹集方式的资金成本最高，这主要是股利要从净利润中支付，另外，普通股筹资要支付一定数额的咨询、评估、宣传、代理发行等费用。

（2）容易分散控制权。利用普通股筹资，出售了新的股票，引进了新的股东，容易导致控制权的分散。

（3）发行普通股筹资，加大了公司被收购的风险。

三、发行优先股

（一）优先股的特征

优先股是一种复杂的证券，它虽属于自有资金，但具有债券的性质。其特征表现如下。

1. 优先股较普通股而言，具有一定的优先权

优先股股利分配先于普通股股利分配；优先股股东对公司剩余财产的求偿权虽在债权人之后，但先于普通股股东，其求偿额为优先股的票面价值加累计未支付的股利。

2. 优先股股利率是固定的

优先股的股息在发行股票之前就已确定下来，这与债券利息率的确定相同。但债券利息必须无条件支付，而优先股股息的支付具有很大的灵活性。当公司无利润或利润不足时，可不支付，以后也不一定补偿。这与债券有着根本性的区别。

(二) 优先股的种类

优先股按发行条款和股利分配条款的不同，可进行以下分类。

1. 按欠发的股利可否累积将其分为累积优先股与非累积优先股

累积优先股是指欠发的股利可以累积到以后年度一起发放的优先股，积欠的股利一般不加利息。

非累积优先股是指欠发的股利不再补发的优先股。显然，非累积优先股无法保障投资人应得的利益，所以投资者并不看好这种股票，其发行量很小，一般只在公司改组的情况下才发行。

2. 按可否参与剩余利润分配将其分为参与优先股与非参与优先股

参与优先股指公司在按规定的股利率支付完优先股股利和发放完预计的普通股股利后，尚有剩余的可供分配的利润时，能与普通股一起参与剩余利润分配的优先股。根据参与程度的不同又分为全部参与、部分参与。全部参与优先股是指能与普通股共同等额分配剩余利润的优先股，部分参与优先股是指能在规定额度内与普通股一起参与剩余利润分配，规定额度以外的部分则无权享有分配权。

非参与优先股是指只能分得规定的股利，而不能与普通股一起参与分配剩余利润的优先股。

3. 按可否转换为普通股将其分为可转换优先股和不可转换优先股

可转换优先股是指有权根据优先股发行的规定，在将来一定时期内转换为普通股的股票。即如果公司经营情况较好，普通股价格上升，优先股股东便可行使这一权利将其股票转为普通股，从中获利；如果普通股价格下跌，则可转换优先股的股东便不行使这一权利，继续享受优先股的原有优惠。所以说，可转换优先股可以使其股东在公司不稳定时受到保护，在公司盈利时分享成功的果实，处于较有利地位。

不可转换优先股则指不具备这种转换权利的优先股。可见，不可转换优先股不能使持股人获取固定股利之外的收益，因而其发行价格通常低于可转换优先股。

4. 按可否赎回将其分为可赎回优先股和不可赎回优先股

可赎回优先股是指在优先股发行条款中规定发行公司可在股票发行后的某一时期内按发行价格和规定的方式予以赎回的优先股。优先股的可赎回条款给了发行公司一定的筹资灵活性。当公司有意调整资本结构或降低资本成本时，即可赎回优先股以达到目的。

不可赎回优先股是指发行后不能收回的优先股股票。

5. 按是否有表决权将其分为有表决权优先股和无表决权优先股

有表决权优先股是指股东有参与公司经营管理，能够参加股东大会并选举董事的优先股。具有表决权的优先股的表决权通常是在发行时就规定的，具体又分为永久性表决权优先股和临时表决权优先股，以及特别表决权优先股。永久表决权优先股股东与普通股股东一样，能永久参加股东大会，选举董事人选。临时表决权优先股的股东只在特定情况下，如公司连续三年未支付优先股股息时，才有一股一票的表决权。特别表决权优先股的股东只有在个别事件上才有一定的表决权。

无表决权优先股指不参与公司经营管理，也不拥有表决权的优先股。

四、优先股筹资的优缺点

（一）优先股筹资的优点

（1）优先股没有固定的到期日，不用偿还本金。但大多数优先股又附有收回条款，这就使得使用这种资金更有弹性。当财务状况较弱时发行，而财务状况较强时收回，有利于结合资金需求，同时也能控制公司的资本结构。

（2）股利的支付既固定，又有一定弹性。一般而言，优先股都采用固定股利，但固定股利的支付并不构成公司的法定义务。如果财务状况不佳，则可暂时不支付优先股股利。

（3）从法律上讲，优先股属于自有资金，因而优先股扩大了权益基础，可增加公司的信誉，增强公司偿付债务的能力，吸引更多的借入资金。

（4）优先股的发行，不会改变普通股股东对公司的控制权。通常优先股股东不能参与公司经营管理，这就保证了普通股股东对公司的控制权。

（二）优先股筹资的缺点

（1）优先股筹资的成本较高。优先股的股利要从税后利润中支付，不同于债务利息可在税前扣除，且优先股筹资风险较大，公司发行优先股筹资，需承担较高的股利支付额。

（2）发行优先股有时会影响普通股的利益。由于优先股先于普通股分配利润，在公司盈利额不多时，为保证优先股的固定利率，普通股股东可能无股利。在清偿公司剩余财产时，也可能会发生上述情况。

（3）优先股筹资的限制较多。发行优先股，通常有许多限制条款，例如，对普通股利支付上的限制，对公司借债的限制等。

五、股票上市对公司的影响

经批准在交易所上市交易的股票称为上市股票。我国《公司法》规定，股东转让其股份，即股票流通必须在依法设立的证券交易所进行。

股票上市对公司的有利影响主要体现以下几个方面。

（1）改善财务状况，增强融资能力。

（2）评估公司价值。

（3）提高企业知名度，扩大企业市场占有份额。

（4）防止股份过于集中，同时还可以利用股票收购其他公司。

(5) 利用股票股权和期权可有效激励员工,尤其是企业关键人员。

股票上市对公司的不利影响主要体现在以下两个方面。

(1) 容易泄露商业机密,使公司失去隐私权。

(2) 公司上市需要很高的费用。

第三节 负债资金的筹集

企业负债资金的筹集主要有银行借款、发行债券、融资租赁、商业信用等方式。

一、银行借款

银行借款是指企业根据借款合同从有关银行或非银行金融机构借入的需要还本付息的款项。

(一) 银行借款的分类

银行借款的种类很多,按不同标准可进行不同的分类。

1. 按借款期限将其分为短期借款、中期借款和长期借款

(1) 短期借款。短期借款是指借款期限在1年以内(含1年)的借款,主要解决企业流动资金的需求。

(2) 中期借款。中期借款是指借款期限在1年以上(不含1年)5年以下(含5年)的借款,主要解决企业流动资产占用的资金和部分固定资产占用的资金需求。

(3) 长期借款。长期借款是指借款期限在5年以上(不含5年)的借款,主要解决长期投资中固定资产的资金需求。

2. 按借款是否需要担保,将其分为信用借款、担保借款和票据贴现

(1) 信用借款。信用借款又称无担保借款,是指没有保证人做保证或没有财产做抵押,仅凭借款人的信用而取得的借款。信用借款风险较担保借款风险要大,因此,利率通常较高,往往还要附加一些限制条件。

(2) 担保借款。担保借款又称抵押借款。担保借款是指以一定的财产做抵押或以一定的保证人做担保为条件所取得的借款。

(3) 票据贴现。票据贴现是商业票据的持有人把未到期的商业票据转让给银行,贴付一定利息以取得银行资金的一种借贷行为。采用票据贴现形式,企业一方面给购买单位以临时资金融通,另一方面在本身需要资金时又可及时取得资金。这有利于企业把业务搞活,把资金用活。

3. 按提供贷款的机构将其分为政策性银行贷款、商业银行贷款和其他金融机构贷款

(1) 政策性银行贷款。政策性银行贷款是指执行国家政策性贷款业务的银行提供的贷款,通常利率较低,期限较长。

(2) 商业银行贷款。商业银行贷款是各家商业银行为企业提供的贷款,其利率根据市场情况而定,期限由企业和银行协商而定。

（3）其他金融机构贷款。其他金融机构贷款是指由信托投资公司、财务公司、保险公司等金融机构提供的贷款。一般期限较长、贷款利率较高。

（二）银行借款的程序

企业利用银行借款筹集资金，必须按规定的程序办理。根据我国贷款通则，银行贷款的程序大致分为以下几个步骤。

（1）企业提出借款申请。企业需要借款，应当向主办银行或其他银行的经办机构提出申请。企业要填写借款用途、借款金额、偿还能力以及还款方式等为主要内容的《借款申请书》，并提供以下资料：①借款人及保证人的基本情况；②财政部门或会计师事务所核准的上年度财务报告；③原有的不合理借款的纠正情况；④抵押物清单及同意抵押的证明，保证人拟同意保证的有关证明文件；⑤项目建议书和可行性报告；⑥贷款银行认为需要提交的其他资料。

（2）银行审查借款申请书。银行接到企业的申请后，要对借款人的信用等级进行评估，对借款人的信用及借款的合法性、安全性和盈利性进行调查，核实抵押物、保证人情况。

（3）贷款审批。贷款银行一般都建立了审贷分离、分级审批的贷款管理制度。审查人员要对调查人员提供的资料进行核实、评定，预测贷款风险，提出意见并按规定权限报批，决定是否提供贷款。

（4）签订借款合同。为了维护借款双方的权益，企业向银行借入资金时，双方要签订借款合同，借款合同主要包括以下4个方面内容。

①基本条款。这是借款合同的基本内容，主要强调双方的权利和义务，具体包括借款数额、借款方式、款项发放时间、还款期限、还款方式、利息支付方式、利息率等。②保证条款。这是保证款项能顺利归还的一系列条款。包括借款按规定的用途使用、有关的物资保证、抵押财产、担保人及其责任等内容。担保条款应当由担保人与贷款银行签订担保合同，或担保人在借款合同上载明与贷款人协商一致的保证条款，加盖保证人的法人公章，并由担保人的法定代表人或其授权的代理人签名盖章。抵押贷款、质押贷款应由抵押人、出质人与贷款人签订抵押合同、质押合同，需要办理登记的，应依法办理登记。③违约条款。这是对双方若有违约现象时应如何处理的条款。主要载明对企业逾期不还或挪用贷款等如何处理和银行不按期发放贷款的处理等内容。④其他附属条款。这是与借贷双方有关的其他条款，如双方经办人、合同生效日期等条款。

（5）企业取得借款。双方签订借款合同后，贷款银行要按合同的规定按期发放贷款，企业便可取得相应的资金。

（6）借款的归还。企业应按借款合同的规定按时足额归还借款本息。一般而言，贷款银行会在短期贷款到期1个星期之前，中长期贷款到期1个月之前，向借款的企业发送还本付息通知单。企业在接到还本付息通知后，要及时筹备资金，按期还本付息。

（三）银行借款的信用条件

按照国际通行做法，银行发放贷款时，往往带有一些信用，主要如下。

1. 信贷额度

信贷额度是银行对借款人规定的无担保贷款的最高额,信贷限额的有效期限通常为1年。一般来说,企业在批准的限额内,可随时使用银行借款。但是,银行并不承担必须提供全部信贷限额的义务。如果企业信誉恶化,即使银行曾同意按信贷限额提供贷款,也可能得不到借款。这时银行不承担法律责任。

2. 周转信贷协定

周转信贷协定是银行具有法律义务地承诺提供不超过某一最高限额的贷款协定。在协定的有效期内,只要企业的借款总额未超过最高额,银行必须满足企业任何时候提出的借款要求。企业享有周转信贷协定,通常要对贷款限额的未使用部分付给银行一笔承诺费。

【例5-4】某周转信贷额为1 200万元,承诺费率为0.5%,借款企业年度内使用了800万元,余额为400万元。那么,借款企业应向银行支付承诺费2万元(400万元×0.5%)。

3. 补偿性余额

补偿性余额是银行要求借款企业在银行中保持按贷款限额或实际借用额一定百分比(通常为10%~20%)计算的最低存款金额。从银行的角度讲,补偿性余额可降低贷款风险,补偿遭受的贷款损失。对于借款企业来讲,补偿性余额则提高了借款的实际利率。

【例5-5】某企业按年利率6%向银行借款500万元,银行要求维持贷款限额20%的补偿性余额,那么企业实际可用的借款只有400万元,该项借款的实际利率为:

$$\text{补偿性余额贷款实际利率}(\%) = \frac{\text{名义利率}}{1-\text{补偿性余额比率}} \times 100$$

$$= \frac{6\%}{1-20\%} \times 100$$

$$= 7.5$$

4. 借款抵押

银行向财务风险较大的企业或对其信誉不甚有把握的企业发放贷款,有时需要抵押品担保,以减少自己蒙受损失的风险。短期借款的抵押品经常是借款企业的应收账款、存货、股票、债券等。银行接受抵押品后,将根据抵押品的面值决定贷款余额,一般为抵押品面值的30%~50%。这一比例的高低,取决于抵押品的变现能力和银行的风险偏好。抵押借款的资金成本通常高于非抵押借款,这是因为银行主要向信誉好的客户提供非抵押贷款,而将抵押贷款视为一种风险贷款,因而收取较高的利息;同时银行管理抵押贷款要比管理非抵押贷款困难,为此往往另外收取手续费。企业取得抵押借款还会限制其抵押财产的使用和将来的借款能力。

5. 偿还条件

贷款的偿还有到期一次偿还和在贷款期内定期等额偿还两种方式。一般来说,企业不希望采用定期等额偿还方式,因为这会提高贷款的实际利率。在分期等额偿还贷款中,银行和其贷款人通常按加息分摊法计算利息。即银行将根据名义利率计算的利息加到贷款本金上,计算出贷款的本利和要求借款人在贷款期内分期等额偿还本息之和的金额。

【例5-6】某公司向银行借入100 000元,年利率为8%,要求借款人在贷款期限内分期等额偿还本息之和的金额,该项借款每月偿还额 = $\dfrac{100\,000 + 100\,000 \times 8\%}{12}$ = 9 000(元)。

就全年来说,借款人只使用了大约10万元的一半,这样,借款人所负担的实际利率大约高于名义利率的一倍。

而在偿还条件中,银行不希望采用到期一次还本付息方式,因为这会加重企业还款时的财务负担,增加企业的拒付风险,同时会降低实际贷款利率。

(四) 银行借款的优缺点

1. 银行借款筹资的优点

(1) 筹资迅速。银行借款所办理的手续相对于股票债券等方式较为简单,具有程序简便、迅速快捷的特点。

(2) 借款弹性较大。无论是用款进度,还是还款安排,由于只和某一银行进行协商,因此,有利于企业按自身的要求和能力来变更借款数量与还款期限,对企业具有一定的灵活性。

(3) 资金成本低。由于利息在税前开支,且间接筹资费用低,因此,其债务成本相对较低。

(4) 易于企业保守财务秘密。向银行办理借款,可以避免向公众提供公开的财务信息,保守企业财务秘密。

2. 银行借款筹资的缺点

(1) 筹资风险大。企业举借长期借款,必须定期还本付息,在经营不利的情况下,可能会产生不能偿付的风险,甚至会导致破产。

(2) 限制条款多。银行为保证贷款的安全性,对借款的使用附加了很多约束性条款,这些条款在一定意义上限制了企业自主调配与运用资金的功能。

(3) 筹资数量有限。长期借款与股票、债券等直接筹资方式相比,筹资数量相对有限。

二、发行债券

债券是社会各类经济主体为筹集资金而向投资人出具的、承诺按一定利率定期支付利息,并到期偿还本金的债权债务凭证。发行债券是企业筹集资金的一种重要方式。

(一) 债券的分类

1. 按发行主体将其分为政府债券、金融债券和公司债券

(1) 政府债券。政府债券是由各国中央政府或地方政府发行的债券。中央政府债券又称公债或国库券,是中央政府为了弥补国家财政赤字和为大型工程项目筹集资金而发

行的债券。地方政府债券是指各地方政府为地方建设筹集资金而发行的债券。政府债券风险小，流动性强。

（2）金融债券。金融债券是银行或其他金融机构发行的债券，金融机构一般都有雄厚的实力，因而金融债券的风险不大，流动性较好，报酬也比较高。

（3）公司债券。公司债券又称企业债券，是指由股份公司等各类企业所发行的债券。与政府债券相比，公司债券的风险较大，因而利率较高。

2. 按有无抵押担保将其分为信用债券、抵押债券和担保债券

（1）信用债券。信用债券是仅凭债券发行者的信用发行的，没有抵押品作抵押或担保人作担保的债券。政府债券一般属于信用债券，一个信誉好、经营规模大、经济效益良好的企业也可发行信用债券。

（2）抵押债券。抵押债券是以一定的财产作抵押而发行的债券。当企业没有足够的资金偿还债务时，债券人可将抵押品拍卖以获取资金。抵押债券按抵押物品的不同，又分为不动产抵押债券、设备抵押债券和证券抵押债券。

（3）担保债券。担保债券是指由一定保证人担保而发行的债券。当企业没有足够的资金偿还债务时，债券人可要求保证人偿还。根据我国有关法规，保证人应是符合《担保法》的企业法人，且应同时具备以下条件：①净资产不能低于被保证人发行债券的本息；②近三年连续盈利，且有良好业绩前景；③不涉及改组、解散等事宜或重大诉讼案件；④中国人民银行规定的其他条件。

3. 按是否记名将其分为记名债券与无记名债券

（1）记名债券。记名债券是指在债券票面上记录债券持有者姓名或名称，并在发行单位或代理机构进行登记的债券。此类债券，发行者只对票面上注明并在公司登记簿中登记的持有人支付本息，所以转让债券时，必须办理相应的过户手续。

此种债券较为安全，故发行价格较无记名债券要高。

（2）无记名债券。无记名债券是指不需要在债券的票面上记录持有人姓名或名称，也不需在发行单位或代理机构登记造册的债券。此种债券可随意转让，不需办理过户手续。持券人即为领取债券利息和本金的权利人。故此种债券安全性较差，但其转让方便，且节省费用。

4. 债券的其他分类

除上述分类外，还有其他一些形式的债券，这些债券主要有如下几种。

（1）可转换债券。可转换债券指在一定时期内，可以按规定的价格或一定比例，由持有人自由选择转换为普通股的债券。

（2）无息债券。无息债券是指票面上不标明利息，按面值折价出售，到期按面值归还本金的债券。债券的票值与买价的差异就是投资人的收益。

（3）浮动利率债券。浮动利率债券是指利息率随基本利率（一般是国库券利率或银行同业拆放利率）变动而变动的债券。发行该债券的主要目的是为了对付通货膨胀。

（4）收益债券。收益债券是指在企业不盈利时，可暂时不支付利息，而到获利时支

付累积利息的债券。

（二）债券的基本要素

1. 债券面值

债券面值包括两个基本内容：一是币种；二是票面金额。面值的币种可用本位币，也可用外币，这取决于发行者的需要和债券的种类。债券的票面金额是债务到期时偿还债务的金额。面额印在债券上，固定不变，到期必须足额偿还。

2. 债券的期限

债券都有明确的到期日，债券从发行之日起，至到期日之间的时间称为债券的期限。在债券期限内，公司必须定期支付利息，债券到期时，必须偿还本金，当然，也可按规定分批偿还或提前一次偿还。

3. 利率与利息

债券票面利率也称名义利率，是指债券发行时票面上注明的利率。债券的利率一般是年利率，面值与利率相乘可得年利息。

4. 债券的价格

理论上，债券的面值就应是它的价格，但由于市场供求关系、利息率的变化等，债券的市场价格常常脱离它的面值。也就是说，债券的面值是固定的，而它的价格却是经常变化的。发行者计息还本，根据的是债券的面值，而不是它的价格。

（三）债券的发行

1. 发行债券的资格与条件

（1）发行债券的资格。根据我国《公司法》的规定，股份有限公司、国有独资公司和两个以上的国有企业或者其他两个以上的国有投资主体投资设立的有限责任公司，具有发行公司债券的资格。

（2）发行债券的条件。根据国际惯例，发行债券需要符合规定的条件。一般包括发行债券的最高限额、发行公司自有资本最低限额、公司获利能力、债券利率水平等。根据我国《公司法》的规定，发行公司债券必须符合下列条件。

①股份有限公司的净资产不低于3 000万元，有限责任公司的净资产不低于6 000万元。②累计债券总额不超过公司净资产额的40%。③最近三年平均可分配利润足以支付公司债券一年的利息。④筹集的资金投向符合国家产业政策。⑤债券的利率不得超过国务院限定的利率水平。⑥国务院规定的其他条件。

此外，发行公司债券所筹集的资金，必须按审批机关批准的用途使用，不得用于弥补亏损和非生产性支出。

如果公司发生下列情况之一的不得再次发行公司债券：①前一次发行的公司债券尚未募足的。②对已发行的公司债券或者债务有违约或者延迟支付本息的事实，且仍处于继续状态的。

2. 发行债券的程序

符合条件的企业发行企业债券，经过下列程序：企业要做出发行债券的决议或决定；向国务院证券管理部门提出申请，办理申请时应提交企业登记证明、公司章程、募集方式、资产评估报告和验资报告等文件；企业发行债券的申请批准后，应向社会公告债券募集办法，其中要载明债券总额、票面金额、债券利率、还本付息的期限与方式、债券发行的起止日期、企业的净资产额、已发行的尚未到期的债券总额、债券的承销机构等主要事项；印制债券后，与证券经营机构签订承销合同，发行债券，收缴债券款；按期还本付息。

3. 发行债券的方式

债券的发行方式通常分为公募发行和私募发行两种。

（1）公募公行。公募公行指以不特定的多数投资者作为募集对象所进行的债券发行。公募发行又可分为直接公募与间接公募两种。直接公募，是指债券的发行人不通过中介机构（如证券公司）而直接向众多投资者公开发行债券的方式。间接公募，是指债券的发行人通过中介机构向众多投资者公开发行债券的方式。

（2）私募发行。私募发行以特定的少数投资者为募集对象所进行的债券发行。这里特定的投资者一般可分为两类：一类是个人投资者，如企业职工；一类是机构投资者，如大的金融机构。

（四）债券发行价格的确定

债券发行价格是债券发行时使用的价格，即投资者购买债券时所支付的价格。它通常有三种：平价、溢价和折价。

平价是按债券的面值发行的价格；溢价是指以高出债券面值发行的价格，折价是指以低于债券面值发行的价格。债券的发行价格受债券面值、票面利率、债券期限及市场利率4个因素的影响。其中主要的是票面利率与市场利率的一致程度，市场利率经常变动，而债券票面利率一经确定就不能变更。从债券的开印到正式发行，往往需要经过一段时间，在这段时间如果资金市场上的利率发生变化，就要靠调整发行价格的方法来使债券顺利发行。

债券的发行价格，从资金时间价值考虑，其主要由两部分组成：①债券到期时本金（债券面值）的现值；②债券各期利息的年金现值。其计算公式为：

$$债券发行价格 = \frac{票面金额}{(1+市场利率)^n} + \sum_{t=1}^{n} \frac{票面金额 \times 票面利率}{(1+市场利率)^t}$$

式中：n——债券期限；

　　　t——付息期数。

债券以何种价格发行，取决于债券票面利率与市场利率的关系。如市场利率高于票面利率，则债券需折价发行；如市场利率低于债券票面利率，则债券要溢价发行；如市场利率等于票面利率，则债券等价发行。

【例5-7】某企业发行5年期的公司债券，债券面值为1 000元，票面利率为6%，利息每年支付一次，试确定三种情况下的债券发行价格：一是债券发行时市场利率为

8%；二是债券发行时市场利率为6%；三是债券发行时市场利率为4%。三种利率下的债券发行价格分别为：

(1) 债券发行价格 $=1\,000\times6\%\times (P/A, 8\%, 5) + \dfrac{1\,000}{(1+8\%)^5}$

$=60\times3.9\,927+1\,000\times0.6\,806$

$=920.16$（元）；

(2) 债券发行价格 $=1\,000\times6\%\times (P/A, 6\%, 5) + \dfrac{1\,000}{(1+6\%)^5}$

$=60\times4.2\,124+1\,000\times0.7\,473$

$\approx 1\,000$（元）；

(3) 债券发行价格 $=1\,000\times6\%\times (P/A, 4\%, 5) + \dfrac{1\,000}{(1+4\%)^5}$

$=60\times4.4\,518+1\,000\times0.8219$

$=1\,089.01$（元）。

(五) 债券筹资的优缺点

1. 债券筹资的优点

(1) 资金成本较低。债券发行费用比股票低，而且债券的利息费用可在税前支付，起到了抵减税款的作用，使得债券实际筹资成本较低。

(2) 保障股东控制权。债券持有人并非公司股东，无权参与公司经营管理，只能从公司获取固定利息。因而发行债券不会影响股东对公司的控制权。

(3) 可利用财务杠杆作用。由于债券的利息是固定的，且在所得税前支付。公司如能保证债券所筹集的资金是投资收益率高于债券利息率，就可以使更多的收益用于分配给股东，或留归企业以扩大经营。

2. 债券筹资的缺点

(1) 筹资风险高。债券筹资除了要支付固定的利息，还要在到期日偿还全部本金。债券的还本付息增加了公司的财务压力。如果公司经营状况不佳，特别是投资收益率低于债券利息率时，公司就会背上沉重的负担，此种状况持续一段时间后，公司就会出现无力偿还债务的局面，最终可能导致破产。

(2) 限制条件多。债券筹资的限制条件比长期借款、租赁筹资的限制条件要多，这种限制可能影响企业的投资收益以及以后的筹资能力。

(3) 筹资额有限。利用债券筹资有一定的限度，当公司的负债比率超过一定程度后，债券筹资的成本会迅速上升，风险增大，会导致债券难以发行。

三、融资租赁

租赁是指在约定的期间内，出租人将资产使用权租让给承租人以获取租金的一种契约行为。

(一) 租赁的种类

根据我国租赁会计准则，一项租赁业务，按照与资产所有权有关的全部或绝大部分风险与收益是否转移为标准，将租赁业务划分为经营租赁和融资租赁。

1. 经营租赁

经营租赁，又称营业租赁，是指由租赁公司向承租单位在短期内提供设备，并提供维修、保养、人员培训等的一种服务性业务。经营租赁是未转移与资产所有权有关的全部风险和报酬的租赁。其特点：①承租企业可随时向出租人提出租赁要求；②租赁期短，不涉及长期而固定的业务；③租赁合同比较灵活；④租赁期满，出租资产由租赁公司收回；⑤出租人提供专门服务。

2. 融资租赁

融资租赁是由租赁公司按照承租人的要求出资购买设备，在契约或合同规定的较长时期内提供给承租人使用的信用业务，融资租赁是实质上转移了与资产所有权相关的全部风险和报酬的租赁。融资租赁是通过融物来达到融资的目的，是现代租赁的主要形式。如果有一项租赁业务符合下列条件之一的，就可作为融资租赁，否则作为经营租赁：①在租赁期满时，资产的所有权转让给承租人；②承租人对租赁资产有廉价购买选择权；③租赁期为资产使用年限的大部分，资产的所有权最终可能转移，也可能不转移；④租赁开始日租赁付款额的现值不小于租赁资产的公允价值的大部分，资产的所有权最终可能转移，也可能不转移。

（1）融资租赁的特点。①租期较长。融资租赁的租期一般为租赁资产寿命的一半以上。②不得任意中止租赁合同或契约，除非发生某些很少会出现的或有事项、经出租人同意、承租人与原出租人就同一资产或同类资产签订了新的租赁合同、承租人支付了一笔足够大的额外款项等才可撤销租赁合同。③租赁期满后，按事先约定的方式来处置资产，或退还、或续租、或留购。④在租赁期间内，租赁公司一般不提供维修和保养方面的服务。

（2）融资租赁的形式。融资租赁的形式按出租人资产的来源及设备购置的资金不同可将租赁资产分为直接租赁、售后回租和杠杆租赁。

①直接租赁。直接租赁是指出租方直接将购入的设备租给承租人，直接签订合同并收租金。通常所指的融资租赁，不作特别注明即为直接租赁。②售后回租。它是将承租人所购设备出售给出租人，然后承租人租回设备并使用。在这种方式下，即可解决承租人资金急需，得到一笔相当于资产市价的现金用于其他资产的购置或现金支付，又在租赁期内用每年支付的租金换取原来属于自己资产的使用权。③杠杆租赁。它是指由出租人、承租人及贷款机构三方组成的一种租赁形式。出租人只垫支购置资产设备所需资金的一部分（一般为20%~40%），其余部分则以该资产的担保向贷款机构借入款项来支付。因此，在这种情况下，从承租人的角度看，这种租赁与其他租赁并无差别，但从出租人角度看，出租人既是资产的出借人，同时又是贷款的借款人，通过租赁既要向承租人收取租金，又要向贷款机构偿还债务。由于租赁收益大于借款成本，出租人由此而获

得财务杠杆收益,因此,这种租赁形式被称为杠杆租赁。通常,采用杠杆租赁形式一般适用于金额较大的设备项目。

(二) 融资租赁筹资的程序

融资租赁是一项十分复杂的财务活动,应当做到操作有序,管理有方,正确处理与租赁公司、供应商等各方面的财务关系,并配合企业内部有关部门做好各程序中的管理工作。融资租赁筹资的程序大致由以下几个步骤组成。

1. 选择租赁公司

企业决定采用租赁方式筹取某项设备后,要注意选择一个经有关部门正式批准、有经营业务资格、资信好的租赁公司作为委托对象。

2. 办理租赁委托

企业选定租赁公司后,企业应与选定的租赁公司联系并初步进行洽谈,填写《租赁委托书》和《租赁申请书》,同时向租赁公司提供企业的财务报表。

3. 签订购货协议

由承租企业与租赁公司中的一方或双方,与选定的设备供应厂商进行购买设备的技术谈判和商务谈判,技术谈判应以承租人为主,通过谈判进一步弄清租赁物的技术问题,商定租赁设备的型号、性能、质量保证等条件,并与供货方签署技术服务方面的文件。商务谈判是在技术谈判的基础上,以租赁公司为主,并与承租人一起同租赁物的供应方进行商务谈判,主要内容包括:设备的运输方式、包装、途中保险、交货期、索赔与仲裁等。

4. 签订租赁合同

即由承租人与租赁公司在租赁谈判的基础上,签订租赁设备的合同。租赁谈判是指出租人与承租人之间的谈判。租赁谈判主要是对租赁物的期限、利息率、租金及其支付方法等问题达成协议。

5. 办理验货与投保

承租企业收到租赁设备,要进行验收。验收合格签发交货及验收证书并提交租赁公司,租赁公司据以向厂商支付设备价款。同时,承租公司向保险公司办理投保事宜。

6. 支付租金

承租企业按合同规定的租金数额、支付方式等,向租赁公司支付租金。

7. 租赁期满的设备处理

租赁届满后,承租单位应按租赁合同规定的方式处理租赁设备,或退还、或续租、或留购。但在融资租赁中,租赁期满的设备一般低价卖给承租企业或无偿转给承租企业。

(三) 融资租赁租金的确定

从出租人角度看,为购置设备需要支付一定的代价。这些代价都需要通过租金收入来补偿并取得收益。因此，租金的构成主要包括：①租赁设备的购置成本，包括设备买价、运杂费和途中保险费、安全调试费等。如果租赁期届满采用留购方式的，应从购置成本中扣除预计名义货价；如果租赁公司收回租赁资产则要扣除预计净残值。②租赁期间的利息费用，即出租人为承租人购置设备融资而应计的利息。③租赁手续费及利润，租赁手续费指出租人办理租赁设备的营业费用，利润是指出租人通过租赁业务应取得的正常利润，实务中两者往往称手续费。

在我国租赁实务中，租金一般采用平均分摊法与等额年金法来确定。

1. 平均分摊法

平均分摊法是指按事先确定的利息和手续费率计算租赁期间的利息和手续费总额，然后连同设备成本按支付次数进行平均。这种方法不考虑资金时间价值，计算简单。计算公式如下：

$$每次支付租金 = \frac{(设备成本-预计净残值)+租期内利息-租赁手续费}{租期}$$

【例5-8】某企业2015年1月向租赁公司租入设备一套，价值为200万元，租期为8年，预计净残值为6万元，归租赁公司，租期年利率为8%，租赁手续费率为设备价值的2%。租金每年末支付一次，则该设备每年支付的金额为：

租期内利息 = $200 \times (1+8\%)^8 - 200 = 170.18$（万元）

租期内手续费 = $200 \times 2\% = 4$（万元）

每年支付的租金 = $\frac{200-6+170.18+4}{8} = 46.0225$（万元）

2. 等额年金法

等额年金法是利用年金现值的计算公式经变换后计算每期支付租金的方法。此法中租金的多少关键是折现率的确定，为保证租赁公司弥补融资成本、相关的手续费，并有一定的盈利，应按租赁公司和承租企业谈判商定的利率折现。

（1）后付租金的计算。

后付租金方式下每年年末支付租金数额的计算公式为：

$A = P/(P/A, i, n)$

【例5-9】承上例，承租企业与租赁公司双方商定用12%的折现率，则每年年末应付租金为：

$A = 200/(P/A, 12\%, 8)$

　= $200/4.9676$

　= 40.2609（万元）

（2）先付（即付）租金的计算。

先付租金方式下每年年初支付租金数额的计算公式为：

$A = P/[(P/A, i, n-1)+1]$

或：$A = P/(P/A, i, n)(1+i)$

【例5-10】承前例，折现率还是12%，则每年年初应付租金为：

$A = 200 / [(P/A, 12\%, 8-1) + 1]$
  $= 200 / (4.5638 + 1)$
  $= 35.947$（万元）

或：$A = 200 / (P/A, 12\%, 8)(1+12\%)$
  $= 200 / (4.9676 \times 1.12)$
  $= 35.947$（万元）

（四）融资租赁的优缺点

1. 融资租赁的优点

（1）可迅速获得所需设备。企业购买设备一般是先筹资而后购买，而融资租赁是将融资与购买并行，企业可迅速获得所需设备投入运营，并很快形成生产能力。

（2）增加筹资灵活性。与发行债券、长期借款相比融资租赁可避免许多限制性条款，从而为企业经营活动提供更大的弹性空间。

（3）减轻财务负担。由于租金可在整个租赁期内分期支付，所以能够降低企业财务负担、稳定收益水平；另外，租金作为经营费用可抵减企业税负。

（4）免遭设备陈旧过时的风险。因为设备的租赁期通常短于设备的法定使用年限，这实际上等于加速了折旧，承租企业能享受税收优惠。

（5）租赁为企业提供了新的资金来源。如果企业负债比率过高，那么，融资租赁比借款更容易获得。采用融资租赁可使企业在资金不足而又急需设备时，不付出大量资金就能及时得到所需设备。

2. 融资租赁的缺点

（1）租金高。出租人通过租金获得的报酬率一般要高于债券利息率。

（2）丧失资产的残值。租赁期满后，租赁的资产一般归出租方。如果租用资产的残值仍较大，这对承租方而言无疑将是一个损失。但若承租方届满后商购，则可享有残值。

（3）难于改良资产。未经出租人同意，承租人不得擅自对租赁资产加以改良，这势必影响资产发挥更大的功能。

四、商业信用

商业信用是指商品交易中以延期付款或预收货款进行购销活动而形成的借贷关系，它是公司间直接的信用行为。商业信用产生于商品交换之中，其具体形式主要是应付账款、应付票据、预收账款等。据有关资料统计，这种短期筹资在许多公司中占短期负债的40%左右，它已成为公司重要的短期资金来源。

（一）商业信用的形式

利用商业信用融资，主要有以下几种形式。

1. 赊购商品

赊购商品是卖方提供给买方的商业信用。买卖双方发生了商品交易行为，但卖方允许买方在收到货物后的一定时期内支付货款。买方在延期付款的这段时间内等于向卖方借款，这种负债形成的资金来源一般不出具正式借据，是由卖方根据买方的信誉条件而提供的信贷。例如，卖方根据其信用条件和收账效率，提供给买方赊销的优惠为"2/10、n/30"，意思就是买方若能在购货后10天内支付货款，可享受2%的现金折扣，超过10天则无此折扣，但允许买方付款期限最长为30天，采用这种赊购方式既有益于推销商品，又可为买方提供暂时的短期资金来源。

2. 预收货款

预收货款是指销售方按照双方签订的合同和协议在发出商品之前，预先向购货方收取部分或全部货款。销售方尚未发出商品即获取一笔款项，其间等于它向买方借入一笔资金。这种由买方向卖方提供的商业信用，一般适用于生产售价高、紧俏商品的企业，或是生产周期长的建筑、安装和重型机械制造企业等。

3. 商业汇票

商业汇票是出票人签发的，委托付款人在指定日期无条件支付确定的金额给收款人或者持票人的票据。

这种票据可由购货企业签发，也可由销货企业签发。根据承兑单位不同，商业汇票分为银行承兑汇票和商业承兑汇票两种。商业承兑汇票由银行以外的付款人承兑，银行承兑汇票由银行承兑。商业汇票是一种期票，是反映应付账款和应收账款的书面证明。对于买方来说，它是一种短期融资方式。

(二) 商业信用筹资管理

商业信用筹资管理重点在于商业信用条件决策，从商业信用条件看主要有：①预收贷款；②延期付款，但不提供现金折扣，如"net30"是指30天内按发票金额付款；③延期付款，但早付款有现金折扣。从商业信用数量上看，其量取决于：①信用额度多少；②允许按发票面额付款的最迟期限即信用期限；③享有现金折扣期的长短即折扣期限的长短；④享有现金折扣率的大小等因素。信用额度越大，信用期限越长，则筹资的数量也越多。同时，由于现金折扣期及现金折扣率的影响，使得企业在享有信用免费资金的同时，增加了因未享有现金折扣而产生的机会成本。因此，如何就企业在扩大筹资数量、免费使用他人资金与享有现金折扣、减少机会成本间进行比较，是信用筹资管理的重点。

1. 享有现金折扣

在这种情况下，企业可获得最长为现金折扣期的免费资金，并取得相应的折扣收益，其免费信用额度为扣除现金折扣后的净购价。

2. 放弃现金折扣，在信用期内付款

在这种情况下，企业可获得最长为信用期的免费资金，其信用额度为商品总购价；但由于放弃现金折扣，从而增加相应的机会成本。

【例5-11】假设某公司按"2/10，n/30"条件购进一批商品，价款为50万元。如果公司在10天内付款，则可获得最长为10天的免费筹资，并可获得折扣（50×2%）万元，免费筹资49（即50-1）万元。如果公司放弃这笔折扣，则第30天付款，付款总额为50万元。公司推迟付款20天，需多支付1万元。这种情况可以看作一笔为期20天，

金额为49万元的借款,利息为1万元,其借款的实际利率为:

$$20天的实际利率=\frac{10\ 000}{490\ 000}\times 100\%=2.04\%$$

利息通常以年为单位,因此,必须把20天的利率折算为360天的利率,假设按单利计算,则实际年利率为:

$$\frac{2.04\%}{20}\times 360=36.72\%$$

若用公式表示,则放弃现金折扣的资金成本率为:

$$放弃现金折扣的资金成本=\frac{折扣率}{1-折扣率}\times\frac{360}{信用期-折扣期}\times 100\%$$

根据【例5-11】中的资料,放弃现金折扣的资金成本为:

$$放弃现金折扣的资金成本=\frac{2\%}{1-2\%}\times\frac{360}{30-10}=36.72\%$$

计算表明,如果公司放弃现金折扣,以取得这笔为期20天的资金使用权,是以承担36.72%的年利率为代价的。或者说,放弃2%的现金折扣意味着该公司可向供应商融资49万元资金使用20天。

在一般情况下,企业财务人员需要将放弃现金折扣的资金成本与银行借款年利率进行比较。如果放弃现金折扣资金成本率大于银行借款利率,则企业放弃现金折扣机会的代价较大,从而对企业不利。这是因为,如果在现金折扣这一点上,企业用银行借款支付货款并享有折扣,其借款利息小于享有折扣的机会收益;反之,则结论相反。如上例,银行借款年利率无论如何也达不到36.7%,企业应享有现金折扣。

3. 逾期支付

在这种情况下,企业实际上是拖欠卖方的贷款,但是企业会因此而信誉下降,未来失去的机会收益更多。因此,在市场经济条件下,企业不应拖欠借款,而应按期付款,维护企业形象。

(三) 商业信用筹资优缺点

1. 商业信用筹资优点

(1) 筹资便利。取得商业信用非常方便,不需作复杂的安排,可随着商品购销而享受信用、归还款项。

(2) 筹资成本低。如果没有现金折扣或企业不放弃现金折扣,则利用商业信用不发生筹资成本。

(3) 限制条件少。商业信用比其他筹资方式条件宽松,无需担保或抵押,选择余地大。

2. 商业信用筹资缺点

商业信用筹资的期限较短,如果取得现金折扣则时间更短;如果放弃现金折扣,则须负担很高的筹资成本。

第四节　筹资风险的种类

企业在筹资活动中由于种种不确定性因素的存在，会产生一系列的筹资风险，主要包括以下几种。

（1）筹资偿付风险，是指由于企业现金偿付能力的不确定性，到期不能偿付资金本息的风险，即企业无力偿还负债的风险。这种风险不仅会导致企业资金紧张，还会影响企业的信誉。

（2）筹资财务风险，是指企业因使用所筹资金创造的财务成果的不确定性而产生的一种风险，是利用负债筹资后所负担的一种附加风险。这主要是因为筹资所产生财务成果不确定，有可能大，有可能小，而所筹集的资金成本则已确定，此时企业就要承担额外的风险，即收益大小不确定的风险。

（3）信用风险，是指企业利用商业信用、银行信用等方式筹资，如果在规定的时间内不能偿付而延期支付时，企业将面临信用等级下降的风险。此种风险与筹资偿付风险有相似之处，都是由于到期不能支付而产生的。

（4）外汇风险，是指企业向国外筹资时，由于外汇汇率的变动可能产生损失（相对本币而言）的风险。例如，外汇汇率的升、降会使企业产生汇兑收益或汇兑损失。

第六章 资金成本与资本结构

资金成本的概念广泛运用于企业财务管理的许多方面。对于企业筹资来讲，资金成本是选择资金来源、确定筹资方案的重要依据，企业力求选择资金成本最低的筹资方式。对于企业投资来讲，资金成本是评价投资项目、决定投资取舍的重要标准。资金成本还可以用作衡量企业经营成果的尺度，即经营利润率应高于资金成本，否则表明业绩欠佳。

不同产业或行业的企业以及同一产业或行业的企业，其权益资本和债务资本的比例各不相同。这种不同会对企业的税后净收益、财务风险、资金成本等产生不同程度的影响，并最终反映在企业股票价值上。研究资本结构，对企业的财务管理及企业资产的保值增值具有十分重要的意义。

本章主要介绍资金成本的概念及其计量方法以及财务杠杆的基本理论，在此基础上研究企业最优资本结构问题。

第一节 资金成本概述

一、资金成本的含义

企业采用各种方式从不同渠道筹集的资金，不论短期的还是长期的，都要付出一定的代价，不能无偿使用。资金成本是指企业为筹集和使用资金而付出的代价，是资金使用者向资金所有者和中介人支付的占用费和筹集费用。由于长期资金也被称为资本，所以长期资金的成本也称为资金成本。狭义的资金成本仅指筹集和使用长期资金（包括自有资本和借入长期资金）的成本，即资本成本。

资金成本包括资金筹集费和资金使用费两部分。资金筹集费指在资金筹集过程中支付的各项费用，如发行股票、债券支付的印刷费、发行手续费、律师费、资信评估费、公证费、担保费、广告费等。它通常是在筹措资金时一次性支付的，在用资过程中不再发生。因此，筹资费用属于固定性费用，计算资本成本时可在筹资总额中扣除。资金占用费是指企业在生产经营、投资过程中因使用资金而付出的费用，如股票的股息、银行借款和债券利息等。这是资金成本的主要内容。资金占用费是筹资企业经常发生的，长期资金的用资费用因使用资金数量的多少和时期的长短而变动，属于变动性费用。

资金成本的表示方法有两种，即绝对数表示方法和相对数表示方法。绝对数表示方法是指为筹集和使用资金到底发生了多少费用，相对数表示方法则是通过资金成本率指标来反映的。

为了便于分析比较，资金成本通常以相对数表示。企业使用资金所负担的费用同筹集资金净额的比率，称为资金成本率（通常叫资金成本，用百分比表示）。其公式为：

$$资金成本率 = \frac{资金使用费用}{筹集资金总额 - 资金筹集费}$$

即 $K=D/(P-F)$

或 $K=D/[P(1-f)]$

式中：K——资金成本（率）；

D——资金使用费；

P——资金筹集总额；

F——筹集资金费用；

f——资金筹集费用率，是资金筹集费用与筹集资金总额的比率。

在上述公式中，分母 $(P-F)$ 至少有以下三层含义：

（1）筹资费用是一次性费用，不同于经常性的用资费用，因此，不能用 $(D+F)/P$ 来代替 $D/(P-F)$。

（2）筹资费用是在筹资时支付的，可视为筹资总额的扣除，即筹资净额为 $P-F$。

（3）用 $D/(P-F)$ 而不用 D/P，表明资金成本同利息率或股利在含义上和数量上的差别。

债务资金的占用费在缴纳所得税前列支，而权益资本的占用费在缴纳所得税后列支。因此，在实际计算资金成本时还要考虑所得税因素，以使债务资金费用率与权益性资本费用率具有可比性。通常，在企业盈利时，测算债务性资金成本率应在上述公式分子后乘以（1-所得税率）。

二、资金成本的种类

资金成本有多种形式，按其用途可分为个别资金成本、综合资金成本和边际资金成本。

（1）个别资金成本是单种筹资方式的资金成本，包括长期借款资金成本、长期债券资金成本、优先股资金成本、普通股资金成本和留存收益资金成本。其中，前两种称为债务资金成本，后三种称为权益资金成本或自有资金成本。个别资金成本一般用于比较和评价各种筹资方式。

（2）综合资金成本是对各种个别资金成本进行加权平均而得的结果，其权重可以在账面价值、市场价值和目标价值之中选择。综合资金成本一般用于资金结构决策。

（3）边际资金成本是指新筹集部分资金的成本，在计算时，也需要进行加权平均。边际资金成本一般用于追加筹资决策。

上述三种资金成本之间存在密切的关系。个别资金成本是综合资金成本和边际资金成本的基础，综合资金成本和边际资金成本都是对个别资金成本的加权平均。三者都与资金结构紧密相关，但具体关系有所不同。

三、资金成本的性质与作用

（一）资金成本的性质

（1）资金成本是资金所有权与其使用权相分离而产生的一个财务概念。资金是一种特殊商品，其特殊性表现在它与其他生产经营要素结合后能使自身价值增值。商品经济的发展和借贷关系的普遍存在，使资金的所有权与使用权产生分离，资金使用者使用资金，就必须付出一定的代价，资金使用者无论是直接取得资金还是通过资金市场间接取得资金，都必须支付给所有者和中介人一定的报酬，这些报酬实质上就是资金在周转使用中发生的价值增值的一部分。

（2）资金成本具有一般产品成本的基本属性，但又不同于一般的产品成本。尽管资金成本和产品成本一样都是可以补偿的资金耗费，但产品成本是现实的资金耗费，而资金成本则可能是实际成本，也可能是机会成本。如留存收益的资金成本，它并没有发生现实的支出，但也要按普通股股本计算使用这部分资金的代价。即使实际支出的成本也不能全部计入产品成本，如支付给股东的股利仅仅作为利润的分配额而不直接表现为生产性耗费。

（3）资金成本与资金时间价值既有联系又有区别。具体表现为：资金成本是以资金时间价值为基础计算的，但资金成本又不等同于资金时间价值，它除了考虑资金时间价值因素外，还包括风险因素和通货膨胀因素。即筹资项目的风险越大，则投资者要求的报酬也越高；通货膨胀率大于零，则资金成本还应将通货膨胀率计算在内。

（二）资金成本的作用

资金成本是财务管理的重要概念，广泛运用于企业财务管理的许多方面，主要用于筹资决策和投资决策。

（1）资金成本是选择筹资方式、进行资本结构决策的依据。①个别资金成本是比较各种筹资方式的依据。随着我国市场经济的逐步完善，企业的筹资方式日益多元化。评价各种筹资方式的标准是多种多样的，例如，对企业控制权的影响、取得资金的难易、财务风险的大小、资金成本的高低等。其中，资金成本是一个极为重要的因素。在其他条件基本相同时，应选择资金成本最低的筹资方式。②综合资金成本是衡量资本结构合理性的依据。衡量最优资本结构的标准主要是资金成本最小化和企业价值最大化。西方财务理论认为，综合资金成本最低时的资本结构才是最佳资本结构，这时企业价值达到最大。③边际资金成本是选择追加筹资方案的依据。企业有时为了扩大生产规模，需要增大资金投入量。这时，企业不论维持原有资本结构还是希望达到新的目标资本结构，都可以通过计算边际资金成本的大小来选择是否追加筹资。

（2）资金成本是评价投资方案、进行投资决策的重要标准。在利用净现值指标进行决策时，常以资金成本作为折现率。当净现值为正时，投资项目可行；反之，如果净现值为负，则该项目不可行。因此，采用净现值指标评价投资项目时，离不开资金成本。在利用内部收益率进行决策时，一般以资金成本作为基准收益率。即只有当投资项目的内部收益率高于资金成本时，投资项目才可行；反之，当投资项目的内部收益率低于资金成本时，投资项目则不可行。因此，国际上通常将资金成本视为是否采用投资项目的取舍标准，是投资方案比较、选择的主要标准之一。

（3）资金成本是评价企业经营业绩的重要依据。资金成本是企业使用资金所获得收益的最低界限。在企业生产经营活动中，资金利润率大于资金成本时，说明企业生产经营是有盈利的；资金利润率小于资金成本时，说明企业生产经营中存在问题，应积极寻找原因，采取有效措施，改善生产经营管理。资金成本还可以促进企业增强和转变观念，充分挖掘资本的潜力，节约资金的占用，提高资金的使用效益。

四、影响资金成本高低的因素

资金筹集费用、资金占用费用和筹集资金额决定了资金成本的高低。还有一些影响资金成本的因素也不容忽视，其中主要有：总体经济环境、证券市场条件、企业内部的经营和融资状况、项目融资规模。

总体经济环境决定了整个经济中资本的供给和需求，以及预期通货膨胀的水平。总体经济环境变化的影响，反映在无风险报酬率上。显然，如果整个社会经济中的资金需求和供给发生变动，或者通货膨胀水平发生变化，投资者也会相应改变其所要求的收益率。具体说，如果货币需求增加，而供给没有相应增加，投资人便会提高其投资收益率，企业的资金成本便会上升；反之，则会降低其要求的投资收益率，使资金成本下降。如果预期通货膨胀水平上升，货币购买力下降，投资者也会提出更高的收益率来补偿预期的投资损失，导致企业资金成本上升。

证券市场条件影响证券投资风险。证券市场条件包括证券的市场流动难易程度和价格波动程度。如果某种证券的市场流动性不好，投资者想买进或卖出证券相对困难，变现风险加大，要求的收益率就会提高；或者虽然存在对某证券的需求，但其价格波动较大，投资的风险大，要求的收益率也会提高。

企业内部的经营和融资状况是指经营风险和财务风险的大小。经营风险是企业投资决策的结果，表现在资产收益率的变动上；财务风险是企业筹资决策的结果，表现在普通股收益率的变动上。如果企业的经营风险和财务风险大，投资者便会有较高的收益率要求。

融资规模是影响企业资金成本的另一个因素。企业的融资规模大，资本成本高。例如，企业发行的证券金额很大，资金筹集费和资金占用费都会上升，而且证券发行规模的增大还会降低其发行价格，由此也会增加企业的资金成本。

五、测算资金成本时应注意的事项

（1）注意资金成本的测算范围。由于资金成本主要用于长期投资决策的制定过程，因此，资金成本的计算主要是为编制资金预算服务的。企业短期无息负债，如应付款、应计工资和应计税款，所有这些项目都来源于企业的正常生产经营过程中，如果企业销售及业务量增加，则这些增加的来源项目自然也相应增加。它们属于自发产生的增加项目，在资金预算分析中，与给定经营项目关联而自发产生的资金可以冲减该项目所需举债筹资的预算。例如，某一计划项目的总成本为100万元，它由70万元固定资产和30万元流动资产组成。如果该项目在营运过程中能产生10万元的应付款和应交款，那么，这些资金将自动抵减所增流动资产项目。也就是说，资金项目的净流动资产（或净营运资金）就只需要20万元。我们在资金预算和投资分析过程中，真正关心的是80万元资金的成本，即该项目将来的收益能否足以补偿这80万元资金。与资金成本密切相关的资金构成要素包括以下内容：①短期有息负债中的长期筹资部分；②所有的长期负债；③所有的优先股股金；④所有的普通股股金；⑤企业留存收益。无息负债和应付款等不属于资金预算的范围，在资金成本计算中不予考虑。

（2）要考虑税收因素。在测算不同资金要素的成本时，应考虑纳税问题。由于所有的现金流量或收益率的计算必须在税后基础上进行，故资金成本的计算一般也必须在税后基础上进行。

第二节 资金成本的测算

一、不同来源资金成本的测算

（一）长期借款资金成本

长期借款需支付的借款利息和借款手续费是计算资金成本的基础。企业负债资金成本通常是指税后负债资金成本，又称为负债利率。一般而言，长期债务资金有以下特点：①资金成本的具体表现形式是利息，其利息率的高低是预先确定的，它不受企业经营业绩的影响。②在长期债务生效期内，利息率一般固定不变，并且利息应该按期支付。③利息费用是税前的扣除项目。④债务本金应按期偿还。若企业以借款的方式取得资金，负债的利息最终要计入成本。该利息可以看作是企业财务费用，具有抵减所得税的作用。利息费用构成了债务资金成本的基本内容。由于利息费用是企业缴纳所得税之前的一项扣除，因此，债务资金成本实质上存在两种计算方法。当企业盈利时，由于利息费用是税前列支，故有减免企业所得税的效应。因此，对企业来说，债务资金的实际成本是利息费用扣除由于扣减的利息而少缴纳所得税之后的净额。而当企业没有利润时，由于事实上得不到减税的好处，因此，实际发生的利息费用就是债务资金的实际成本。

企业实际负担的借款利息 = 长期借款年利息 × (1-所得税税率)

长期借款资金成本的测算公式是：

$$K_L = [I_L(1-T)] / (L-F_L)$$
$$= [I_L(1-T)] / [L(1-f_L)]$$
$$= [i(1-T)] / (1-f_L)$$

式中：K_L——长期借款资金成本率；

I_L——长期借款年利息；

i——长期借款年利息率；

T——所得税税率；

L——长期借款筹资额（借款本金）；

F_L——长期借款费用额；

f_L——长期借款费用率。

长期借款的筹资费用主要是借款手续费，一般数额很小，计算时亦可略去不计。这时，长期借款资金成本可按下列公式测算：

$$K_L = i(1-T)$$

【例6-1】某企业取得10年长期借款200万元，年利率为8%，每年付息一次，到期一次还本，筹资费用率为0.5%，企业所得税税率为33%。该项长期借款的资金成本为：

$$K_L = [200 \times 8\% \times (1-33\%)] / (200-200 \times 0.5\%) = 5.39\%$$

若不考虑筹资费，则该项长期借款的资金成本为：

$$K_L = 8\% \times (1-33\%) = 5.36\%$$

上述计算长期借款资金成本的方法比较简单，但缺点在于没有考虑资金的时间价值。在实务中，还可以根据现金流量计算长期借款资金成本，其公式为：

$$L(1-f_L) = \sum [I_L / (1+K)^t] + P / (1+K)^n \tag{1}$$

$$K_L = K(1-T)。 \tag{2}$$

式中：P——第n年末应偿还的本金；

K——所得税前的长期借款资金成本率；

K_L——所得税后的长期借款资金成本率；

T——1，2，3，…，n。

公式（1）中的等号左边是借款的实际现金流入；等号右边为借款引起的未来现金流出的现值总额，由各年利息支出的年金现值加上到期本金的复利现值而得。

按照这种办法，实际上是将长期借款的资金成本看作使这一借款的现金流入等于其现金流出现值的贴现率。运用时，先通过公式（1），采用插值法求解借款的税前资金成本，再通过公式（2）将借款的税前资金成本调整为税后的资金成本。

【例6-2】沿用【例6-1】的资料，根据考虑货币时间价值的方法，该项借款的资金成本计算如下：

（1）计算税前借款资本成本：

$$200 \times (1-0.5\%) = \sum [200 \times 8\% / (1+K)^t] + 200 / (1+K)^{10}$$

查表，7%，10年期的年金现值系数为7.024；7%，10年期的复利现值系数为0.508。代入上式：

$$200 \times 8\% \times 7.024 + 200 \times 0.508 - 199 = 14.984（万元）$$

14.984>0，应提高贴现率再试。

查表，9%，10年期的年金现值系数为6.418；9%，10年期的复利现值系数为0.422。代入上式：

$$200×8\%×6.418+200×0.422-199=-11.912（万元）$$

-11.912<0，运用插值法求税前借款资金成本：

$$7\%+[14.984/（14.984+11.912）]×（9\%-7\%）=8.11\%$$

（2）计算税后借款资金成本：

$$K_L=K（1-T）=8.11\%×（1-33\%）=5.43\%$$

比较两例结果可知，考虑资金时间价值的资金成本率要高一点。

此外，在长期借款附加补偿性余额的情况下，长期借款筹资额应扣除补偿性余额，从而长期借款资金成本将会提高。

（二）债券资金成本

企业发行债券通常要事先规定出利息率。按税法和会计制度规定，债券利息与借款利息一样在税前利润中支付，这样企业实际上就少缴一部分所得税，因此，债券资金成本可比照长期借款来计算。

一般来说，债券的筹资费用较高，主要包括印刷费、发行手续费、律师费、资信评估费、公证费、担保费、广告费等。其中，有些费用按一定的标准（定额或定率）支付，有的则并无固定的标准。发行债券的筹资费用一般较高，应予以考虑。按照一次还本、分期付息的方式，长期债券资金成本的测算公式与长期借款资金成本的测算公式形式相同，如：

$$K_B=[I_B（1-T）]/[B（1-f_B）]$$

式中：K_B——长期债券资金成本；

　　　T——所得税税率；

　　　I_B——债券年利息；

　　　B——债券筹资额；

　　　f_B——债券筹资费用率。

其他公式不再重复。

【例6-3】如企业公司发行总面额为500万元的5年期债券，年利息率为10%，发行费用率为5%，所得税税率为33%。该债券的资金成本为：

$$K_B=[500×10\%×（1-33\%）]/[500×（1-5\%）]=7.05\%$$

若债券溢价或折价发行，为更精确地计算资金成本，应以实际发行价格作为债券筹资额。

【例6-4】假定上述企业公司发行的债券面额为500万元，发行价格为600万元，年利息率为10%，发行费用率为5%，所得税税率为33%。该债券的资金成本为：

$$K_B=[500×10\%×（1-33\%）]/[600×（1-5\%）]=5.88\%$$

假定上述公司发行的债券面额为500万元，发行价格为400万元，年利息率为10%，发行费用率为5%，所得税税率为33%。该债券的资金成本为：

$$K_B=[500×10\%×（1-33\%）]/[400×（1-5\%）]=8.82\%$$

上述计算债券成本的方式，同样没有考虑货币的时间价值。如果将时间价值考虑在内，债券成本的计算与长期借款成本的计算一样。

在实际中，由于债券利率水平通常高于长期借款，同时债券发行费用较多，因此，债券资金成本一般高于长期借款资金成本。

权益资金是指企业所有者投入企业的资金。根据它们的形式不同，权益资金可分为优先股、普通股以及留存收益等。权益资金的成本也包含两个内容：一是投资者的预期投资报酬；二是筹资费用。权益资金的成本计算具有较大的不确定性，这是由于投资报酬不是事先规定的（优先股例外），它完全由企业的经营效益所决定。另外，与债券的利息不同，权益资金报酬，也就是股利，是以税后利润支付的，因此，不会减少企业所得税的上缴。所以，权益资金成本的计算有其自身的特点。

（三）优先股资金成本

优先股是权益资金的一种。优先股是享有某种优先权利的股票，它同时兼有普通股与债券的双重性质，其特征表现为：投资报酬表现为股利形式，股利率固定，本金不需要偿还。优先股的成本也包括两个部分：筹资费用与预定的股利。企业发行优先股股票，与发行债券一样，也需要支付筹资费用，如注册费、代理费等，而且其股息也要定期支付。但是，与债券利息不同的是，其股息是从税后利润支付的，不会减少企业应该上缴的所得税。因此，优先股资金成本的计算公式为：

$$K_p = D/P_o(1-f)$$

式中：K_p——优先股的资金成本；

D——每年支付的优先股股利；

P_o——优先股的发行价格；

f——优先股发行时的筹资费用率。

企业破产时，优先股股东的求偿权位于债券持有人之后，优先股股东的风险大于债券持有人，而且优先股股利不能在税前列支，不减少公司的所得税，因此，优先股股利一般大于债券利息率。

【例6-5】某企业发行面值为10元的优先股，每股市价为12元，发行100万股，筹资费率为3%，年股息率为10%，则优先股的资金成本为：

$$K_p = [10×100×10\%] / [12×100×(1-3\%)] = 8.59\%$$

（四）普通股资金成本

普通股是构成股份公司原始资本和权益的主要成分。普通股的特征与优先股相比，除了具有参与公司经营决策权外，主要表现为股利的分配是不确定的。从理论上分析，人们认为普通股的成本是普通股股东在一定的风险条件下所要求的最低投资报酬。而且，在正常情况下，这种最低投资报酬率应该表现为逐年增长。因此，基于以上的基本假设，我们需要对这一最低投资报酬率以及股利的逐年增长率加以合理估计。

股份公司支付的股利是在税后支付的，因此，它不能像利息、债息一样减少应该缴纳的所得税。发行股票与发行债券一样，也要支付宣传、推销等费用。假定股票每年的股利是相等的，由于股票是不还本的，因此，我们可以把股利视为永续年金。

资金成本的实质是投资者要求的收益率，按照这个思路测算普通股的成本就相当于测算衡量普通股要求的收益率。有关的测算方法有估价法、资本资产定价模型法和债券收益率加风险溢价法。

（1）估价法。估价法是从股利贴现模型中推演出来的，按照股利贴现模型，普通股票现值的测算公式为：

$$V_0 = \sum_{i=1}^{n} \frac{D_i}{(1+K_s)^i} + \frac{V_n}{(1+K_a)^n}$$

由于股票没有到期日，那么，当 $n \to \infty$ 时，$\frac{V_n}{(1+K_a)^n} \to 0$，所以，股票的现值为：

$$V_0 = \sum_{i=1}^{n} \frac{D_i}{(1+K_s)^i}$$

上式中：V_0——普通股现值；

D_i——第 i 期支付的股利；

V_n——普通股终值；

K_s——普通股资金成本率。

这样可用上式求出 K_s，即普通股资金成本率。

上式计算较复杂，如果每股股利固定不变，则可视为永续年金，计算公式可简化为：

$$K_s = D/V_0$$

将筹资费用也考虑在内，普通股资金成本率的基本计算公式为：

$$K_s = D/[V_0(1-f)]$$

式中：D——每年支付的股利；

V_0——股票的发行价格；

f——股票发行时的筹资费用率。

许多公司的股利是不断增加的，假设增长率为 g，则普通股资金成本的计算公式为：

$$K_s = D_1/[V_0(1-f)] + g$$

式中：D_1——第一年末支付的股利。

【例6-6】假定沪瑜公司发行的普通股每股发行价为100元，第一年年末发放股利14元，以后每年保持不变，筹资费用率为7%。该股票的资金成本为：

$$K_s = 14/[100 \times (1-7\%)] = 15.05\%$$

【例6-7】江海公司普通股每股发行价为10元，筹资费率为5%，第一年年末发放股利0.8元，以后每年增长5%，则普通股资金成本为：

$$K_s = D_1/[V_0(1-f)] + g = 0.8/10 \times (1-5\%) + 5\% = 13.42\%$$

（2）资本资产定价模型法。资本资产定价模型法以风险的大小为基础来计算普通股的资金成本。普通股股利实际上是一种风险报酬，它的高低取决于投资者所冒风险的大小。我们只需要计算某种股票在证券市场上的组合风险系数，就可以根据这一风险系数来预计股票的资金成本。资本资产定价模型的含义可以简单地描述为：普通股投资的必要报酬率等于无风险报酬率加上风险报酬率。无风险报酬率一般可以用国债利率来表示。用公式表示为：

$$K_s = R_f + \beta_j \times (R_m - R_f)$$

式中：K_s——股票资金成本；

β_j——公司股票投资风险系数；

R_m——市场平均投资收益率；

R_f——无风险证券投资收益率，即国库券利率。

【例6-8】平凤公司发行普通股票前要对其成本进行估价。假设国库券收益率为8%，市场平均的投资收益率为12%，该公司股票投资风险系数为1.5，则普通股资金成本为：

$$K_s = 8\% + 1.5 \times (12\% - 8\%) = 14\%$$

（3）债券收益率加风险溢价法。此方法是根据"风险和收益均衡"的原理来确定普通股资金成本的。由于普通股股本投资风险大于债券投资者的投资风险，可在债券投资收益率的基础上加上一定的风险报酬，具体计算公式为：

$$K_s = K_b + RP_c$$

式中：RP_c——普通股风险溢价。

【例6-9】炜平公司已发行的长期债券利率为8%，证券分析师估计的该公司普通股承担更大风险所要求的风险报酬率即风险溢价为3%，则该公司的普通股成本或必要报酬率为：

$$K_s = 8\% + 3\% = 11\%$$

（五）留存收益资金成本

留存收益是企业税后净利润在扣除所宣布派发的股利后形成的，包括提取的盈余公积和未分配利润。留存收益的所有权属于普通股股东。它既可以用作未来股利的分配，也可以作为企业扩大再生产的资金来源。我们一般将留存收益再投资称之为留存收益资本化，它是企业的一个重要的筹资来源。

从表面上看，留存收益属于公司股东，使用这部分资金好像不需要任何代价。但事实上，它的使用存在一种机会成本。因为如前所述，对资金的所有者来说，资金的任何一种运用都是有代价的。股东将这一部分未分派的税后利润留存在企业，实质上是对企业追加投资，也要求有报酬。

对于股东来说，如何处理留存收益可以有多种选择，它可以作为现金股利发放，也可以用作本企业或其他企业的投资。但是，不论是哪一种选择，都会使股东付出代价，因此，留存收益也有成本。一般而言，人们将留存收益视同普通股东对企业的再投资，并参照普通股的方法计算其资金成本。留存收益的资金成本与普通股的区别在于没有筹资费用。

留存收益资金成本的计算公式为：

$$K_E = D/P_0$$

股利不断增加时的计算公式为：

$$K_E = D_1/P_0 + g$$

式中：D_1——第一年年末支付的股利；

g——股利增长率。

【例6-10】 琴芳公司普通股每股市价12元,预计第一年年末每股收益1.5元,每股发放股利0.8元,股利增长率为8%,则留存收益资金成本为:

$$K_E = 0.8/12 + 8\% = 14.67\%$$

(六) 不同来源资金成本的比较

(1) 负债资金的利息具有抵税作用,而权益资金的股利(股息、分红)不具有抵税作用,所以,一般权益资金的资金成本要比负债资金的资金成本高。

(2) 从投资人的角度看,投资人投资债券要比投资股票的风险小,所以,要求的报酬率比较低,筹资人弥补债券投资人风险的成本也相应较小。

(3) 对于借款和债券,因为借款的利息率通常低于债券的利息率,而且筹资费用(手续费)也比债券的筹资费用(发行费)低,所以,借款的筹资成本要小于债券的筹资成本。

(4) 对于权益资金,由于优先股股利固定不变,而且投资风险小,所以,优先股股东要求的回报低,筹资人的筹资成本低;留存收益没有筹资费用,所以,留存收益的筹资成本要比普通股的资金成本低。

(5) 不同来源资金成本从低到高的顺序为:长期借款<债券<优先股<留存收益<普通股。

二、综合资金成本的测算

(一) 综合资金成本的含义

由于受法律、风险等多种因素的制约,单一的筹资方式不能满足企业的筹资要求,往往需要通过多种方式筹集所需资金。为进行筹资决策,就要通过计算确定企业全部长期资金的总成本,即加权平均资本成本(又叫"综合资本成本")。加权平均资本成本一般是以各种资本占全部资本的比重为权数,对不同来源的资金成本(个别资本成本)进行加权平均确定的。其计算公式为:

$$K = \sum K_j W_j$$

式中:K——加权平均资金成本;

　　　K_j——第 j 种资金成本;

　　　W_j——第 j 种资金成本占全部资金成本的比重(权数)。

由以上公式可以看出,综合资金成本是由两大因素决定的,即不同来源资金成本和每种资金的权数。因此,在实际计算时,可分以下三个步骤进行:第一步,计算不同来源资金成本;第二步,计算各资金的权数;第三步,利用上述公式计算出综合资金成本。在已知不同来源资金成本的情况下,取得企业各种资金占全部资金比重后,即可计算企业的综合资金成本。

(二) 综合资金成本的计算

计算不同来源资金占全部资金的比重时,可分别选用账面价值、市场价值权数、目标价值权数来计算。不同来源资金占全部资金的比重,按账面价值计算时,资料比较容易取得。按账面价值计算资金权数的方法又称为账面价值法,这一方法以账面价值作为依据,主要是为了分析过去的筹资成本。但是,当资金的账面价值与市场价值差别较大时,会贻误筹资决策。

为了克服这一缺陷,不同来源资金占全部资金比重的确定还可以按市场价值或目标价值确定,分别称为市场价值权数、目标价值权数。

市场价值权数是指股票、债券以市场价格确定的权数,它可以反映企业目前的实际情况;同时,为了弥补证券市场价格变动频繁的缺陷,也可以选用平均价格。这反映了该企业目前实际的资金成本,它有利于企业在目前情况下作出适当的筹资决策。当然,这种方法也有缺陷,由于市价在不断波动,因此,资金成本受市价影响很大。另外,资金的价值尽管采用现行市价,但不一定能反映未来的市场价格情况,因此,这一加权平均资金成本不便于企业对未来筹资做出正确决策。

为了弥补这一不足,也可以采用按目标价值进行计算的方法。这一方法的关键在于债券、股票等都以未来预计的目标市场价值作为权数,从而估计出企业加权的平均资金成本。这一方法一般适用于企业未来筹资的需要。目标价值权数是指股票、债券以目标市场价格确定的权数,能体现期望的资本结构,而不是像账面价值权数和市场价值权数那样只反映过去和现在的资本结构。所以,按目标价值权数计算的加权平均资金成本更适用于企业筹措新资金。然而,企业很难客观、合理地确定证券的目标价值,因此,这种方法不易推广。

【例6-11】珊娓企业拟筹资2 000万元投资一个收益率为10%的项目,其中,发行债券1 000万元,发行费率为1%,债券年利率为6%,所得税税率为33%;发行优先股300万元,年股息率为7%,发行费率为2%;发行普通股700万元,发行费率为5%,第一年预期股利率为8%,以后各年增长3%。要求计算综合资金成本。

(1) 计算不同来源资金成本:

债券资金成本=6%×(1-33%)/(1-1%)=4.06%

优先股资金成本=7%/(1-2%)=7.14%

普通股资金成本=8%/(1-5%)+3%=11.42%

(2) 确定债券、优先股和普通股筹资额分别占全部资金的比重:

债券筹资额占全部资金中的比重为:1 000/2 000=50%

优先股筹资额占全部资金中的比重为:300/2 000=15%

普通股筹资额占全部资金中的比重为:700/2 000=35%

(3) 计算综合资金成本:

综合资金成本=4.06%×0.5+7.14%×0.15+11.42%×0.35=7.1%

该筹资方案的综合资金成本7.1%低于预期收益率10%,故可行。

【例6-12】春正公司共有资金500万元,有关资料如表6-1所示。

表6-1 计算加权平均资金成本的有关资料

筹资方式	资金成本（%）	资金数额（万元）	所占比重（%）	加权平均资金成本（%）
长期借款	4	50	10	0.4
债券	6	150	30	1.8
优先股	9	50	10	0.9
普通股	13	200	40	5.2
留存收益	12.5	50	10	1.25
合计	—	500	100	9.55

则其加权平均资金成本为：

$$K = \sum K_j W_j$$
$$= 4\% \times 10\% + 6\% \times 30\% + 9\% \times 10\% + 13\% \times 40\% + 12.5\% \times 10\%$$
$$= 9.55\%$$

三、边际资金成本的测算

（一）边际资金成本的含义

企业无法以某一固定的资金成本来筹措无限的资金，当其筹集的资金超过一定的限度时，原来的资金成本就会增加。在企业追加筹资时，需要知道筹资额的变化与资金成本的变化之间的关系。这就要用到边际资金成本的概念。边际资金成本是指资金每增加一个单位而增加的成本。边际资金成本也是按加权平均法计算的，是追加筹资时所使用的加权平均成本。

（二）边际资金成本的测算

企业追加筹资，在数额较小时，可能只采取某一种筹资方式。在筹资数额较大，或在目标资本结构既定的情况下，往往通过多种筹资方式的组合来实现。这时，边际资金成本需要按加权平均法来计算，其权数必须为市场价值权数，而不应采用账面价值权数。

（1）追加筹资时原个别资金成本不变。假定各项新增的资金成本仍然等同于原有同类资金的成本，其新增资金的加权平均资金成本取决于资金结构的变化。当追加筹资仍然保持原来的资金结构时，不管追加筹资的数额发生什么变化，加权平均边际资金成本都与原来的加权平均资金成本相等。如果新增资金改变了原有的资金结构，则加权平均边际资金成本就不同于原来的资金成本，我们可以根据新的资金结构来计算加权平均边际资金成本。

（2）追加筹资时个别资金成本随筹资规模增大而上升。企业在追加筹资的决策中，必须预先计算边际资金成本随追加筹资总额及其资金结构变化的情况，这样，在确定追加筹资总额及其资本结构时,就能充分利用边际资金成本发生区间性上升前的筹资量,尽量避免边际资金成本正好发生跳升的情况。

为了能合理地确定追加筹资总额及其资本结构,企业应预先计算多种情况下的边际资金成本。通常,在资金结构已定的条件下,规划工作是计算边际资金成本随追加筹资总额变化的情况。这种变化是因为各种筹资方式下的个别资金成本会随个别筹资数额的不同而有跳跃性变化,相应的边际资金成本也随追加筹资总额呈跳跃变化趋势。

当资金成本随筹资额的增加而发生相应变化时,可以按照以下步骤来计算边际资金成本。

(1) 根据金融市场的资金供求情况,确定各类资金的成本分界点。资金的成本分界点(筹资突破点),是令资金成本发生变化前的最大筹资额。例如,企业利用发行债券的方式筹资,在15万元以内,资金成本为5%;如果超过15万元,则资金成本就要上升为6%。我们将15万元看成是债券筹资方式的资金成本分界点。

(2) 确定目标资金结构。追加筹资既可以维持原有的资金结构,也可以改变原来的资金结构。确定目标资金结构是计算边际资金成本的一个重要因素。

(3) 根据各类资金的成本分界点以及目标资金结构计算筹资总额的成本分界点,同时列出相应的筹资范围。

(4) 计算边际资金成本。根据以上列出的筹资范围,分别计算每一个筹资范围的边际资金成本,以供决策需要。

【例6-13】超秀公司拥有长期资金500万元,其中长期借款100万元,资金成本5%;长期债券150万元,资金成本8%;普通股250万元,资金成本12%;平均资金成本为9.45%。由于扩大经营规模的需要,拟筹集新资金。经分析,认为筹集新资金后仍应保持目前的资金结构,即长期借款占20%,长期债券占30%,普通股占50%,并测算出了随筹资额的增加各种资金成本的变化,见表6-2。

表6-2 追加筹资的各种资金成本测算

筹资方式	目标资金结构(%)	新筹资额(万元)	资金成本(%)
长期借款	20	20以内 20以上	5 7
长期债券	30	40以内 40~60 60以上	8 10 11
普通股	50	80以内 80以上	12 14

(1) 计算筹资突破点并确定相应的筹资范围。在一定的筹资数额内,资金成本率不变;超过某一筹资限度,就会引起原资金成本的变化,于是就把在保持某资金成本的条

件下可以筹集到的资金总限度为现有资金结构下的筹资突破点。在筹资突破点范围内筹资，原有资金成本不会改变；一旦筹资额超过筹资突破点，即使维持原有的资金结构，其资金成本也会增加。筹资突破点计算公式为：

$$筹资突破点 = \frac{可用某一特定成本筹集到的某种资金额}{该种资金在资金结构中所占的比重}$$

如在资金成本率为5%时，取得长期借款的筹资限额为20万元，其筹资突破点为：

$$20/20\% = 100（万元）$$

而在8%的资金成本条件下，取得债券的筹资限额为40万元，其筹资突破点为：

$$40/30\% = 133.33（万元）$$

按此方法，各种情况下的筹资突破点的计算结果见表6-3。

表6-3　各种情况下的筹资突破点

筹资方式	资本结构（%）	资金成本（%）	新筹资额（万元）	筹资突破点（万元）
长期借款	20	5 7	20以内 20以上	100
长期债券	30	8 10 11	40以内 40~60 60以上	133.33 200
普通股	50	12 14	80以内 80以上	160

（2）计算资金的边际成本。根据上一步骤计算出的筹资突破点，可以得到5组筹资总额范围：100万元以内；100万~133.33万元；133.33万~160万元；160万~200万元；200万元以上。对以上5组筹资总额范围分别计算加权平均资金成本，即可得到各种筹资总额范围的边际资金成本。其计算结果见表6-4。

表6-4　不同筹资总额范围的边际资金成本

筹资总额范围	资金种类	资本结构（%）	资金成本（%）	加权平均资金成本（%）
100万元以内	长期借款 长期债券 普通股	20 30 50	5 8 12	1 2.4 6 $K=9.4$
100万~133.33万元	长期借款 长期债券 普通股	20 30 50	7 8 12	1.4 2.4 6 $K=9.8$

(续表)

筹资总额范围	资金种类	资本结构（%）	资金成本（%）	加权平均资金成本（%）
133.33万~160万元	长期借款 长期债券 普通股	20 30 50	7 10 12	1.4 3 6 $K=10.4$
160万~200万元	长期借款 长期债券 普通股	20 30 50	7 10 14	1.4 3.0 7 $K=11.4$
200万元以上	长期借款 长期债券 普通股	20 30 50	7 11 14	1.4 3.3 7 $K=11.7$

从表6-4可看出，如拟筹资金额在100万元以内，其资金成本为9.4%，与现有的资金成本9.45%相当；若拟筹资金额在200万元以上，其资金成本将跳升到11.7%的水平。

四、必要报酬率

必要报酬率是投资者期望的最低收益率。在固定资产投资决策分析方法中，贴现的净现值法和现值指数法以必要报酬率为贴现率，内部收益率法以必要报酬率为取舍率。确定适当的贴现率是固定资产投资决策分析中的重要问题。一般地，贴现率的确定有以下几种方法。

（一）资金成本率

资金成本率是企业在筹措资金和使用资金过程中所付出的代价，包括筹资费和使用费两部分。资金成本率是根据固定资产投资需要筹措的资金计算的加权平均资金成本率。

（二）机会成本率

机会成本率是固定资产投资占用的资金而丧失的用于其他投资机会的潜在收益。机会成本率是投资者要求的最低资金利润率，可以根据银行同期存款利率或国债利率确定。

（三）风险收益率

风险收益率是对含有风险的固定资产投资项目进行评价时使用的贴现率。含风险的贴现率由无风险收益率和风险溢价两部分构成。无风险收益率可以根据银行同期存款利率或国债利率确定，风险溢价可以根据固定资产投资项目的风险程度大小，确定适当的风险溢价比率。

在确定必要报酬率时，我们要注意区分以下几个概念。

（1）必要报酬率。必要报酬率是指进行投资所必须赚得的最低报酬率。必要报酬率是投资的机会成本，通常对必要报酬率的估计是同等风险条件下其他被选方案的报酬率，如进行证券投资所必须要达到的相当于市场利率的等量报酬。

（2）期望报酬率。期望报酬率是一项投资方案估计所能够达到的报酬率。如果按照期望报酬率来计算投资项目未来现金净流量的现值与投资现值的差量（净现值），则该投资项目的净现值为零。当净现值为零时，预计投资能赚得与其风险水平相对应的报酬率，此时，必要报酬率等于期望报酬率。判断投资项目可行性的标准是一个投资项目的期望报酬率必须要大于或等于其必要报酬率，此时，净现值等于或大于零。

（3）实际报酬率。实际报酬率是项目投资后实际赚得的报酬率。

在完善的资本市场中，由于资本市场能够反映所有的信息，投资者进行投资时可以获得所需要的全部信息，此时，投资者的必要报酬率等于期望报酬率，投资者会按照期望报酬率对投资项目进行估价，所有投资项目的净现值皆为零。但是，在现实中，由于投资者是按照必要报酬率对投资项目进行估价的，又由于信息的不对称的客观存在，一个投资项目的期望报酬率可能会大于、小于或等于必要报酬率。由于风险的客观存在，使得实际报酬率可能与期望报酬率之间发生较大的差异，这种差异的大小，反映了一个投资项目风险的大小。

让我们用投资者面临的一个投资项目说明三者之间的关系。在投资前，投资者首先要根据其他风险等同的投资机会，确定要求的最低报酬率，这就是必要报酬率。其次，估计若进行投资所带来的未来现金净流量，进而估计若进行投资所预计达到的报酬率，这就是期望报酬率。若期望报酬率大于等于必要报酬率，说明投资项目的净现值大于或等于零，项目具有可行性；反之，则不可行。投资项目经过一定时间的运行后，投资者实际获得了报酬，即实际报酬率。实际报酬率会远高于或低于期望报酬率，这就是风险。实际报酬率与期望报酬率、必要报酬率之间没有必然联系。

在货币时间价值的计算上，利率因素实际上表示的是投资者要求的必要报酬率。

第三节　财务管理的杠杆效应

古希腊伟人阿基米德曾经说过："给我一个支点，我将撬起地球。"这句名言形象准确地描述了自然科学中的杠杆作用。由于这个杠杆的存在，使得"力"得以"放大"——原来只能搬动100千克的重物，现在却能移动1 000千克的重物。在财务管理中，同样存在着类似的杠杆效应，如经营杠杆和财务杠杆。

财务管理中的杠杆效应是指由于固定费用（包括生产经营方面的固定费用和财务方面的固定费用）的存在，当业务量发生较小变化时，利润等会随之发生较大变化的现象。杠杆效应是现代企业资本结构决策的一个重要因素。资本结构决策需要在杠杆效应与其相关风险之间进行合理的权衡。财务管理中的杠杆有经营杠杆、财务杠杆和总杠杆（综合杠杆、复合杠杆）。由于成本按习性分类是研究杠杆问题的基础，所以本节首先介绍成本性态问题,然后分别介绍经营杠杆、财务杠杆和总杠杆。

一、成本性态分析

成本性态也称成本习性,是指成本总额对业务量的依存关系。成本总额与业务量的依存关系是客观存在的,而且具有规律性。按成本性态可以将企业的全部成本分为固定成本、变动成本和混合成本。

(一) 固定成本

固定成本是指其总额在一定时期或一定业务量范围内,不直接受业务量变动的影响而能保持固定不变的成本。例如,按直线法计提的厂房及机器设备的折旧费、管理人员的月工资、财产保险费、广告费、职工培训费、租金等,均属固定成本。由于其总额不受业务量变动的影响,因而其单位成本与业务量成反比例变动,也即随着业务量的增加,单位产品分摊的固定成本份额相对减少。反之亦然。

【例6-14】良马企业生产一种产品,其所需的加工设备,按月计提的折旧费为10 000元,该设备的最大生产能力为4 000件,产量在4 000件内变动对于成本的影响如表6-5所示。

表6-5 产量变动对固定成本的影响

产量(件)	总成本(元)	单位产品成本(元/件)
1 000	10 000	10
2 000	10 000	5
3 000	10 000	3.33
4 000	10 000	2.5
5 000	10 000	2

将表6-5中的数据在坐标图中表示,便可以用图6-1、图6-2反映出固定成本的特性。

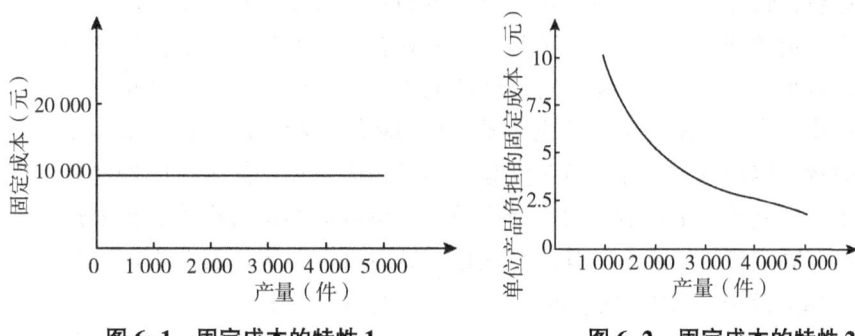

图6-1 固定成本的特性1　　图6-2 固定成本的特性2

图6-1反映了固定成本总额不受产量变动的影响,而保持不变的特性。它在图中表现为一条与横轴(产量)平行的直线。图6-2显示了单位固定成本与产量成反比例变动的基本特征,因此在图中表现为一条随着产量的增加而递减的曲线。

（1）固定成本的分类。固定成本可按其是否可以在一定期间内改变而分为约束性固定成本和酌量性固定成本两类。

约束性固定成本主要属于"经营能力成本"，是一种提供和维持生产经营所需的设施、机构而支出的成本。厂房及机器设备按直线法计提的折旧费、保险费、财产税、管理人员薪金、照明费、取暖费等属于这一类。约束性固定成本的基本特征：①其支出额的大小取决于生产经营能力的规模和质量，因此，管理当局的当前决策行动无法改变它。换言之，企业的生产经营能力一旦形成，与其相联系的成本就将在较长时期内继续存在。②由于它实质上是生产经营能力成本，是企业实现长远目标的基础，因此它的预算期通常较长。由于现代化企业采用"资本密集型"的经营方式，使约束性固定成本的比重呈不断上升趋势，这就要求企业要经济合理地利用生产经营能力，以取得更大的经济效益。

酌量性固定成本则是为完成特定活动而支出的成本。主要包括研究开发费用、广告宣传费用、职工培训费用等。酌量性固定成本的基本特征：①其发生额的大小取决于高层领导根据企业经营方针而做出的判断。换言之，这种成本的数额可由当期的经营管理决策行动加以改变。②预算期较短，通常为一年。由于其预算额只在预算期内有效，因此，企业的经理人员可以适应情况变化及时调整不同预算期的开支数。

需要说明的是，虽然酌量性固定成本的支出额是由企业高层领导决定的，但决非意味着这种成本可有可无。酌量性固定成本关系到企业的竞争能力；究其实质，是一种为企业的生产经营提供良好条件的成本，而非生产产品的成本。所以从较短期来看，其发生额同企业的产量并无直接关系。就这一点而言，它同约束性固定成本是一致的，故两者共同组成固定成本。

（2）固定成本的"相关范围"概念。固定成本的"固定性"并不是绝对的，而是有条件限制的。这一条件在管理会计中统称为"相关范围"。所谓"相关范围"，是我们理解成本形态的一个重要概念，它具有如下的特定含义：①它是指特定的期间。从较长时期看，所有成本都是可变的。即使是约束性固定成本，其总额也会发生变化。因为，随着时间的推移，企业生产经营能力的规模和质量都将发生变化，由此必然引起厂房扩建、设备的更新、管理人员的增减，从而改变折旧费、大修理费及工资的支出额。由此可见，只有在一定的期间内，企业的某些成本才具有不随产量变动的固定性特征。②它是指特定的产量水平，一般指企业现有的生产能力水平。因为产量一旦超过这一水平以后，势必要扩建厂房、增添设备、扩充必要的机构和增加相应的人员，从而使原属于固定成本的折旧费、修理费、管理人员工资等也必然相应增加，甚至在广告宣传方面也可能要追加支出，以便扩大生产能力而使增产的产品得以顺利销售出去。很显然，即使在有限期间内具有固定特征的成本，其固定性也是针对某一特定产量范围而言的。如果脱离了一定的"相关范围"，固定成本的"固定性"就不复存在。

假设在【例6-14】中，该企业所生产的这种产品将其产量增加到6 000件，则此时该企业就需要再添置一台同类设备，以满足生产的需要。这样折旧费就将扩大到20 000元。我们可以将有关的数据在图6-3中反映出来，以形象地说明"相关范围"的含义。

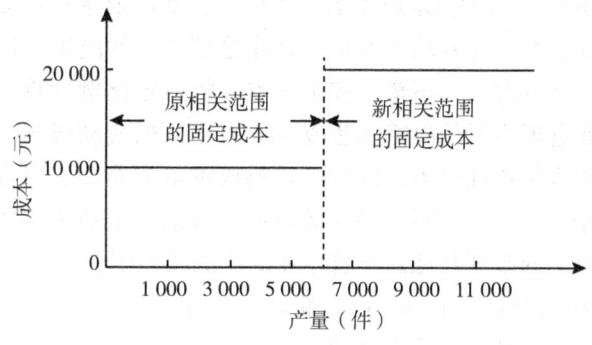

图 6-3 固定成本的"相关范围"

(二) 变动成本

变动成本是指在一定期间和一定业务量范围内其总额随着业务量的变动而成正比例变动的成本，如直接材料费、产品包装费、按件计酬的工资薪金或推销佣金，以及按加工量计算的固定资产折旧费等，均属于变动成本。与固定成本形成鲜明对照的是，变动成本的总量随着业务量的变化呈正比例变动关系，而单位业务量中的变动成本则是一个定量。这是成本按性态划分的一个内在逻辑。

【例6-15】我们假定【例6-14】中单位产品的直接材料成本为20元，当产量分别为1 000件、2 000件、3 000件、4 000件、5 000件时，材料的总成本和单位产品的材料成本如表6-6所示。

表6-6 产量变动对变动成本的影响

产量（件）	材料总成本（元）	单位产品材料成本（元）
1 000	20 000	20
2 000	40 000	20
3 000	60 000	20
4 000	80 000	20
5 000	100 000	20

将上例有关数据在坐标图中表示，则变动成本的特征模型如图6-4、图6-5所示。

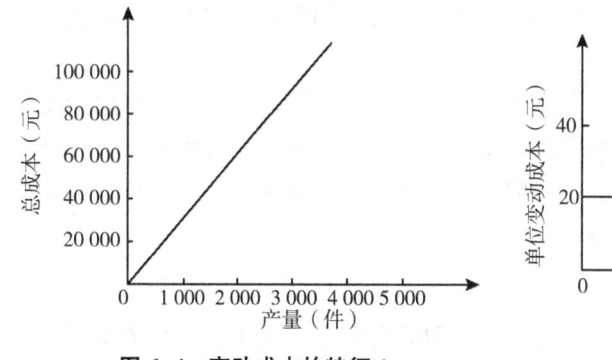

图 6-4 变动成本的特征 1

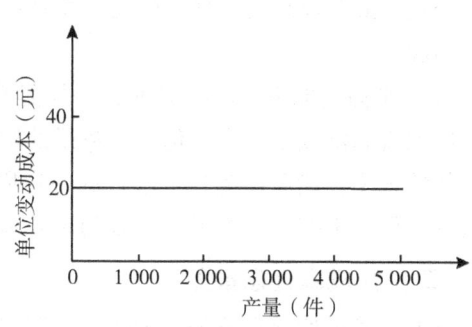

图 6-5 变动成本的特征 2

(1) 变动成本的分类。借助固定成本的分类标准,变动成本也可以分为酌量性变动成本和约束性变动成本。酌量性变动成本是指企业管理当局的决策可以改变其支出数额的变动成本,如按产量计酬的工人薪金、按销售收入的一定比例计算的销售佣金等。约束性变动成本是指企业管理当局的决策无法改变其支出额的变动成本。这类成本通常表现为企业所生产产品的直接物耗成本,以直接材料成本最为典型。当企业所生产的产品定型(包括外形、大小、色彩、重量、品质等方面)以后,上述成本的大小就具有很大程度的约束性。这类成本的改变往往意味着企业的产品改型了。

(2) 变动成本的相关范围(图6-6)。变动成本与业务量之间的这种正比例关系只是在一定业务量范围内有效,超出这一业务量范围,两者之间就可能不存在这种正比例关系。例如,当企业的产品产量较小时,单位产品的材料成本和人工成本就可能比较高。但当产量逐渐上升到一定范围内(即相关范围内)时,由于材料的利用可能更加充分、人工的作业安排可能更加合理等原因,会使单位产品的材料成本和人工成本逐渐降低。当产量突破上述范围继续上升时,可能使某些变动成本项目超量上升(如加倍支付工人的加班工资),从而导致单位产品中的变动成本由降转升。上述情况变化可以通过图 6-6 表示。

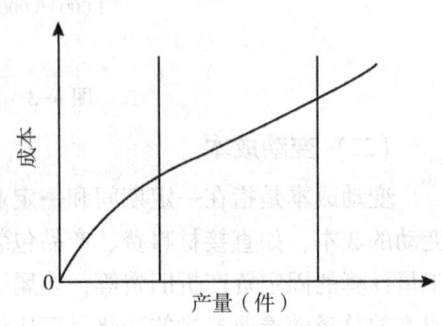

图 6-6 变动成本的"相关范围"

(三) 混合成本

混合成本顾名思义是指那些"混合"了固定成本和变动成本两种不同性质的成本。这类成本的特征是,其发生额的高低虽然直接受业务量大小的影响,但不存在严格的比例关系。人们需要对混合成本按性态进行近似的描述(称混合成本的分解),只有这样才能为决策所用。其实,企业的总成本就是一项混合成本。

混合成本的项目繁多,根据其发生的具体情况,通常可以分为以下两类。

(1) 半变动成本。此类成本的特征是通常有个基数部分,在基数范围内,它不随业务量的变化而变化,体现着固定成本性态;但在基数部分以上,则随业务量的变化呈正比例变化,此时呈现变动成本性态。企业的公共事业费,如电费、水费、电话费等均属半变动成本。

(2) 半固定成本。此类成本的特征是在一定业务量范围内其发生额的数量是不变的,体现着固定成本性态;但当业务量的增长达到一定限额时,其发生额会突然跃升到一个新的水平;然后在业务量增长的一定限度内(即一个新的相关范围内),其发生额的数量又保持不变,直到另一个新的跃升为止。

(四) 总成本性态模型

以上将成本按性态分为变动成本、固定成本和混合成本三大类,混合成本又可按一定方法分解为变动成本和固定成本,这样总成本性态模型可用下式表示:

$$y = a + bx$$

式中：y——总成本；
$\quad\quad a$——固定成本；
$\quad\quad b$——单位变动成本；
$\quad\quad x$——业务量。

（五）边际贡献和利润的计算

（1）边际贡献。边际贡献（又称贡献边际、贡献毛益、边际利润等）指销售收入减去变动成本以后的差额。其计算公式如下：

$$M = S - V = (P - b)x = mx$$

式中：M——边际贡献总额；
$\quad\quad S$——销售收入总额；
$\quad\quad V$——变动成本总额；
$\quad\quad P$——单价；
$\quad\quad b$——单位变动成本；
$\quad\quad x$——产销数量；
$\quad\quad m$——单位边际贡献。

（2）利润。这里的利润为支付利息和缴纳所得税之前的利润，通常称为息税前利润（$EBIT$）。成本按性态分类后，息税前利润可用下列公式计算：

$$EBIT = S - V - a = x(P - b) - a = M - a$$

二、经营杠杆

（一）经营杠杆的概念

在某一固定成本总额下，业务量变动对息税前利润产生的作用，称为经营杠杆。业务量的变动必然引起边际贡献的变动，而且两者的变动率是一致的。这一点可由下式证明：

$$M = (P - b)x$$

当 P、b 不变时，上式两端同时乘以一个常数，其恒等关系不变。业务量的变动同时也会引起息税前利润的变动，但是由于固定成本的存在，利润变动率大于业务量变动率，这一点由下式可以得到证明：

$$\because M > EBIT$$

$$\therefore \frac{M}{EBIT} > 1，即 \frac{mx}{mx - a} > 1$$

当 $x \to \infty$ 时，$\frac{mx}{mx - a} \to 1$

上式说明利润（分母）的变动速度比边际贡献（分子）的变动速度要快，即利润的变动率大于边际贡献的变动率，而边际贡献的变动率与业务量的变动率相等，因此，利润的变动率大于业务量的变动率。

（二）经营杠杆的计量

从上述情况可知，只要企业存在固定成本，就存在经营杠杆作用。但不同的企业，经营杠杆作用的程度是不完全一致的，为此，需要对经营杠杆进行计量。对经营杠杆进行计量的最常用指标是经营杠杆系数或经营杠杆度。所谓经营杠杆系数，是指息税前利润变动率相当于业务量变动率的倍数。其计算公式为：

$$DOL = \frac{\triangle EBIT/EBIT}{\triangle S/S}$$

式中：$\triangle EBIT$——息税前利润变动额；

$\triangle S$——销售变动额。

实际操作时，为了计算上的方便，可将上列公式转化为：

$$DOL = \frac{M}{EBIT}$$

$\because EBIT = x(P-b) - a$

$\triangle EBIT = \triangle x(P-b)$

$\therefore DOL = \dfrac{\triangle EBIT/EBIT}{\triangle S/S} = \dfrac{\triangle x(P-b)}{x(P-b)-a} \cdot \dfrac{S}{\triangle S}$ （$\because$ 当 p 不变时，$\dfrac{S}{\triangle S} = \dfrac{x}{\triangle x}$）

$= \dfrac{M}{EBIT}$

【例 6-16】平凤企业生产甲产品，年产销量为 40 000 件时，单位售价为 100 元。若单位产品的变动成本为 60 元，固定成本为 500 000 元，试计算该企业的经营杠杆系数。

$$DOL = \frac{M}{EBIT} = \frac{40\ 000\ (100-60)}{40\ 000\ (100-60) - 500\ 000} = 1.455\ （倍）$$

以上计算结果表明，该企业当初始销售量为 40 000 件时，产销量每变动 1%，就引起息税前利润变动 1.455%，即息税前利润变动为产销量变动的 1.455 倍。

（三）经营杠杆与经营风险

引起企业经营风险的主要原因，是市场需求、产品成本、售价及固定成本的比重等因素的不确定性，经营杠杆本身并不是利润不稳定的根源。但是产销量增加时，息税前利润将以 DOL 的倍数的幅度增加；当产销量减少时，息税前利润将以 DOL 倍数的幅度减少。可见，经营杠杆系数扩大了市场和生产等不确定因素对利润变动的影响。而且经营杠杆系数越高，利润变动越激烈，企业的经营风险就越大。于是，企业经营风险的大小和经营杠杆有重要关系。

一般来说，在其他因素不变的情况下，固定成本越高，经营杠杆系数就越大，经营风险也越大。由经营杠杆系数的计算公式可知：

$$DOL = \frac{M}{EBIT}$$

$\because EBIT = M - a$

$\therefore DOL = \dfrac{M}{M-a}$

上式表明，DOL 将随着 a 的变化量同方向变化，即其他因素不变时，固定成本越高，DOL 越大。同理固定成本越高，企业经营风险也就越大。

【例 6-17】根据表 6-7 中的数据测算甲、乙两家企业哪家企业的风险大。

表 6-7　甲、乙两企业的有关资料

企业	销售状况	概率	销售量（万件）	单价（元）	边际贡献（万元）	单位变动成本（元）	固定成本（万元）	息税前利润(万元)
甲	畅销	0.5	10	30	10	200	50	150
	一般	0.3	5	30	10	100	50	50
	较差	0.2	2	30	10	40	50	-10
乙	畅销	0.2	10	30	12	180	60	120
	一般	0.6	5	30	12	90	60	30
	较差	0.2	2	30	12	36	60	-24

为了测算两个企业风险的大小，先计算两家企业最有可能的经营杠杆系数。

(1) 甲企业的期望边际贡献为：

$$\overline{M}_{甲} = 200 \times 0.5 + 100 \times 0.3 + 40 \times 0.2 = 138（万元）$$

甲企业的期望息税前利润为：

$$\overline{EBIT}_{甲} = 150 \times 0.5 + 50 \times 0.3 + (-10) \times 0.2 = 88（万元）$$

甲企业最有可能的经营杠杆系数为：

$$DOL_{甲} = \frac{\overline{M}_{甲}}{\overline{EBIT}_{甲}} = \frac{138}{88} = 1.57$$

(2) 乙企业的期望边际贡献为：

$$\overline{M}_{乙} = 180 \times 0.2 + 90 \times 0.6 + 36 \times 0.2 = 97.2（万元）$$

乙企业的期望息税前利润为：

$$\overline{EBIT}_{乙} = 120 \times 0.2 + 30 \times 0.6 + (-24) \times 0.2 = 37.2（万元）$$

乙企业最有可能的经营杠杆系数为：

$$DOL_{乙} = \frac{\overline{M}_{乙}}{\overline{EBIT}_{乙}} = \frac{97.2}{37.2} = 2.61$$

从上述计算可知，乙企业的经营杠杆系数比甲企业大，说明乙企业的经营风险要大于甲企业。也可通过计算比较甲、乙两企业期望息税前利润的标准离差率，以说明其风险大小。

(1) 甲企业期望息税前利润的标准离差为：

$$\sigma = \sqrt{(150-88)^2 \times 0.5 + (50-88)^2 \times 0.3 + (-10-88)^2 \times 0.2} = 65.39$$

标准离差率：

$$q = \frac{\sigma}{EBIT} = \frac{65.39}{88} = 74.3\%$$

（2）乙企业期望息税前利润的标准离差为：

$$\sigma = \sqrt{(120-37.2)^2 \times 0.2 + (30-37.2)^2 \times 0.6 + (-24-37.2)^2 \times 0.2} = 46.38$$

标准离差率：

$$q = \frac{46.38}{37.2} = 124.68\%$$

乙企业的标准离差率大，说明乙企业的经营风险大。

（四）经营杠杆与经营风险的关系

经营风险，是指企业因经营上的原因而导致息税前利润变动的风险。影响经营风险的因素很多，主要有市场对产品的需求、产品售价、产品成本、企业调整价格的能力和固定成本的比重等。经营杠杆本身并不是利润不稳定的根源，也不是经营风险变化的来源，它只是衡量经营风险大小的量化指标。事实上，是销售和成本水平的变化引起了息税前收益的变化，经营杠杆系数只不过是放大了 EBIT 的变化，即扩大了市场和生产等不确定因素对利润变动的影响，也就是放大了公司的经营风险。经营杠杆越高的企业，其企业经营风险也越高。企业一般可以通过增加销售额、降低产品单位变动成本、降低固定成本比重等措施使经营杠杆系数下降，降低经营风险，但这往往要受到条件的制约。

三、财务杠杆

（一）财务杠杆的概念

不论企业盈余多少，企业债务的利息和优先股的股利都是固定不变的。当息税前利润增大时，每一元盈余所负担的固定财务费用就会相对减少，就能给普通股股东带来更多的盈余；反之，当息税前利润减少时，每一元盈余所负担的固定财务费用就会相对增加，这就会大幅度减少普通股的盈余。这种债务对投资者收益的影响，称作财务杠杆。

（二）财务杠杆的计量

财务杠杆作用的大小可用财务杠杆系数来表示。财务杠杆系数是指普通股每股利润的变动率相当于息税前利润变动率的倍数。其计算公式为：

$$DFL = \frac{\triangle EPS/EPS}{\triangle EBIT/EBIT}$$

式中：DFL——财务杠杆系数；

EPS——普通股每股股利；

$\triangle EPS$——普通股每股利润增量。

在实际工作中，为了计算方便可将上式转化为：

$$DFL = \frac{EBIT}{EBIT - I - \frac{d}{1-T}}$$

式中：D——优先股股利。

$\because EPS = [(EBIT - I)(1-T) - d]/N$

$\triangle EPS = [\triangle EBIT (1-T)]/N$

$\therefore DFL = \frac{\triangle EPS/EPS}{\triangle EBIT/EBIT} = \frac{\triangle EBIT (1-T)/N}{[(EBIT-I)(1-T) - d]/N} \cdot \frac{EBIT}{\triangle EBIT} = \frac{EBIT}{EBIT - I - \frac{D}{(1-T)}}$

式中：N——流通在外的普通股股数。

就未发行优先股的企业而言，其财务杠杆系数的计算公式为：

$$DFL = \frac{EBIT}{EBIT - I}$$

【例6-18】假设德琼公司在拟定的三种资本结构方案中，预计投资收益率均为10%，所得税率为33%，各种资本结构的财务杠杆作用如表6-8所示：

表6-8 德琼公司财务杠杆作用情况　　　　　　　　　　单位：元

项目	A方案	B方案	C方案
8%公司债券	—	400 000	—
12%公司债券	—	—	500 000
普通股股本	1 000 000	600 000	500 000
资金总额	1 000 000	1 000 000	1 000 000
息税前利润	100 000	100 000	100 000
利息	—	32 000	60 000
税前利润	100 000	68 000	40 000
所得税（33%）	33 000	22 440	13 200
税后利润	67 000	45 560	26 800
普通股股数	100 000	60 000	50 000
每股利润	0.67	0.759	0.536
财务杠杆系数	1	1.47	2.5

由表6-8可见，A、B、C三种方案的投资总额、息税前利润和投资收益率均相等，所不同的只是资本结构，并由此产生了财务杠杆作用对普通股每股利润的不同影响如下。

A方案：资金全部为普通股股本，没有财务杠杆作用。当息税前利润变动1%时，普通股每股利润也变动1%，两者同比例升降。

B方案：资金构成中负债占40%，由于负债利率小于企业投资收益率，使普通股每股利润上升为 0.759 元。财务杠杆系数为 1.47，即普通股每股利润的变动是息税前利润变动的 1.47 倍，所以企业将因举债经营使财务风险加大。

C 方案：资本结构中负债比重上升至 50%，且负债利率大于企业投资收益率，使普通股每股利润降为 0.536 元，但财务杠杆作用程度却上升到 2.5，即普通股每股利润的变动是息税前利润变动的 2.5 倍，因而其财务风险比 B 方案更大。当然财务风险也可按前述方法通过计算自有资金期望收益率的标准差来衡量。

(三) 财务杠杆与财务风险的关系

财务风险是指为取得财务杠杆利益而利用负债资金时，增加了破产机会或普通股利润大幅度变动的机会所带来的风险。企业为取得财务杠杆利益，就要增加负债，一旦企业息税前利润下降，不足以补偿固定利息支出，企业的每股利润就会下降得更快。当企业投资收益率小于负债利率则不能取得财务杠杆利益，只有当企业投资收益率高于负债利率，才能取得杠杆利益，这就是说，企业利用财务杠杆，可能产生好的效果，也可能产生不好的效果。

四、总杠杆（综合杠杆或复合杠杆）

经营杠杆作用探讨的是销量变化对息税前利润产生的影响，而财务杠杆作用探讨的是息税前利润的变化对企业普通股每股利润产生的影响。两者联合作用下销售量变动对企业普通股每股利润产生的影响，必须用总杠杆（综合杠杆、复合杠杆）系数来测量。

总杠杆系数是指每股利润变动率相当于业务量变动率的倍数。其计算公式为：

$$DTL = \frac{\triangle EPS/EPS}{\triangle S/S}$$

式中：DTL——总杠杆系数。

为简化计算，可根据上述公式推导出计算总杠杆系数的简单公式：

$$DTL = \frac{\triangle EPS/EPS}{\triangle S/S} = DOL \cdot DFL = \frac{M}{EBIT} \times \frac{EBIT}{EBIT - I - \frac{d}{t}}$$

$$= \frac{(p-b)x}{(p-b)x - a - I - \frac{d}{1-T}}$$

若企业未发行优先股，其总杠杆系数的计算公式可简化为：

$$DTL = \frac{(p-b)x}{(p-b)x - a - I}$$

【例 6-19】某企业生产甲产品，销售量在 30 000 件时售价为 200 元，单位产品变动成本为 150 元，固定成本为 500 000 元，利息支出为 300 000 元，普通股每股利润为 0.75 元。则总杠杆系数为：

$$DTL = \frac{30\ 000 \times (200-150)}{30\ 000 \times (200-150) - 500\ 000 - 300\ 000} \approx 2.14$$

以上计算结果表明：该企业产销量每变动 1%，就引起普通股每股利润变动 2.14%，即普通股每股收益变动是销售量变动的 2.14 倍。每股利润的变动幅度之大,显示了企业在经营杠杆和财务杠杆总作用下经营风险加大了。

复合杠杆与企业总风险的关系:

企业总杠杆系数越大,每股利润波动幅度就越大。由于总杠杆作用使每股利润大幅度波动而造成的风险,称为总风险。在其他因素不变的情况下,总杠杆系数越大,总风险越大;总杠杆系数越小,总风险越小。

第四节 资本结构理论

一、资本结构概述

(一) 资本结构的含义

资本结构是指企业各种资本的构成及其比例关系。如何确定最优资本结构是企业筹资决策的核心问题。企业的筹资,往往是长期筹资与短期筹资、内部筹资与外部筹资、直接筹资与间接筹资等方式的组合。企业资本结构是由企业采用的各种筹资方式而形成的,各种筹资方式的组合类型决定着企业的资本结构及其变化。企业筹资方式虽然很多,但总的来看可以分为债务资本和权益资本两类。资本结构问题总的来说是债务资本的比例问题,即负债在企业全部资本中所占的比重。在实务中,资本结构有广义和狭义之分。狭义的资本结构是指长期资本结构;广义的资本结构是指全部资本(包括长期资本和短期资本)结构。

(二) 资本结构的作用

企业资本结构主要研究的是债权资本的比例配置问题。在企业的资本结构决策中,合理利用债权筹资,科学安排债权资本的比例,对企业理财目标的实现具有重要的意义。

(1) 合理安排债权资本比例可以降低综合资金成本。由于债务利息在所得税前利润中扣除,有抵税作用,因而债权资本成本明显低于股权资本成本。因此,在一定的限度内合理地提高债权资本所占的比例,可以降低企业的综合资金成本。

(2) 合理安排债权资本比例可以获得财务杠杆利益。由于债务利息特别是长期债权资本的利息通常是固定不变的,当息税前利润增大时,每单位利润所负担的固定利息会相应降低,从而可供所有者分配的税后利润有所增加。因此,在一定限度内合理地利用债权资本,可以发挥财务杠杆的正效应,使企业所有者获得财务杠杆利益。

(3) 合理安排债权资本比例可以增加企业价值。一般而言,企业的价值是由债权资本的市场价值与股权资本的市场价值组成的。而市场价值是由未来现金流量折现所得的,折现时通常以企业的综合资金成本作为折现率,当未来现金流量一定时,综合资金成本越低,企业的价值越大。因此,合理安排资本结构有利于增加企业价值。

(三) 资本结构的管理

企业资本结构的管理就是最优资本结构的决策,即确定一个最佳的负债比例,使得企业筹资成本最低，企业价值最大。

衡量企业资本结构是否合理的主要标准如下。

(1) 综合资金成本最低，企业为筹资所花费的代价最少。

(2) 筹集到手能供企业使用的资金最充分，能确保企业长短期经营和发展的需要。

(3) 股票市价上升，股东财富最大，企业总体价值最大。

(4) 企业财务风险最小。

企业资本结构管理要注意以下几点。

(1) 资本结构决策是管理的重要内容，资本结构的变动会影响企业股东、债权人的力量对比，进而影响决策的制定。因此，必须明确其决策主体为股东大会及其董事会，将资本结构决策作为重大决策事项。

(2) 负债筹资确实存在税收的屏蔽及抵免作用，但是增加负债也会带来破产成本和代理成本的上升。每个企业都存在着最优的负债比率，即存在一个最佳负债点，在这一点上，企业增加一个单位负债所带来的破产成本和代理成本的上升正好抵消了增加一个单位负债筹资所带来的抵税收益。因此，负债要有限额，而不能无节制。

(3) 最佳资本结构的确定受企业面临的经营风险的影响。对于经营风险较高的企业，保持适度或较低的负债比率和财务风险也许是必要而可行的；而对于经营风险较低的企业，可以适当考虑多采用负债筹资，从而把企业的整体风险控制在一个适宜的范围内。

(4) 当企业试图改变其资本结构时，这种改变事实上是在向市场及投资者提供关于企业未来发展、未来收益及其企业市场价值的一种（组）信号，这种信号的潜在作用与反作用不能低估，企业管理者与决策当局必须谨慎从事。

二、资本结构理论

在财务管理理论中，关于财务管理目标的定义有这样一种提法，即财务管理的目标是为了实现企业总体价值的最大化。资本结构理论就是基于这个命题而着重研究资本结构中负债与权益比例的变化对企业总体价值的影响。资本结构理论研究起始于20世纪50年代，以戴兰德为代表的西方经济学家提出了净收入理论、净营运收入理论和传统理论三种观点。近年来，最有影响的是莫迪格莱尼（Modigliani）和米勒（Miller）提出的现代资本结构理论，他们在上述三种理论基础上提出的理论模式，在财务学中被称为MM理论。MM理论为资本结构理论的发展作出了重大贡献，为后续资本结构理论研究奠定了坚实的基础。

（一）早期资本结构理论

早期资本结构理论是由美国经济学家戴兰德于1952年提出的。他认为，资本结构可以按净收入理论、净营运收入理论和传统理论来建立。

(1) 净收入理论。这种理论认为，企业利用债务，即加大财务杠杆度，可以降低其资本成本，并且会提高企业价值。因此，企业举债越多，资本成本越低；倘若举债100%，则公司价值最大。该理论的缺陷是没有考虑财务风险对资本成本和企业价值的影响。

（2）净营运收入理论。该理论认为，无论企业财务杠杆如何变动，综合资本成本和企业价值都是固定的。其假设是增加资本成本较低的债务资本，会增大权益资本的风险，从而使权益资本成本上升。因此，资本结构与资本成本和企业价值无关，资本结构的选择也毫无意义。该理论的缺陷是过分夸大了财务风险的作用，并忽略了资本成本与资本结构之间的内在联系。

（3）传统理论。该理论认为，财务杠杆的利用伴随着财务风险，从而伴随着债务资本成本和所有者权益资本成本的提高；同时，综合资本成本与负债权益比率密切相关，资本成本不能独立于资本结构之外。因此，最佳资本结构是客观存在的。具体地说，当企业的负债在一定范围之内，债务资本成本与权益资本成本不会显著增加，并且相对稳定，一旦超过该范围，两者均随债务比例的上升而上升。所以，最优资本结构就在债务资本的边际成本等于权益资本的边际成本那一点上。

（二）现代资本结构理论

早期的资本结构理论是建立在经验判断和直观分析的基础上，缺乏严密的理论推导和论证。但是它为现代资本结构理论的建立和发展奠定了基础。而 MM 理论的产生则标志着资本结构理论的发展进入了一个崭新的阶段。

MM 理论是由莫迪格莱尼和米勒于 1958 年在《资本成本、公司财务和投资理论》的论文中提出的。在论文中，他们提出并论证了公司市场价值与资本结构无关这一观点，这与传统资本结构理论特别是净收入理论大相径庭，因而被认为是现代资本结构理论的开端和最有影响的资本结构理论。他们两人分别于 1985 年和 1990 年获得诺贝尔经济学奖。

MM 理论的发展经历了三个阶段：MM 理论的无税模型、MM 理论的公司税模型和米勒模型。

（1）MM 理论的无税模型。莫迪格莱尼和米勒关于资本结构理论的研究是建立在完善的资本市场假设的基础上的。这些假设包括：①无市场交易成本，投资者均可方便、无成本地获取所需的各种信息；②公司资产总额不变，但资产结构可以通过发行债券以及回购股票等方式得以改变；③投资者预期的息税前利润（EBIT）或净营业收入不变；④不考虑公司增长问题，且公司所有收入全部分配现金股利；⑤假设没有公司所得税和个人所得税，也不考虑破产成本因素；⑥不论举债多少，公司和个人的负债无风险。

在以上假设的基础上，MM 理论认为，公司的市场价值与资本结构无关。由于市场上存在着套利机制，公司增加负债虽然会使加权平均资本成本降低，但财务风险的加大又会使权益资本成本增加，两方面作用相抵消，结果是公司的加权平均资本成本和总价值不受资本结构的影响。

对 MM 理论可以从以下两个方面理解：①因为在一系列假设条件下，股东可以自制财务杠杆（即利用负债）来完全替代公司的财务杠杆，所以，公司选择何种资本结构就没有任何实际意义了。同样，在假设条件下，股东可以自制股利来完全替代公司支付的股利，公司股利政策也就与公司价值无关。因此，无论是资本结构无关论还是股利政策无关论，都说明了一个深刻的道理，即公司价值的创造关键取决于公司财务管理是否能为股东做其本人所不能做的某些事情。②公司的价值只取决于其未来收益的现值，而与其资本结构（即负债/股东权益比）无关。

通过展示资本结构与公司价值无关所依据的假设，MM 理论提供了有关负债筹资何时和如何影响公司价值的重要见解。

（2）MM 理论的公司税模型。MM 公司税模型又称修正的 MM 理论。当存在公司所得税时，由于税法允许利息支出作为费用在公司缴纳所得税前列支，因此负债经营形成税收屏蔽，为公司带来节税效应。这是莫迪格莱尼和米勒两人在 1963 年共同发表的另一篇论文《公司所得税与资本成本：修正的模型》中提出的，其基本思路为：由于负债的税蔽作用所产生的财务杠杆效应，公司可以通过增加负债降低加权平均资本成本，从而使公司的价值随着负债比例的提高而提高。根据 MM 公司税模型，由于负债的节税效应，负债经营对加权平均资本成本和公司价值的影响确实很大。从理论上讲，当负债比率达到 100%时，综合资本成本最低，公司价值最大。然而，这种状况在现实生活中不可能实现，根本原因在于 MM 理论的假设条件实际上是无法达到的。

（3）米勒模型。1977 年，米勒发表了《税收、资本成本：校正》的论文，说明了同时考虑公司所得税和个人所得税条件下负债经营对公司价值的影响。其基本思想是：MM 公司税模型过高地估计了负债经营对公司价值的作用，实际上，个人所得税在某种程度上递减了负债经营的减税利益，有负债公司的价值等于无负债公司的价值加上负债带来的税收节约价值。

MM 理论对于开拓人们的视野，推动资本结构理论的研究，引导人们从动态的角度把握资本结构与资本成本、公司价值之间的关系以及股利政策与公司价值的关系，具有十分重要的意义。MM 理论的重要贡献还在于把融资与投资紧密结合起来了，把以往财务管理主要对资产负债表右侧（筹资决策）的关注调整到资产负债表的左侧（投资决策），因此，在财务管理发展史上具有划时代的意义。但是，就如其他经济理论一样，MM 理论只是在一组特殊的假设条件下才能成立，这使得其在解决实际问题时，存在一定的局限。也正是这一系列假设条件的存在，使得 MM 理论在逐渐放宽假设条件后，得到不断的发展。

（三）资本结构理论研究的新发展

1. 权衡理论

MM 理论没有考虑财务拮据成本与代理成本。在 MM 理论的基础上，以斯科特和罗比切等人为代表的经济学家考虑企业的财务拮据成本和代理成本，提出了企业资本结构权衡理论。权衡理论的贡献在于，它是在 MM 理论的基础上，充分考虑财务拮据成本和代理成本两个因素后对资本结构的研究。

财务拮据成本是指企业因财务拮据而发生的成本。例如，企业因经营效益达不到预期水平，但仍然需要按期还本付息，管理人员为缓解燃眉之急而采取推迟机器大修、降价拍卖资产而使企业蒙受的损失，或者因企业客户和供应商不再提供商业信用而使企业蒙受的损失等。财务拮据成本多发生在有负债的企业里，而且负债越多，固定的利息费用就越多，从而使收益下降。财务拮据成本的提高，势必导致企业资本成本的提高和企业价值的下降。

代理成本是指为处理股东和经理之间、债券持有者与经理之间的关系而发生的成本，它包括在工作中发生的监督成本以及经营效率下降导致的企业价值降低。

权衡理论认为，负债企业的价值等于无负债企业价值加上税赋节约，再减去预期的财务拮据成本的现值和代理成本的现值。最优资本结构存在于税赋节约与财务拮据成本和代理成本相互平衡的点上。

权衡理论指出：①适度负债是有利的；②过分负债是不利的；③每一家企业都有最佳的资本结构。企业融资时，应该充分考虑财务拮据成本和代理成本的程度，以决定负债比率。在股权融资和债务融资两种方式中，过分倚重于某种融资方式，都将造成公司资本结构失当，进而导致公司不当的投资行为。

权衡理论在 MM 理论的基础上，考虑到了债务融资带来的利益和费用，并对它们进行了适当的权衡，从税收优惠及财务拮据成本和代理成本的角度研究负债融资的利弊，比无税条件和有税条件下的 MM 理论更接近现实一步。然而，权衡模型理论中的代理成本更多地关注代理行为对债务成本的影响，而对现代公司的所有权结构及委托代理机制所增加的权益资本成本考虑不足。鉴于此，在充分考虑了股权融资的代理成本和债务融资的代理成本后，代理成本理论得到了发展。

2. 代理成本理论

詹森（Jensen）和麦克林（Meckling）（1978）在《企业理论：管理行为、代理成本和所有权结构》一文中，综合了代理理论、产权理论和融资理论，扩展了外部融资的"代理成本"概念，提出了公司的"所有权"理论。该理论认为，由于管理层即使持有公司的部分股票或期权，也不能完全占有剩余收益，却要承担经营失败的全部风险，因此，他们会消极对待公司事务，积极进行在职消费，从而损害股东的利益。作为公司股票持有者的股东，一般会预期到经理层的经营行为与股票价值最大化的目标相悖，所以，在进行股权融资时，股东的预期会使股票的价格小于经理层为完全所有者时的价格，这两个价格的差值就是所谓的股权融资的"代理成本"。

在进行债务融资时，只要投资收益大于债务利息的支付，按持股比例参与剩余分配的经理层的收益就会扩大，所以，债务融资能够起到冲减股权融资"代理成本"的作用，但由于债务融资的债权方只能在公司破产时才能够享受剩余索取权，而具有道德风险的管理层可能会扩大高风险项目的投资（如果项目失败，则债务贬值），进而损害债权人的利益，所以，在确定债务利息时，债权人对道德风险发生的预期，会提高债务融资的利息率，引起债务价值下跌，债务价值的下跌部分就是债务融资的"代理成本"。

总体来说，公司总代理成本取决于互相对冲的债务融资的代理成本和股权融资的代理成本，当负债比率增加时，负债代理成本也随之增加而权益代理成本下降；反之，当负债比率下降时，负债代理成本也随之下降而权益代理成本上升。两者相互作用的结果是存在一个动态的最佳资本结构，在最佳的资本结构下，公司的总代理成本最小，公司的价值达到最大。

詹森和麦克林的代理理论将现代公司经营所涉及的委托代理问题引入资本结构理论的研究中，为资本结构理论的研究提供了新的视角。但是，该理论对现实企业融资活动中存在的融资偏好问题未作出直接的、正面的回答。

3. 不对称信息理论

不对称信息是相对于企业管理者如经理人员和普通投资者而言的，即经理人员通常能比投资者掌握企业更多的、更真实的各种信息。经理人员能直接接触乃至操纵企业的有关信息，而普通投资者只有通过相关渠道了解企业信息。不对称信息理论是企业资本结构理论的重要组成部分，其基本思想是由于不对称信息的存在，企业在决定筹资顺序和确定最佳资本结构时，应当考虑投资者对企业价值的不同预期这一重要因素。企业筹资、投资和股利分配决策的改变在实质上都意味着一种信号，一种对投资者有用的且关于管理者评价企业预期收益、市场价值的市场信号。一般来说，资本结构改变及新股发行将对股市产生消极影响，而新债发行将不会对股市产生重大影响，股票回购将对股市产生积极影响，提高负债比率的行为将对股市产生积极作用；反之则相反。

信息不对称现象在企业管理中不容忽视。由于经营者总是试图谋求股东利益最大化，即股票价格最大化，因此，当企业股票价格被投资者低估时，该企业就有动机在财务信息上耗费额外的资源，借以阐明事实；而股票价格被高估的企业则通过不提供附加信息的方式含蓄地阐明事实，这一过程一直持续到那些业绩最差的企业不再发出信号揭示其价值为止。

不对称信息理论对现代企业理财的启示：①若存在着不对称信息，企业只有当承担着一项异常盈利项目，或企业理财当局认定股价被高估时，才能发行新股。②投资者若得知企业即将发行新股的消息，会抛售企业的原股票，引起股价下跌。③当存在不对称信息时，企业的筹资顺序是首先以企业内部产生的资金筹资，包括留存收益、折旧基金等；如果需要外部筹资，企业首先会发行债券，然后是可转换债券，最后万不得已才是普通股票。因此，企业需要将很大一部分留存收益转为生产性资金，提高股本比重，降低负债比率，以保证筹资的储备能力。这种能力在企业承担一项有巨额现金净流量或需要外部资金来完成的投资项目时，显得特别重要。总之，新股筹资在不对称信息环境中是一种风险极大、代价过高的筹资方式。

4. 新优序融资理论

到了 20 世纪 70 年代后期，信息经济学的研究成果被引入到资本结构理论的研究当中。梅耶斯（Myers）和迈基里夫（Majluf）沿着信息不对称的思路，提出了新优序融资理论，第一次正面回答了企业的融资偏好问题，并做出了令人信服的理论解释。新优序融资理论的中心思想：①企业偏好内部融资；②如果需要外部融资，则偏好债务融资。即企业融资首先是留存收益融资，然后是债务融资，最后才是股票融资。

在梅耶斯和迈基里夫合作的《企业知道投资者所不知道信息时的融资和投资决策》一文中，他们对新优序融资理论进行了较为完整的阐述。他们认为，在信息不对称时，经营者（内部人）比市场或投资者（外部人）更加了解企业收益和投资的真实情况。外部人只有根据内部人所传递的信号来重新评价他们的投资决策。企业资本结构、财务决策或股利政策都是内部人传递信号的手段。假设企业为投资新项目必须寻找新的外部融资方式，由于经营者比潜在的投资者更加了解投资项目的实际价值，因此，如果项目的净现值是正的，说明该项目具有较好的获利能力，这时候，经营者代表旧股东的利益，不愿意发行新股，以免把包含有项目好消息的信号传递给投资者，从而把投资收益转让给新的股东。投资者在了解经营者的这种行为模式后，自然会把企业发行新股信息当成一种坏信息，这样，投资者就会根据项目价值重新进行正确估价，从而影响到投资者对新股的出价，企业融资成本的变动就可能超过净现值。这样，发行新股对企业而言，就相当不利了，因此，经营者将谨慎对待新股的发行。另外一种情况是，当投资者发现企业发行新股时，如果没有什么其他特别的理由，就会认为这个股票肯定是被高估了，否则，经营者怎么会发行新股呢？所以，当企业宣布发行新的股票时，股票价格就会非常显著地下跌。因此，一个比较好的企业，就不会轻易地发行股票，因为它不愿意被别人当作一个高估的企业。反过来说，那些被低估的企业就更没有积极性去发行股票了。那么，当企业需要外部融资的时候，为什么会偏好于债务融资呢？梅耶斯认为，这是因为企业负债水平的变动向市场传递了一个有关企业价值变化的信号。从总平均来看，当企业增加债务、减少权益时，意味着企业借债能力提高，企业价值增加，市场接受这个好信息，所以，股票价格会上升；反之则下降。

总之，新优序融资理论认为，当企业有好的投资项目需要资本的时候，先是内部融资，使用留存收益，如果内部留存收益不够，再向银行借债，或在市场上发行债券；最后才会发行股票。

新优序融资理论从信息不对称的角度研究了公司的融资偏好问题，明确提出了企业的最优融资次序，对企业的融资行为具有指导意义。但是，新优序融资理论是在效率市场假说的基础上提出的，其主要根据国外的经验，在统计上和案例分析上得到了经验证实，其研究的背景与我国的实际情况差别较大，因此，在解释我国上市公司融资行为的偏好问题上，新优序融资理论与我国的实际情况存在着冲突。

以上介绍了现代西方资本结构理论。现代资本结构的构思是精巧而新颖的，对于寻求最优资本结构大有益处。但是，现代资本结构理论的推导是建立在一系列严格的假设条件之上的，许多假设条件在我国现实的经济条件下尚不具备。例如，我国有些企业在融资后不讲信誉，任意拖欠利息、本金、股息等，使得投资者利益得不到保障；重股票融资轻债券融资的现象还相当普遍；过度依赖外部融资，融资偏好不良；融资机制不灵等，这些不良现象都影响了该理论在我国经济环境中的运用。我国企业目前对资本结构的选择尚处于摸索阶段，资本结构经常出现巨大变动。因此，需要借鉴西方现代资本结构理论，建立起适合我国企业实际情况的资本结构理论。

(四) 资本结构理论的指导意义

1. 资本结构选择对公司价值的影响

当公司的息税前收益率大于负债利息率时，由于负债的税蔽作用即财务杠杆效应，适当增加负债会提高公司权益资本成本率,从而提高公司价值;但当公司的息税前收益率小于负债利息率时,增加债务比例,可能导致财务拮据成本、代理成本和交易费用的迅速上升,这样不但完全抵消了负债的税蔽效应,还会使公司价值降低。

2. 资本结构选择对现金流量的影响

在征税条件下,当所得税税率高于债务资本成本率时,在资本结构中提高负债比率会增加公司的总现金流量。

3. 资本结构选择对资金成本的影响

由于负债的回报即利息支付不受经营状况的影响,负债资本的投资风险低,投资人要求的回报也低;同时利息是公司在税前列支的,因此,债务资本成本较低。而权益资本的投资报酬受到公司经营状况和股利政策的影响,加大了投资人的风险,所以投资人要求的回报也高;同时由于股利在税后支付,无法产生节税效应,因此权益资本成本要高于债务资本成本。当公司资本结构中负债资本的比例提高时,由于低成本的资本所占份额较大,就会使公司加权平均资金成本降低;反之亦然。

第五节 资本结构决策

资本结构决策问题主要是确定负债资金的比率问题,即负债在企业全部资金中所占的比重。负债资金在企业财务中具有双重作用:一定程度的负债有利于降低企业资金成本;负债筹资具有财务杠杆作用,但也由此会加大企业的财务风险。为此,企业必须权衡财务风险和资金成本的关系,确定最优的资本结构。所谓最优资本结构是指在一定条件下使企业加权平均资金成本最低、企业价值最大的资金结构。从理论上讲,最优资本结构是存在的,但由于企业内部条件和外部环境经常发生变化,寻找最优资本结构十分困难。下面我们具体探讨确定资本结构的有关方法。

一、息税前收益——每股收益分析法

息税前收益(又称"息税前利润",EBIT)所代表的是业务活动本身的获利能力,不考虑财务政策对收益的影响;每股收益(又称"每股利润",EPS)则是综合反映业务活动和财务活动的业绩指标。由于公司的目的之一是实现股东收益的最大化,所以,判断资本结构是否达到最佳,就是通过分析资本结构对每股收益的影响,考虑每股收益是否达到了最大化。也可以说,最佳的资本结构,就是能使企业每股收益达到最大的资本结构。在其他条件相同的情况下,如果资本结构发生变化后,企业的每股收益增加了,那么,改变后的资本结构就优于原有的资本结构。

【例6-20】假设营培公司目前有资本5 000万元,现因生产发展需要,准备再筹集资金3 000万元。经初步论证,这些资金既可以通过发行股票来筹集,也可以通过发行债券来筹集,基本资料如表6-9所示。

表 6-9 营培公司资本结构对照

筹资方式	原资本结构	筹资后资本结构	
		发行股票	发行债券
公司债券（利率 10%）（万元）	1 000	1 000	4 000
普通股股本（面值 1 元）（万元）	2 000	4 000	2 000
资本公积	900	1 900	900
留存利润	1 100	1 100	1 100
资本合计	5 000	8 000	8 000
普通股股数（万股）	2 000	4 000	2 000

假设营培公司筹资之后的息税前利润预计为 900 万元，公司所得税税率为 30%，我们可以通过表 6-10 的计算来选择资本结构。

表 6-10 资本结构的选择

项　目	发行股票	发行债券
息税前利润（万元）	900	900
减：利息（万元）	100	400
税前利润（万元）	800	500
减：所得税（万元）	240	150
净利润（万元）	560	350
普通股股数（万股）	4 000	2 000
每股收益（元）	0.14	0.175

从表 6-10 不难看出，如果预计息税前利润为 900 万元，则营培公司应采用发行债券的方式增筹资金，这样谋求的股东收益会更大些。

【例 6-21】现波公司目前拥有长期资本 8 500 万元，其资本结构为：长期债务 1 000 万元，普通股 7 500 万元。现准备追加筹资 1 500 万元，有三种筹资方式可供选择：增发普通股、增加长期债务、发行优先股。有关资料详见表 6-11。

表 6-11　现波公司目前和追加筹资后的资本结构资料　　　　　　　单位：万元

资本种类	目前资本结构		追加筹资后的资本结构					
			增发普通股		增加长期债务		发行优先股	
	金额	比例（%）	金额	比例（%）	金额	比例（%）	金额	比例（%）
长期债务	1 000	0.12	1 000	0.10	2 500	0.25	1 000	0.10
优先股							1 500	0.15
普通股	7 500	0.88	9 000	0.90	7 500	0.75	7 500	0.75
资本总额	8 500	1.00	10 000	1.00	10 000	1.00	10 000	1.00
其他资料								
年债务利息额	90		90		270		90	
年优先股							150	
普通股股数（万股）	1 000		1 300		1 000		1 000	

当息税前利润为 1 600 万元时，为便于计算，假定公司所得税税率为 40%，下面测算这三种筹资方式追加筹资后的普通股每股利润，如表 6-12 所示。

表 6-12　现波公司预计追加筹资后的每股利润测算　　　　　　　单位：万元

项　目	增发普通股	增加长期债务	发行优先股
息税前利润	1 600	1 600	1 600
减：长期债务利息	90	270	90
所得税前利润	1 510	1 330	1 510
减：公司所得税（40%）	604	532	604
所得税后利润	906	798	906
减：优先股股利			150
普通股可分配利润	906	798	756
普通股股数（万股）	1 300	1 000	1 000
普通股每股利润（元）	0.70	0.8	0.76

由表 6-12 测算结果可见，采用不同方式追加筹资后，普通股每股利润是不相等的。在息税前利润为 1 600 万元条件下，普通股每股利润在选取增发普通股方式时最低，每股为 0.7 元；在选取增加长期债务方式时最高，每股为 0.8 元；在选取发行优先股方式时居中，每股为 0.76 元。这反映了在息税前利润一定的条件下，不同资本结构对普通股每股利润的影响。

表 6-12 所测算的结果是在息税前利润预计为 1 600 万元的情况。那么，确定了息税

前利润究竟为多少时，采用哪种筹资方式更为有利呢？这需要通过测算息税前利润平衡点来判断。其测算公式如下：

$$\frac{(\overline{EBIT}-I_1)(1-T)-D_{p1}}{N_1}=\frac{(\overline{EBIT}-I_2)(1-T)-D_{p2}}{N_2}$$

式中：$\overline{EBIT}$——息税前利润平衡点，即每股利润无差别点；

I_1，I_2——两种筹资方式下的长期债务年利息；

D_{p1}，D_{p2}——两种筹资方式下的优先股年股利；

N_1，N_2——两种筹资方式下的普通股股数。

现将表6-12的有关数据代入上式，进行测算：

增发普通股与增加长期债务两种筹资方式下的每股利润无差别点为：

$$\frac{(\overline{EBIT}-90)(1-40\%)}{1\,300}=\frac{(\overline{EBIT}-270)(1-40\%)}{1\,000}$$

$$\overline{EBIT}=870（万元）$$

增发普通股与发行优先股两种筹资方式下的每股利润无差别点为：

$$\frac{(\overline{EBIT}-90)(1-40\%)}{1\,300}=\frac{(\overline{EBIT}-270)(1-40\%)-150}{1\,000}$$

$$\overline{EBIT}=1\,173（万元）$$

上述测算结果是当息税前利润为870万元时，增发普通股和增加长期债务的每股利润相等；同样道理，当息税前利润为1 173万元时，增发普通股和发行优先股的每股利润相等。为验证，还可列表测算，如表6-13所示。

表6-13　现波公司每股利润无差别点测算　　　　　　　　　　单位：万元

项目	增发普通股	增加长期债务	增发普通股	发行优先股
息税前利润	870	870	1173	1 173
减：长期债务利息	90	270	90	90
所得税前利润	780	600	1 083	1 083
减：公司所得税（40%）	312	240	433.2	433.2
所得税后利润	468	360	469.8	469.8
减：优先股股利				150
普通股可分配利润	468	360	469.8	499.8
普通股股数（万股）	1 300	1 000	1 300	1 000
普通股每股利润（元）	0.36	0.36	0.50	0.50

上述每股利润无差别点分析的结果可用图6-7表示。

由图6-7可知，每股利润无差别点的息税前利润为870万元的意义在于：当息税前

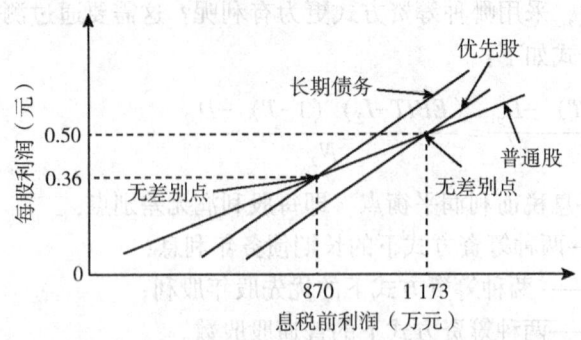

图 6-7　现波公司每股利润无差别点分析示意图

利润大于 870 万元时，增加长期债务要比增发普通股有利；而当息税前利润小于 870 万元时，增加长期债务则不利。同样道理，每股利润无差别点的息税前利润为 1 173 万元的意义在于：当息税前利润大于 1 173 万元时，发行优先股要比增发普通股有利；而当息税前利润小于 1 173 万元时，发行优先股则不利。

上述结论的前半部分，即"大于"的情况，已在表 6-12 中得到证明。例如，在表 6-12 中，息税前利润为 1 600 万元，大于 870 万元或 1 173 万元，则增加长期债务和发行优先股的每股利润分别为 0.8 元和 0.76 元，都高于增发普通股的每股利润（0.7 元），因此，增加长期债务或发行优先股都比增发普通股有利。现在举例证明结论的后半部分，即"小于"的情况。

【例 6-22】假设现波公司息税前利润为 500 万元，其他有关资料与表 6-12 相同。下面通过表 6-14 测算普通股的每股利润。

表 6-14　假设现波公司息税前利润为 500 万元时的每股利润测算　　单位：万元

项　目	增发普通股	增加长期债务	发行优先股
息税前利润	500	500	500
减：长期债务利息	90	270	90
所得税前利润	410	230	410
减：公司所得税（40%）	164	92	164
所得税后利润	246	138	246
减：优先股股利			150
普通股可分配利润	246	138	146
普通股股数（万股）	1 300	1 000	1 000
普通股每股利润（元）	0.20	0.14	0.15

由表 6-14 可知，假设息税前利润为 500 万元，小于每股利润无差别点的息税前利润 870 万元或 1 173 万元时，增加长期债务和发行优先股的每股利润分别为 0.14 元和 0.15 元，都低于增发普通股的每股利润（0.20 元），因此，增加长期债务或发行优先股都不利。

每股利润分析法的测算原理比较容易理解，测算过程较为简单。它以普通股每股利润最高为决策标准，没有具体测算财务风险因素，其决策目标实际上是股票价值最大化而不是公司价值最大化，它可用于资本规模不大、资本结构不太复杂的股份有限公司。

二、比较资金成本法

比较资金成本法是计算不同资本结构（或筹资方案）的加权平均资金成本，并以此为标准相互比较，进行资本结构决策。

企业的资本结构决策，可分为初次筹资和追加筹资两种情况。前者可称为初始资本结构决策，后者可称为追加资本结构决策。

（一）初始资本结构决策

在实际应用中，企业对拟定的筹资总额，可以采用多种筹资方式来筹集。同时每种筹资方式的筹资数额亦可有不同安排，由此形成若干资本结构决策（或筹资方案）可供选择。

【例 6-23】兴旺企业初创时有如下三个筹资方案可供选择，有关资料经测算汇入表 6-15。

表 6-15　兴旺企业的筹资方案　　　　　　　　　　　单位：万元

筹资方式	筹资方案Ⅰ		筹资方案Ⅱ		筹资方案Ⅲ	
	筹资额	资金成本（%）	筹资额	资金成本（%）	筹资额	资金成本（%）
长期借款	400	6	500	6.5	800	7.0
债券	1 000	7	1 500	8.0	1 200	7.5
优先股	600	12	1 000	12.0	500	12.0
普通股	3 000	15	2 000	15.0	2 500	15.0
合　计	5 000	—	5 000	—	5 000	—

下面分别测算三个筹资方案的加权平均资金成本，并比较其高低，从而确定最优筹资方案亦即最优资本结构。

方案Ⅰ：

(1) 各种筹资方式占筹资总额的比重：

长期借款　　　　　　400/5 000＝0.08

债券　　　　　　　　1 000/5 000＝0.2

优先股　　　　　　　600/5 000＝0.12

普通股　　　　　　　3 000/5 000＝0.6

(2) 加权平均资金成本：

0.08×6%＋0.2×7%＋0.12×12%＋0.6×15%＝12.36%

方案Ⅱ：

(1) 各种筹资方式占筹资总额的比重：

长期借款　　　　　500/5 000=0.1
债券　　　　　　　1 500/5 000=0.3
优先股　　　　　　1 000/5 000=0.2
普通股　　　　　　2 000/5 000=0.4

(2) 加权平均资金成本：

0.1×6.5%+0.3×8%+0.2×12%+0.4×15%=11.45%

方案Ⅲ：

(1) 各种筹资方式占筹资总额的比重：

长期借款　　　　　800/5 000=0.16
债券　　　　　　　1 200/5 000=0.24
优先股　　　　　　500/5 000=0.1
普通股　　　　　　2 500/5 000=0.5

(2) 加权平均资金成本：

0.16×7%+0.24×7.5%+0.1×12%+0.5×15%=11.62%

将以上三个筹资方案的加权平均资本成本相比较，方案Ⅱ的最低，在其他有关因素大体相同的条件下，方案Ⅱ是最好的筹资方案，其形成的资本结构可确定为该企业的最优资本结构。企业可按此方案筹集资本，以实现其资本结构的最优化。

(二) 追加资本结构决策

企业在持续的生产经营过程中，由于扩大业务或对外投资的需要，有时会增加筹集新资，即所谓追加筹资。因追加筹资以及筹资环境的变化，企业原有的资本结构会发生变化，从而使原来的最优资本结构未必仍是最优的。因此，企业应在资本结构不断变化中寻求最优结构，保持资本结构的最优化。

一般而言，按照最优资本结构的要求，选择追加筹资方案可有两种方法：一种方法是直接测算比较各备选追加筹资方案的边际资金成本，从中选择最优筹资方案；另一种方法是将备选追加筹资方案与原有最优资本结构汇总，测算各追加筹资条件下汇总资本结构的综合资金成本，比较确定最优追加筹资方案。下面举例说明。

【例6-24】兴旺企业现有两个追加筹资方案可供选择，有关资料经测算整理后详见表6-16所列资料，两个追加筹资方案的边际成本计算如下。

表6-16　兴旺企业的追加筹资方案　　　　　　　　　　单位：万元

筹资方式	追加筹资方案Ⅰ		追加筹资方案Ⅱ	
	追加筹资额	资金成本（%）	追加筹资额	资金成本（%）
长期借款	500	7.0	600	7.5
优先股	200	13.0	200	13.0

续表

筹资方式	追加筹资方案Ⅰ		追加筹资方案Ⅱ	
	追加筹资额	资金成本（%）	追加筹资额	资金成本（%）
普通股	300	16.0	200	16.0
合　计	1 000	—	1 000	—

方案Ⅰ：500/1 000×7%+200/1 000×13%+300/1 000×16% = 10.9%

方案Ⅱ：600/1 000×7.5%+200/1000×13%+200/1 000×16% = 10.3%

将两个追加筹资方案相比，方案Ⅱ的边际资金成本低于方案Ⅰ，因此，追加筹资方案Ⅱ优于方案Ⅰ。若企业原有的资本结构为：长期借款500万元，债券1 500万元，优先股1 000万元，普通股（含留用利润）2 000万元，资本总额5 000万元。现将其与追加筹资方案Ⅰ、Ⅱ汇总列示，详见表6-17。

表6-17 兴旺企业追加筹资后的资本结构　　　　　　单位：万元

筹资方式	原资本结构		追加筹资方案Ⅰ		追加筹资方案Ⅱ		追加筹资后资本结构	
	资本额	资金成本（%）	追加筹资额	资金成本（%）	追加筹资额	资金成本（%）	方案Ⅰ	方案Ⅱ
长期借款	500	6.5	500	7.0	600	7.5	1 000	1 100
债　券	1 500	8	—	—	—	—	1 500	1 500
优先股	1 000	12	200	13	200	13	1 200	1 200
普通股	2 000	15	300	16	200	16	2 300	2 200
合　计	5 000	11.45	1 000	10.9	1 000	10.3	6 000	6 000

下面我们再用第二种方法来选择最优追加资金成本方案，对第一种方法的选择结果做一个验证。

若采用方案Ⅰ追加筹资后的综合资金成本计算为：

$$\frac{500+500}{6\ 000} \times \frac{500 \times 6.5\% + 500 \times 7.0\%}{1\ 000} + \frac{1\ 500}{6\ 000} \times 8\% + \frac{1\ 000}{6\ 000} \times 12\% + \frac{200}{6\ 000} \times 13\% + \frac{2\ 000+300}{6\ 000} \times 16\% = 11.69\%$$

若采用方案Ⅱ追加筹资后的综合资金成本计算为：

$$\frac{500+600}{6\ 000} \times \frac{500 \times 6.5\% + 600 \times 7.5\%}{1\ 000} + \frac{1\ 500}{6\ 000} \times 8\% + \frac{1\ 000}{6\ 000} \times 12\% + \frac{200}{6\ 000} \times 13\% + \frac{2\ 000+200}{6\ 000} \times 16\% = 11.59\%$$

在以上计算中，根据同股同利原则，原有普通股应按新普通股的资金成本计算其加权平均数。这里假定股票的成本与报酬等价。

比较两个方案追加筹资后两个新的资本结构下的综合资金成本，结果是方案Ⅱ追加筹资后的综合资金成本低于方案Ⅰ追加筹资后的综合资金成本，因此，追加筹资方案Ⅱ优于方案Ⅰ。

由此可见，该企业追加筹资后，虽然改变了资本结构，但经过科学的测算，做出正确的筹资决策，企业仍可保持其资本的最优化。

三、比较公司价值法

以上我们以每股收益的高低作为衡量标准对筹资方式进行了选择，这种方法的缺陷在于没有考虑风险因素。从根本上讲，理财的目标在于追求公司价值的最大化或股价最大化。然而只有在风险不变的情况下，每股收益的增长才会直接导致股价的上升，实际上经常是随着每股收益的增长，风险也在加大。如果每股收益的增长不足以补偿风险增加所需的报酬，尽管每股收益增加，股价仍然会下降。所以，公司的最佳资本结构应当是可使公司的总价值最大，而不一定是每股收益最大的资本结构。同时，在公司总价值最大的资本结构下，公司的资金成本也应是较低的。

公司的市场总价值 V 应该等于其股票的总价值 S 加上债券的价值 B，即：

$$V = S + B$$

为简化起见，假设债券的市场价值等于它的面值。股票的市场价值则可通过下式计算：

$$S = (EBIT - I) \cdot (1 - T) / K_s$$

式中：I——年利息额；
　　　T——所得税率；
　　　K_s——权益资金成本率。

采用资本资产定价模型计算：

$$K_s = R_s = R_f + \beta (R_m - R_f)$$

式中：R_f——无风险报酬率；
　　　R_m——平均风险股票必要报酬率；
　　　β——股票的贝他系数。

而公司的资金成本，则应用加权平均资金成本表示。其公式为：

加权平均资金成本 = 税前债务资金成本 × 债务额占总资本比重 × (1 - 所得税率) + 权益资金成本 × 股票额占总资本比重

即：

$$K_w = K_b \cdot B/V \cdot (1 - T) + K_s \cdot S/V$$

式中：K_b——税前债务资金成本。

【例6-25】元敏公司年息税前盈余为500万元，资金全部由普通股资本组成，股票账面价值2 000万元，所得税率40%。该公司认为目前的资本结构不够合理，准备用发行债券购回部分股票的办法予以调整。经咨询调查，目前的债务利率和权益资本的成本情况见表6-18。

表6-18 不同债务水平对公司债务资金成本和权益资金成本的影响

债券的市场价值 B（百万元）	税前债务资金成本 K_b（%）	股票 β 值	无风险报酬率（%）	平均风险股票必要报酬率 R_w（%）	权益资金成本 K_s（%）
0	—	1.20	10	14	14.8
2	10	1.25	10	14	15.0
4	10	1.30	10	14	15.2
6	12	1.40	10	14	15.6
8	14	1.55	10	14	16.2
10	16	2.10	10	14	18.4

根据表6-18的资料，即可计算出筹借不同金额的债务时公司的价值和资金成本（表6-19）。

表6-19 公司市场价值和资金成本

债券的市场价值 B（百万元）	股票的市场价值 S（百万元）	公司的市场价值 V（百万元）	税前债务资金成本 K_b（%）	权益资金成本 K_s（%）	加权平均资金成本 K_w（%）
0	20.27	20.27	—	14.8	14.80
2	19.20	21.20	10	15.0	14.15
4	18.16	22.16	10	15.2	13.54
6	16.46	22.46	12	15.6	13.36
8	14.37	22.37	14	16.2	13.41
10	11.09	21.09	16	18.4	14.23

从表6-19可以看出，在没有债务的情况下，公司的总价值就是其原有股票的市场价值。当公司用债务资本部分地替换权益资本时，一开始公司总价值上升，加权平均资金成本下降；在债务达到600万元时，公司总价值最高，加权平均资金成本最低；债务超过600万元后，公司总价值下降，加权平均资金成本上升。因此，债务为600万元时的资本结构是该公司的最佳资本结构。

四、因素分析法

与上述方法不同，因素分析法是确定企业资本结构的定性分析方法，其关键是科学地分析影响资本结构的各种因素，根据经验来确定企业的资本结构。影响企业资本结构的基本因素主要有以下几点。

（1）企业销售的增长情况。预计未来销售的增长率，可以决定财务杠杆在多大程度上扩大每股盈余。如果销售以8%~10%或更高的速度增长，使用具有固定财务费用的债务筹资能扩大普通股的每股盈余，这一点已在实践中得到证明。另外，销售是否稳定对资本结构也有重要影响。如果企业的销售比较稳定，则可较多地负担固定的财务费用；如果销售和盈余有周期性，则负担固定的财务费用将冒较大的财务风险。

（2）企业所有者和管理人员的态度。企业所有者和管理人员的态度对企业资本结构也有重要影响，因为企业资本结构的决策最终是由他们做出的。一个企业如果股权分散，谁也没有绝对的控制权，则该企业可能会更多地采用发行股票的方式来筹集资金，因为企业所有者不会担心控制权的旁落。如果企业被少数股东所控制，股东们则会重视控制权问题，为保证少数股东的绝对控制权，一般尽量避免采用发行普通股的筹资方式，而是采用发行优先股或负债方式筹资。管理人员对待风险的态度也是影响资本结构的重要因素。喜欢冒险的财务管理人员，可能会选择较高的负债比例；反之则会选择较少的债务比例。

（3）贷款人和信用评级机构的影响。贷款人和信用评级机构的态度实际上往往会成为决定财务结构的关键因素。大部分贷款人都不希望公司的负债比例太大，如果公司坚持使用过多债务，则贷款人可能会拒绝贷款。同样，如果企业债务太多，信用评级机构可能会降低企业的信用等级，这样也会影响企业的筹资能力，提高企业的资金成本。

（4）行业因素。不同的行业，资本结构有很大差别。财务经理必须考虑本企业所处的行业，以便考虑最佳的资本结构。

（5）企业规模。一般而言，企业规模越大，其筹资的方式越多，而且负债比率一般较低。而一些中小型企业筹资方式则比较单一，主要靠银行借款来解决资金需求，因此负债一般较高。

（6）企业的财务状况。如果企业的获利能力强、财务状况好、变现能力强，则一般有能力承受财务上的风险，因此会采用举债融资的方式来筹资。

（7）资产结构。资产结构会以多种方式影响企业的资金结构：拥有大量固定资产的企业主要通过长期负债和发行股票筹集资金；拥有较多流动资产的企业多依赖流动负债来筹集资金；资产适用于抵押贷款的公司举债额较多，如房地产公司的抵押贷款就相当多；以技术研究开发为主的公司则负债很少。

（8）所得税率的高低。企业利用负债可以获得减税利益，因此所得税率越高，负债的好处越多；如果税率很低，则采用举债方式的减税利益就不十分明显。

（9）利率水平的变动趋势。如果企业财务管理人员认为利息率暂时较低，但不久的将来有可能上升，则会大量发行长期债券从而在若干年内把利率固定在较低水平上。

第七章 项目投资和投资管理

公司由各类资产项目组合而成，公司的兴衰存亡取决于其资产组合的运营效率与效益。在公司的各类资产中，由长期资产投资而形成的各项长期资产，因其投资规模大、使用寿命长、未来风险高、预期收益能力强等特点，而对公司产生战略性影响。因此，管理者都非常重视长期投资决策与管理。

本章将从财务角度，为公司长期投资决策提供全面的财务评价。

第一节 项目投资概述

一、项目投资的含义与特点

投资是指以收回现金并取得收益为目的而发生的现金流出，是企业创造财富、满足人类生存和发展需要的必要前提，也是企业价值的源泉。投资通常包括项目投资和证券投资，其中项目投资是指以扩大生产能力和改善生产条件为目的的投资行为。它包括用于机器、设备、厂房的构建与更新改造等生产性资产的投资。证券投资，是指把资金投放于金融性资产，以便获取股利或者利息收入的投资，是一种间接投资。相对于证券投资，项目投资属于企业的对内投资和直接投资，具有以下主要特点。

（一）投资金额大

项目投资，特别是战略性的扩大生产能力投资，一般都需要较多的资金，其投资额往往是企业及其投资人多年的资金积累，在企业总资产中占有相当大的比重。因此，项目投资对企业未来的现金流量和财务状况都将产生深远的影响。

（二）影响时间长

项目投资的投资期及其发挥作用的时间很长，对企业未来的生产经营活动和长期经营活动都会产生重大影响，变现能力差。

项目投资一般不会在一年或超过一年的一个经营周期内变现，而且即使想在短期内变现，其变现能力也较差。因为，项目投资一旦完成，要想改变是相当困难的，不是无法实现就是代价太大。

（三）投资风险大

影响项目投资未来收益的因素非常多，再加上投资金额大、影响时间长和变现能力差，因此，它的投资风险比其他投资的风险要大，会对企业的未来命运产生决定性影响。无数事例证明，一旦项目投资决策失败，会给企业带来先天性的、无法逆转的损失。

二、项目投资的分类

项目投资可从不同的角度进行分类。

（一）按投资目的分类

按投资目的不同，可分为资产更新投资项目、扩大经营投资项目和其他项目三类。

1. 资产更新投资项目

资产更新投资项目，是指对原有的即将淘汰的资产进行替换，如设备、厂房的更新。这种项目投资通常不改变企业的营业收入。

2. 扩大经营投资项目

扩大经营投资项目是指对现有产品生产的拓展或对新产品生产的投资，扩大经营项目通常需要增加新的固定资产，并增加企业的营业收入。

3. 其他项目

其他项目主要指研究与开发新项目等。

（二）按可供选择项目之间的关系分类

按项目之间的关系，可分为独立项目和互斥项目。

1. 独立项目

独立项目，是指彼此之间毫无关系的投资项目。在多个独立项目中，某一项目采纳与否并不影响其他项目的选择。对于独立项目的决策，其取舍标准完全取决于方案自身的经济效益，只要该方案的经济评价结果符合标准即可，而无须进行方案之间的横向比较。

2. 互斥项目

互斥项目，是指如果接受一个方案就不能接受其他一个方案或多个方案，又称为互不相容投资。如果期权投资项目有多个方案供选择，在对这些互斥方案进行决策时，关注的是哪个方案最优，先要对每个投资方案进行单方案评价，然后进行方案之间的横向比较，最后选择最佳方案。

三、项目投资的意义

从宏观角度看，项目投资有以下积极意义。

（1）项目投资是实现社会资本积累功能的主要途径，也是扩大社会再生产的重要手段，有助于促进社会经济的长期可持续发展。

（2）增加项目投资，能够为社会提供更多的就业机会，提高社会总供给量，不仅可以满足社会需求的不断增长，而且会最终拉动社会消费的增长。

从微观角度看，项目投资有以下积极意义。

（1）增强投资者的经济实力。投资者通过项目投资扩大资本积累规模，提高收益能力，增强抵御风险的能力。

(2) 提高投资者的创新能力。投资者通过自主研发和购买知识产权,结合投资项目的实施,实现科技成果的商品化和产业化,不仅可以不断地获得技术创新,而且能够为科技转化为生产力提供更好的业务操作平台。

(3) 提升投资者的市场竞争能力。市场竞争不仅是人才和产品的竞争,更是投资项目的竞争。一个不具备核心竞争能力的投资项目,是注定要失败的。无论是投资实践的成功经验还是失败的教训,都有助于促进投资者自觉按市场规律办事,不断提升其市场竞争力。

四、项目投资计算期

项目投资计算期,是指投资项目从投资建设开始到最终清理结束整个过程所需的全部时间,通常以年为单位。由于项目投资的规模较大,需要较长的建设时间,因此,通常将项目投资的整个持续时间分为建设期和生产经营期。其中,建设期(记作 s)是指从项目资金正式投入到项目建成投产为止所需的时间,其第一年初称为建设起点,最后一年末称为投产日。生产经营期(记作 p)是指投产日到清理结束日之间的时间间隔,又包括试产期和达产期(指完全达到设计生产能力期)两个阶段。试产期是指项目投入生产但生产能力尚未完全达到设计能力时的过渡阶段。达产期是指生产运营达到设计预期水平后的时间。项目投资计算期如图 7-1 所示。

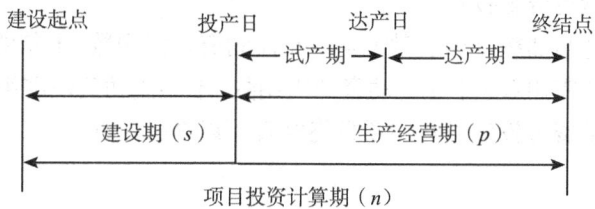

图 7-1 项目投资计算期

如果用 n 表示项目投资计算期,则有如下的关系式:

$$项目计算期 = 建设期 + 生产经营期$$

即 $n = s + p$

【例 7-1】通用公司拟购建一条生产线,预计使用寿命为 20 年。
(1) 在建设起点投资并投产,则其项目计算期为:
项目计算期 = 0 + 20 = 20(年)
(2) 建设期为两年,则其项目计算期为:
项目计算期 = 2 + 20 = 22(年)

五、投资成本

项目投资成本从投资的不同时期来看,有初始投资成本和经营期投资成本两种。

（一）初始投资成本

1. 原始投资

原始投资，又称为初始投资，是指企业为使该项目完全达到设计生产能力或开展正常经营而投入的全部现实资金。原始投资反映了项目所需现实资金水平的价值指标，包括建设投资和流动资金投资两项内容。

建设投资是指在建设期内按一定生产经营规模和建设内容进行的投资。一般包括固定资产投资、无形资产投资和其他资产投资。

固定资产投资是用于购置或安装固定资产应当发生的投资，也是任何类型项目投资中不可缺少的投资内容计算折旧的固定资产原值与固定资产投资之间可能存在差异，原因在于固定资产原值可能包括应构成固定资产成本的建设期内资本化了的借款利息。两者的关系如下。

固定资产原值=固定资产投资+建设期资本化借款利息

无形资产投资是指项目用于取得无形资产而发生的投资。

开办费投资是指为组织项目投资的企业在其筹建期内发生的，不能计入固定资产和无形资产价值的那部分投资。

流动资金投资是指项目投产前后分次或一次投放于营运资金项目的投资增加额，又称垫支流动资金或营运资金投资。

某年的流动资金增加额（垫支数）=本年流动资金需用数−上年的流动资金投资额

经营期流动资金需用数=本年流动资产需用数−本年流动负债需用数

对于垫支的流动资金投资通常在项目终结日可以全额收回。

2. 投资总额

投资总额是反映项目投资总体规模的价值指标，它等于原始投资与建设期资本化利息之和。其计算公式为：

投资总额=原始投资+建设期资本化利息

【例7-2】B企业拟新建一条生产线项目，建设期为两年，运营期为20年。全部建设投资分别安排在建设起点、建设期第二年年初和建设期末，分三次投入，投资额分别为100万元、300万元和68万元；全部流动资金投资安排在建设期末和投产后第一年年末，分两次投入，投资额分别为15万元和5万元。根据项目筹资方案的安排，建设期资本化借款利息为22万元。根据上述资料，可估算该项目的各项指标如下：

建设投资合计=100+300+68=468（万元）

流动资金投资合计=15+5=20（万元） 原始投资=468+20=488（万元）

项目总投资=488+22=510（万元）

（二）经营期投资成本

经营期投资成本由运营期发生的经营成本、营业税金及附加和企业所得税三个方面构成。经营成本又称付现的营运成本（简称付现成本），是指在运营期内为满足正常生产经营而动用货币资金支付的成本费用。从企业投资者的角度看，营业税金及附加和企业所得税都属于成本费用的范畴，因此，在投资决策中需要考虑这些因素。

六、投资的程序

企业投资的程序主要包括以下步骤。

（1）提出投资领域和投资对象。这需要在把握良好投资机会的情况下，根据企业的长远发展战略、中长期投资计划和投资环境的变化来确定。

（2）评价投资方案的可行性。在评价投资项目的环境、市场、技术和生产可行性的基础上，对财务可行性做出总体评价。

（3）投资方案比较与选择。在财务可行性评价的基础上，对可供选择的多个投资方案进行比较和选择。

（4）投资方案的执行。即投资行为的具体实施。

（5）投资方案的再评价。在投资方案的执行过程中，应根据实际情况，判断原来做出的投资决策是否合理、正确，一旦出现新的情况，应及时做出新的评价和调整。

七、投资项目的可行性研究

（一）可行性研究的概念

可行性是指一项事物可以做到的、现实中行得通的、有成功把握的可能性。就企业投资项目而言，其可行性就是指对环境的不利影响最小，技术上具有先进性和适应性，产品在市场上能够被容纳或被接受，财务上具有合理性和较强的盈利能力。对国民经济有贡献，能够创造社会效益。

广义的可行性研究，是指在现代环境中，组织一个长期投资项目之前，必须进行的有关该项目投资必要性的全面考察与系统分析，以及有关该项目未来在技术、财务乃至国际经济等诸方面能否实现其投资目标的综合论证与科学评价。它是有关决策人（包括宏观投资管理当局与投资当事人）做出正确可靠投资决策的前提与保证。

狭义的可行性研究，专指在实施广义可行性研究的过程中，与编制相关研究报告相联系的有关工作。

广义的可行性研究包括机会研究、初步可行性研究和最终可行性研究三个阶段，具体又包括环境与市场分析、技术与生产分析和财务可行性评价等主要分析内容。

（二）环境与市场分析

1. 建设项目的环境影响评价

在可行性研究中，必须开展建设项目的环境影响评价。所谓建设项目的环境，是指建设项目所在地的自然环境、社会环境和生态环境的统称。

建设项目的环境影响报告书应当包括下列内容：①建设项目概况；②建设项目周围的环境现状；③建设项目对环境可能造成的影响及其分析、预测和评估；④建设项目的环境保护措施及其技术、经济论证；⑤建设项目对环境影响的经济损益分析；⑥对建设项目实施环境监测的建议；⑦环境影响评价的结论。建设项目的环境影响评价属于否决性指标，凡未开展或没通过环境影响评价的建设项目，不管其经济可行性和财务可行性如何，一律不得上马。

2. 市场分析

市场分析又称市场研究，是指在市场调查的基础上，通过预测未来市场的变化趋势，了解拟建项目产品的未来销路而开展的工作。

进行投资项目可行性研究，必须要从市场分析入手。因为一个投资项目的设想，大多来自市场分析的结果，某一自然资源的发现和开发，或某一新技术、新设计的应用。即使是后两种情况，也必须把市场分析放在可行性研究的首要位置。如果市场对于项目的产品完全没有需求，则项目仍不能成立。

市场分析要提供未来运营期不同阶段的产品年需求量和预测价格等预测数据，同时要综合考虑潜在或现实竞争产品的市场占有率和变动趋势，以及人们的购买力及消费心理的变化情况。这项工作通常由市场营销人员或委托的市场分析专家完成。

（三）技术与生产分析

1. 技术分析

技术是指在生产过程中由系统的科学知识、成熟的实践经验和操作技艺综合而成的专门学问和手段。它经常与工艺统称为工艺技术，但工艺是指为生产某种产品所采用的工作流程和制造方法，两者有着不同的内涵。

广义的技术分析是指构成项目组成部分及发展阶段上，凡与技术问题有关的分析论证与评价。它贯穿于可行性研究的项目的确立、厂址选择、工程设计、设备选型和生产工艺确定等各项工作，成为与财务可行性评价相区别的技术可行性评价的主要内容。狭义的技术分析是指对项目本身所采用工艺技术、技术装备的构成以及产品内在的技术含量等方面进行的分析研究与评价。

技术可行性分析是一项十分复杂的工作，通常由专业工程师完成。

2. 生产分析

生产分析，是指在确保能够通过项目对环境影响评价的前提下，所进行的厂址选择分析、资源条件分析、建设实施条件分析、投产后生产条件分析等一系列分析论证工作的统称。厂址选择分析包括选点和定址两个方面内容。前者主要是指建设地区的选择，主要考虑生产力布局对项目的约束；后者则指项目具体地理位置的确定。在厂址选择时，应通盘考虑自然因素（包括自然资源和自然条件）、经济技术因素、社会政治因素和运输及地理位置因素。生产分析涉及的因素多，问题复杂，通常需要由各方面的专家分工协作才能完成。

（四）财务可行性分析

财务可行性评价，是指在已完成相关环境与市场分析、技术与生产分析的前提下，围绕已具备技术可行性的建设项目而开展的、有关该项目在财务方面是否具有投资可行性的一种专门分析评价。

第二节　现金流量的内容及估算

一、现金流量的概念

所谓现金流量，在投资决策中是指一个项目引起的企业现金支出和现金收入增加的数量。在投资决策分析中，"现金"是一个广义的概念，它不仅包括货币资金，也包含与项目相关的非货币资源的变现价值。例如，一个项目需要使用原有的厂房、设备和材料等，则相关的现金流量是指它们的变现价值，这时的"现金"就包含了该固定资产的变现价值，或其重置成本，而不是其账面成本。

现金流量包括现金流出量、现金流入量和现金净流量三个具体概念。

（一）现金流出量

在投资决策中，一个方案的现金流出量指的是在实施此方案的过程中所需投入的资金，即该方案引起的企业现金支出的增加额。主要包括投放在固定资产上的资金，项目建成投产后为正常经营活动而投放在流动资产上的资金，以及为使机器设备正常运转而投入的维护修理费等。

以一个购置成套自动化设备的投资方案为例，通常会引起以下现金流出。

（1）购置成套自动化设备支付的价款。购置成套自动化设备的价款可能是一次性支出，也可能分几次支出。这部分现金流出是投资项目现金流出的主要构成部分。

（2）投放在流动资产上的资金。这部分现金流出一般又称为"垫支的流动资金"，是投资项目建成后，为维持正常的生产经营活动而投放在流动资产上的资金。由于购置成套自动化设备后，扩大了企业的生产能力，引起对流动资产需求的增加。企业需要追加的流动资金，也是购置成套自动化设备引起的，应列入该方案的现金流出量。只有在营业终了或出售（报废）该设备时才能收回这些资金，并用于别的目的。

（二）现金流入量

与现金流出量相对应，现金流入量指的是由于实施了该方案而增加的现金，即指该方案所引起的企业现金收入的增加额。现金流入量主要包括：经营利润、固定资产报废时的残值收入、投资项目结束时收回的原投入在该项目流动资产上的流动资金以及固定资产的折旧费用。计提固定资产折旧虽然将导致营业利润的下降，但并不会引起现金的支出，所以可将其视为一项现金流入。与折旧相同，递延资产的摊销、无形资产的摊销也会形成企业的一项现金流入。

仍以购置成套自动化设备的投资方案为例，通常会引起下列现金流入。

（1）营业现金流入。购置成套自动化设备扩大了企业的生产能力，使企业销售收入增加。扣除有关的付现成本增量后的余额，是该生产线引起的一项现金流入。

$$营业现金流入=销售收入-付现成本$$

付现成本在这里是指需要每年支付现金的成本。成本中不需要每年支付现金的部分称为非付现成本，其中主要是折旧费。所以，付现成本可以用成本减折旧来估计。

$$付现成本=成本-折旧$$

如果从每年现金流动的结果来看，增加的现金流入来自两部分：一部分是利润造成的货币增值；另一部分是以货币形式收回的折旧。

$$营业现金流入=销售收入-付现成本$$
$$=销售收入-（成本-折旧）$$
$$=利润+折旧$$

（2）该设备报废（出售）时的残值收入。资产出售或报废时的残值收入，是由于当初购置该设备引起的，应当作为投资方案的一项现金流入。

（3）项目结束时收回的流动资金。该设备报废（出售）时，企业可以相应增加流动资金，收回的资金可以用于别处，因此应将其作为该方案的一项现金流入。

（三）现金净流量

现金净流量是指一定期间现金流入量和现金流出量的差额。这里所说的"一定期间"，有时是指1年内，有时是指投资项目持续的整个年限内。流入量大于流出量时，净流量为正值；反之，净流量为负值。

一个项目从准备投资到项目结束，经历了项目准备及建设期、生产经营期及项目终止期三个阶段，因此有关项目净现金流量的基本计算公式为：

$$净现金流量=投资现金流量+营业现金流量+项目终止现金流量$$
$$=（投资在固定资产的资金+投资在流动资产上的资金）+（各年经营损益之和+各年所提折旧之和）+（固定资产的残值收入+收回原投入的流动资金）$$

从上面净现金流量的基本计算公式中可以看到，有关项目的净现金流量包括：投资现金流量、营业现金流量和项目终止现金流量。

项目投资现金流如图7-2所示。

（四）现金流量作为投资评价依据的原因

项目投资决策之所以要以现金流量作为投资评价的依据，其主要原因有如下几点。

（1）采用现金流量有利于科学地考虑时间价值因素。

（2）采用现金流量保证了评价的客观性。

（3）在投资分析中，现金流动状况比盈亏状况更为重要。

（4）采用现金流量考虑了项目投资的逐步回收问题。

（五）现金流量的9个假设

（1）所有的营业收入假设都是收取现金的。

（2）除折旧、摊销之外的成本费用，都是现金流出。

（3）投资项目的类型假设。假设投资项目只包括单纯固定资产投资项目、完整工业投资项目和更新改造三个项目，这些项目又可分为考虑所得税和不考虑所得税因素的项目。

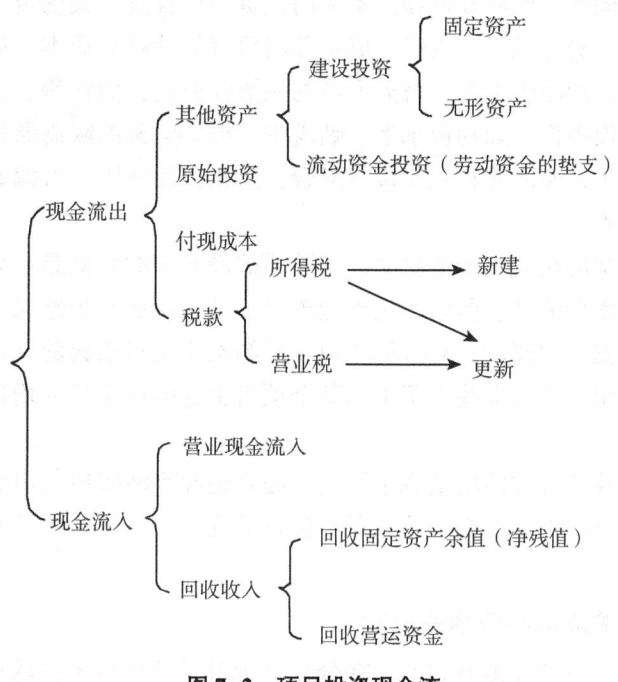

图 7-2 项目投资现金流

(4) 财务可行性分析假设。假设投资决策是从企业投资者的立场出发，投资决策者确定现金流量是为了进行财务可行性研究，该项目已经具备国民经济可行性和技术可行性。

(5) 建设期投入全部资金假设。不论项目的原始投资是一次投入还是分次投入，除个别情况外，假设它们都是在建设期内投入的。

(6) 经营期与折旧年限一致假设。假设项目主要固定资产的折旧年限或使用年限与经营期相同。

(7) 时点指标假设。为了便于利用资金时间价值的形式，不论现金流量具体内容所涉及的价值指标实际上是时点指标还是时期指标，均假设是年初或年末的时点指标，流动资金投资则在期末发生；经营期内各年的收入、成本、折旧、摊销、利润、税金等项目的确认均发生在年末；项目最终报废或清理均发生在终结点（但更新改造项目除外）。

(8) 确定性假设。假设与项目现金流量有关的价格、产销量、成本水平、所得税等因素不变。

(9) 全投资假设。我们是站在投资的角度看现金的流动和收益的实现，不考虑筹资的途径和代价，即向股东支付的股利和向债权人支付的利息不作为现金的流出。

二、现金流量的估计

为了正确地评价投资项目的优劣，必须正确地计算投资项目的现金流量。估计投资方案所需的资本支出，以及该方案每年能产生的现金净流量，会涉及很多变量，并且需要企业有关部门的参与。诸如：销售部门负责预测售价和销量，涉及产品价格弹性、广告效果、竞争者动向等；产品开发和技术部门负责估计投资方案的资本支出，涉及研制费用、设备购置、厂房建筑等；生产和成本部门负责估计制造成本，涉及原材料采购价格、生产工艺安排、产品成本等。财务人员的主要任务是：为销售、生产等部门的预测建立共同的基本假设条件，如物价水平、贴现率、可供资源的限制条件等；协调参与预测工作的各部门人员，使之能相互衔接与配合；防止预测者因个人偏好或部门利益而高估或低估收入和成本。

在确定投资方案的相关现金流量时，应遵循的最基本的原则是：只有增量现金流量才是与项目相关的现金流量。所谓增量现金流量，是指接受或拒绝某个投资方案后，企业总现金流量因此发生的变动。只有那些由于采纳某个项目引起的现金支出增加额，才是该项目的现金流出；只有那些由于采纳某个项目引起的现金流入增加额，才是该项目的现金流入。

为了正确计算投资方案的增量现金流量，需要正确判断哪些支出会引起企业总现金流量的变动，哪些支出不会引起企业总现金流量的变动。在进行这种判断时，要注意以下5个问题。

（一）区分相关成本和非相关成本

相关成本是指与特定决策有关的、在分析评价时必须加以考虑的成本。例如，差额成本、未来成本、重置成本、机会成本等都属于相关成本。与此相反，与特定决策无关的、在分析评价时不必加以考虑的成本是非相关成本。例如，沉没成本、过去成本、账面成本等往往是非相关成本。

例如，某企业在2013年曾经打算购建一条新产品生产线，并请一家咨询公司作过可行性分析，当时已经支付咨询费15万元。后来由于种种原因，该项目当时并没有采用，该笔咨询费作为费用已经入账了。2015年该企业又重新考虑该项目，在进行投资分析时，这笔咨询费是否仍是相关成本而加以考虑呢？该笔支出在2013年已经发生，不管本企业最终决定是否采纳建新产品生产线的方案，它都已无法收回，与公司未来的总现金流量没有任何关系，因此这笔咨询费是非相关成本，不应予以考虑。

如果将非相关成本纳入投资方案的总成本，则一个有利的方案可能因此变得不利，一个较好的方案可能变为较差的方案，从而造成决策错误。在计算投资项目的现金流量时，要注意区分相关成本和非相关成本。

（二）重视机会成本

在投资方案的选择中，如果选择了一个投资方案，则必须放弃投资于其他途径的机会。其他投资机会可能取得的收益是实行本方案的一种代价，被称为这项投资方案的机会成本。

例如，上述企业购建新产品生产线的投资方案，需要使用公司拥有的一块土地兴建厂房，账面价值为100万元，市场价值为150万元。在进行投资分析时，不能因为公司不必动用资金去购置土地，而不考虑此土地的成本。该公司若不利用这块土地来兴建厂房，则它可将这块土地用于其他用途，并取得一定的收入。只是由于在这块土地上兴建厂房才无法获得这笔收入，而这笔收入正是兴建厂房使用土地的机会成本。这块土地的市场价值150万元就是兴建厂房的一项机会成本。但是，必须注意的是，该土地的账面价值100万元属于"沉没成本"，不应予以考虑。机会成本不是我们通常意义上的"成本"，它不是一种支出或费用，而是失去的收益。这种收益不是实际发生的，而是潜在的。机会成本总是针对具体方案的，离开被放弃的方案就无从计量确定。在估计现金流量时，机会成本不得忽视。机会成本在决策中的意义在于它有助于全面考虑可能采取的各种方案，以便为既定资源寻求最为有利的使用途径。

（三）考虑投资方案对公司其他项目的影响

当采纳一个新的投资项目后，该项目可能对公司的其他部门造成有利或不利的影响。这要看新项目和原有部门是互补关系还是互斥关系（相互竞争关系）。例如，若新产品上市后，原有其他产品的销量可能减少，而且整个公司的销售额也许不增加甚至减少；因此，公司在进行投资分析时，不应直接将新产品的销售收入作为增量收入来处理，而应扣除其对其他部门的影响（其他部门因此减少的销售收入）。当然，也可能发生相反的情况，新产品上市后将促进其他部门的销售增长。

（四）考虑投资方案对净营运资金的影响

在一般情况下，当公司开办一个新业务并使销售额扩大后，对于存货和应收账款等流动资产的需求也会增加，公司必须筹措新的资金以满足这种额外需求；另外，公司扩充的结果，应付账款与一些应付费用等流动负债也会同时增加，从而降低公司流动资金的实际需要。所谓净营运资金的需要，指增加的流动资产与增加的流动负债之间的差额。

当投资方案的寿命周期快要结束时，公司将与项目有关的存货出售，应收账款变为现金，应付账款和应付费用也随之偿付，净营运资金恢复到原有水平。通常，在进行投资分析时，假定开始投资时筹措的净营运资金在项目结束时收回。

上述无论是相关成本，还是机会成本，投资方案对公司其他部门的影响以及对净营运资金的影响，在投资决策的过程中往往很难准确地加以计量，但决策者在进行投资分析时仍要将其考虑在内。

（五）利润与现金流量

企业的利润是按照权责发生制的原则确定的，而现金净流量是根据收付实现制确定的，两者既有联系又有区别。在投资决策中，采用的主要分析指标应是现金流量，而把利润的分析放在次要地位。

首先，在整个投资有效年限内，利润总计与现金净流量总计是相等的。所以，现金净流量可以取代利润作为评价净收益的指标。其次，利润在各年的分布受折旧方法等人为因素的影响，而现金流量的分布不受这些人为因素的影响，可以保证评价的客观性。对于同一方案，采用直线法计提折旧与采用加速法计提折旧的利润分布不同，但它们的营业现金流量却是相同的。影响利润分布的人为因素不仅限于折旧方法的选择，还有存货计价方法、间接费用分配方法、成本计算方法等。在考虑时间价值的情况下，早期的收益与晚期的收益有明显区别。投资方案的收益分布应当具有客观性，不受人为选择的影响；现金流量分布可以满足这种要求。最后，在投资分析中，现金流动状况比盈亏状况更重要。有利润的年份不一定能产生多余的现金用来进行其他项目的再投资。一个项目能否维持下去，不取决于一定期间是否盈利，而取决于有没有现金用于各种支付。现金一旦支出，不管是否消耗都不能用于别的目的，只有将现金收回后才能用来进行再投资。因此，在投资决策中要重视现金流量的分析。

三、所得税对现金流量的影响

由于交纳所得税也是企业的一项现金流出，因此在计算有关现金流量时，还应该将所得税的影响考虑进去。于是，现金流量也可从另一个角度进行说明。所得税的大小取决于利润大小和税率高低，而利润大小受折旧方法的影响，因此，讨论所得税问题必然会涉及折旧问题。在前面部分未讨论所得税问题，在那种情况下折旧与现金流量无关，自然也不可能讨论折旧问题。折旧对投资决策产生影响，实际是所得税存在引起的。因此，这两个问题要放在一起讨论。

（一）投资现金流量

投资现金流量包括投资在固定资产上的资金和投资在流动资产上的资金两部分。其中投资在流动资产上的资金一般在项目结束时将全部收回。这部分现金流量在会计上一般不涉及企业的损益，因此不受所得税的影响。

投资在固定资产上的资金有时是以企业原有的旧设备进行投资的。在计算投资现金流量时，一般是以设备的变现价值作为其现金流出量的（但是该设备的变现价值通常并不与其折余价值相等）。另外，还必须注意将这个投资项目作为一个独立的方案进行考虑，即假设企业将该设备出售可能得到的收入（设备的变现价值），以及企业由此而可能支付或减免的所得税，即：

投资现金流量＝投资在流动资产上的资金＋设备的变现价值－（设备的变现价值－折余价值）×税率

（二）营业现金流量

从净现金流量的角度考虑，缴纳所得税是企业的一项现金流出，因此这里的损益指的是税后净损益，即税前利润减所得税，或税后收入减税后成本。折旧作为一项成本，在计算税后净损益时是包括在成本当中的，但是由于它不需要支付现金，因此需要将它当作一项现金流入看待。扣除了所得税影响以后的费用净额，称为税后成本。与税后成本相对应的概念是税后收入。由于所得税的作用，企业营业收入的金额有一部分会流出企业，企业实际得到的现金流入是税后收益。如果不计提折旧，企业的所得税将会增加许多。折旧可以起到减少税负的作用，这种作用称之为"折旧抵税"或"税收挡板"。

税后成本＝总成本×（1－税率）

税后收益＝收入金额×（1－税率）

折旧的税负减少额＝折旧额×税率

这里所说的"应税收入"是指根据税法规定需要纳税的收入，不包括项目结束时收回垫支资金等现金流入。

综上所述，企业的营业现金流量可用公式表示如下：

营业现金流量 = 税后净损益 + 折旧额 = 税前利润 × （1 - 税率） + 折旧额

= （收入 - 总成本）× （1 - 税率） + 折旧额

= （收入 - 付现成本 - 折旧额）× （1 - 税率） + 折旧额

= 收入 × （1 - 税率） - 付现成本 × （1 - 税率） - 折旧额 × （1 - 税率） + 折旧额

= 收入 × （1 - 税率） - 付现成本 × （1 - 税率） + 折旧额 × 税率

（三）项目终止现金流量

项目终止现金流量包括固定资产的残值收入和收回原投入的流动资金。在投资决策中，一般假设当项目终止时，将项目初期投入在流动资产上的资金全部收回。这部分收回的资金由于不涉及利润的增减，因此也不受所得税的影响。固定资产的残值收入如果与预定的固定资产残值相同，那么在会计上也同样不涉及利润的增减，所以也不受所得税的影响。但是在实际工作中，最终的残值收入往往不等于预计的固定资产残值，它们之间的差额会引起企业的利润增加或减少，因此在计算现金流量时，不能忽视这部分的影响。

项目终止现金流量 = 实际固定资产残值收入 + 原投入的流动资金 - （实际残值收入 - 预计残值）× 税率

【例7-3】某企业计划在20×0年拟投资甲项目，经过可行性分析，有关资料如下：

（1）甲项目共需固定资产投资90万元，其中第一年年初和第二年年初分别投资50万元和40万元，第一年年末部分竣工并投入试生产，第二年年末全部竣工交付使用。

（2）甲项目投产时需垫支相应流动资金64万元，用于购买原材料、支付工资以及存货增加占用等。其中第一年年末垫支40万元，第二年年末又增加垫支24万元。

（3）甲项目经营期预计为5年，固定资产按直线法计提折旧。甲项目报废时预计清理费用6 000元，残余价值246 000元。

（4）根据有关部门的市场预测，甲项目投产后第一年销售收入为64万元，以后4年每年销售收入均为90万元。第一年付现成本30万元，以后4年每年的付现成本均为42万元。

（5）甲项目需征用土地15亩，支付土地10年使用费共计70万元。

（6）该企业适用所得税率为40%。计算甲项目5年的预计现金流量。

具体解答如下：

（1）计算甲项目的每年折旧额和摊销额：

固定资产年折旧额 = （900 000 - 246 000 + 6 000）÷ 5 = 132 000（元）

每年土地使用费的摊销额 = 700 000 ÷ 10 = 70 000（元）

（2）计算营业现金流量。计算过程见表7-1。

表 7-1 营业现金流量计算　　　　　　　　　　　　　　　　　单位：元

项目	年份				
	1	2	3	4	5
销售收入-付现成本	640 000	900 000	900 000	900 000	900 000
折旧	300 000	420 000	420 000	420 000	420 000
摊销土地使用费	132 000	132 000	132 000	132 000	132 000
	70 000	70 000	70 000	70 000	70 000
税前净利+折旧	138 000	278 000	278 000	278 000	278 000
摊销土地使用费	55 200	111 200	111 200	111 200	111 200
	82 800	166 800	166 800	166 800	166 800
税后净利+折旧	132 000	132 000	132 000	132 000	132 000
摊销土地使用费	70 000	70 000	70 000	70 000	70 000
营业现金流量	284 800	368 800	368 800	368 800	368 800

（3）将该项目的投资现金流量和项目终结的现金流量也考虑进来，通过计算得到该项目的全部现金流量。计算过程见表 7-2。

表 7-2 现金流量计算　　　　　　　　　　　　　　　　　　单位：元

项目	第1年年初	第1年年末	第2年年末	第3年年末	第4年年末	第5年年末	第6年年初
固定资产投入	-500 000	-400 000					
土地使用权投入	-700 000						
流动资金投入		-400 000	-240 000				
营业现金流量			284 800	368 800	368 800	368 800	368 800
固定资产净残值							240 000
土地使用权回收							350 000
流动资金回收							640 000
现金流量合计	-1 200 000	-800 000	22 400	368 800	368 800	368 800	1 598 800

第三节　项目投资评价

对投资项目评价时使用的指标分为两类：一类是非贴现指标，即没有考虑时间价值因素的指标，主要包括回收期、会计收益率（投资报酬率）等，又称为静态指标；另一类是贴现指标，即考虑了时间价值因素的指标，主要包括净现值、现值指数、内部报酬率等，又称为动态指标。根据分析评价指标的类别，投资项目评价分析的方法，也被分为非贴现的分析评价方法和贴现的分析评价方法两种。

一、非贴现现金流量指标的分析评价方法

非贴现现金流量指标是指在指标计算中不考虑资金时间价值的决策指标，主要包括投资回收期和投资报酬率指标。

（1）投资回收期。投资回收期（Payback Period，缩写 PP），指的是自投资方案实施起，至收回初始投入资本所需的时间，即能够使与此方案相关的累计现金流入量等于累计现金流出量的时间。它代表收回投资所需要的年限。回收年限越短，方案越有利。

在原始投资一次支出，每年现金净流入量相等时，投资回收期用公式表示为：

投资回收期＝原始投资额÷每年现金净流量

如果现金流入量每年不等，或原始投资是分几年投入的，则可使下式成立的 n 为回收期：

$$\sum_{k=o}^{n} I_k = \sum_{k=0}^{n} O_k$$

式中：n——投资涉及的年限；

I_k——第 K 年的现金流入量；

O_k——第 K 年的现金流出量。

【例 7-4】有三个投资机会，其有关数据如表 7-3，计算过程见表 7-4。

表 7-3　三个投资方案数据

时间（年）	A 方案		B 方案		C 方案	
	净收益	现金净流量	净收益	现金净流量	净收益	现金净流量
0		（10 000）		（10 000）		（20 000）
1	500	5 500	1 000	3 500	2 000	7 000
2	500	5 500	1 000	3 500	2 000	7 000
3			1 000	3 500	1 500	6 500
4			1 000	3 500	1 500	6 500

表 7-4　三个方案投资回收期计算

A 方案：投资回收期＝10 000÷5 500＝1.82（年）					
B 方案：投资回收期＝10 000÷3 500＝2.86（年）					
C 方案：	时间（年）	净现金流量	回收额	未回收额	回收时间（年）
	0	（20 000）		20 000	
	1	7 000	7 000	13 000	1
	2	7 000	7 000	6 000	1
	3	6 500	6 000	0	0.92
	投资回收期＝1+1+0.92＝2.92（年）				

从表 7-4 可以看出，方案 A 的回收期最短，能最快回收投资，而方案 B 与方案 C 的回收期都比方案 A 长。因此，方案 A 最有利。

投资回收期的主要优点是计算方便，最大缺点在于它既没有考虑货币的时间价值，也没有考虑回收期后的现金流量。在实际工作中，长期投资往往看重的是项目中后期得到的较为丰厚的长久收益。对于这种类型的项目，用投资回收期法来判断其优劣，就显得片面了。

（2）投资报酬率。投资报酬率也叫投资利润率、会计收益率或平均投资利润率，它表示年平均利润占总投资的百分率，即：

$$投资报酬率（\%）= \frac{年平均净利润}{原始投资总额} \times 100$$

【例 7-5】根据表 7-3 的资料，方案 A、B、C 的投资报酬率分别为：

$$方案 A 的投资报酬率（\%）= \frac{(500+500)/2}{10\ 000} \times 100 = 5$$

$$方案 B 的投资报酬率（\%）= \frac{(1\ 000+1\ 000+1\ 000+1\ 000)/4}{10\ 000} \times 100 = 10$$

$$方案 C 的投资报酬率（\%）= \frac{(2\ 000+2\ 000+1\ 500+1\ 500)/4}{20\ 000} \times 100 = 8.75$$

方案 B 的投资报酬率高于方案 A 与方案 C，因此在三个方案中，按照投资报酬率法来判断，应是方案 B 最优，方案 C 次之，方案 A 最差。方案 A 的回收期虽然最短，但它的投资报酬率最低。

投资报酬率法与回收期法相比，虽然考虑了回收期后的收益，但它仍然忽略了资金时间价值。这种方法的主要优点在于计算简便，它在计算时使用会计报表上的数据，并且使用的是普通会计学上的收益和成本的概念，容易被接受和掌握，因此应用范围也很广。

有人主张，计算时公式的分母使用平均投资额，这样计算的结果可能会提高 1 倍，但不改变方案的优先次序。计算"年平均净收益"时，如使用不包括"建设期"的"经营期"年数，其最终结果称为"经营期会计收益率"。

二、贴现现金流量指标的分析评价方法

与非贴现现金流量指标不同，贴现现金流量指标是在充分考虑资金时间价值的基础上，对方案的优劣取舍进行判断。贴现现金流量指标主要有：净现值、现值指数和内部报酬率指标。

（1）净现值法。这种方法使用净现值作为评价方案优劣的指标。净现值（Net Present Value，缩写为 NPV）指的是在方案的整个实施运行过程中，特定方案未来现金流入的现值与未来现金流出的现值之间的差额。净现值的计算公式如下：

$$净现值 = \sum_{k=0}^{n} \frac{I_k}{(1+i)^k} - \sum_{k=0}^{n} \frac{O_k}{(1+i)^k}$$

式中：n——投资涉及的年限；

I_k——第 k 年的现金流入量；

O_k——第 k 年的现金流出量；

i——预定的贴现率。

按照这种方法，所有未来现金流入和流出都要按预定贴现率折算为现值，然后再计算它们的差额。如净现值为正数，即贴现后现金流入大于贴现后现金流出，该投资项目的报酬率大于预定的贴现率。如净现值为零，即贴现后现金流入等于贴现后现金流出，该投资项目的报酬率相当于预定的贴现率。如净现值为负数，即贴现后现金流入小于贴现后现金流出，该投资项目的报酬率小于预定的贴现率。在采纳与否的决策中，若净现值大于或等于零，表明该项目的报酬率大于或等于预定的投资报酬率，方案可取；反之，则方案不可取。在选择互斥的决策中，则选净现值大于零且金额最大的为最优方案。

【例 7-6】根据表 7-3 的资料，假设贴现率 $i=10\%$，则三个方案的净现值可计算如下：

NPV（A）$= 5\,500 \times (P/A, 10\%, 2) - 10\,000$

　　　　　$= 5\,500 \times 1.735\,5 - 10\,000$

　　　　　$= -454.75$

NPV（B）$= 3\,500 \times (P/A, 10\%, 4) - 10\,000$

　　　　　$= 3\,500 \times 3.169\,9 - 10\,000$

　　　　　$= 1\,094.65$

NPV（C）$= 7\,000 \times (P/A, 10\%, 2) + 6\,500 \times (P/A, 10\%, 2) \times (P/S, 10\%, 2) - 20\,000$

　　　　　$= 7\,000 \times 1.735\,5 + 6\,500 \times 1.735\,5 \times 0.826\,4 - 20\,000$

　　　　　$= 1\,470.91$

方案 B、C 两项投资的净现值为正数，说明该两方案的报酬率超过 10%。如果企业的资金成本率或要求的投资报酬率是 10%，这两个方案是有利的，因而是可以接受的。A 方案净现值为负数，说明该方案的报酬率达不到 10%，如果项目要求的最低报酬率或资金成本率为 10%，则此方案最终无法给企业带来收益，因此应该放弃此项目。方案 B 和 C 的净现值均大于零，这两个方案都可取。单用净现值进行比较，方案 B 和方案 C 相比，方案 C 更好些。

但是我们必须认识到，虽然方案 C 的净现值大于方案 B，但它的投资额同时也大于方案 B。如果此时仅用净现值法来判断评价方案，就显得不恰当了。

净现值法具有广泛的适用性，在理论上也比其他方法更完善。净现值法应用的主要问题是如何确定贴现率，一种办法是根据资金成本来确定，另一种办法是根据企业要求的最低资金利润率来确定。前一种办法，由于计算资金成本比较困难，故限制了其应用范围；后一种办法根据资金的机会成本，即一般情况下可以获得的报酬来确定，比较容易解决。

（2）获利指数法。获利指数也叫现值指数，指的是在方案的整个实施运行过程中，未来现金流入现值与现金流出现值的比率，也称现值比率、获利指数、贴现后收益-成本比率等。这种方法使用现值指数作为评价方案的指标。获利指数的计算公式如下：

$$获利指数 = \sum_{k=0}^{n} \frac{I_k}{(1+i)^k} \div \sum_{k=0}^{n} \frac{O_k}{(1+i)^k}$$

上述公式中各字母所代表的内容与净现值公式中的相同。

用获利指数指标评价方案时，首先要计算未来现金流入量的现值之和与未来现金流出量的现值之和，然后计算两者的比值（即获利指数）。在采纳与否的决策中，若获利指数大于或等于1，表明该项目的报酬率大于或等于预定的投资报酬率，方案可取；反之，则方案不可取。在选择互斥的决策中，则获利指数大于1且金额最大的为最优方案。

与净现值相比，获利指数是一个相对数，因此克服了不同投资额方案间的净现值缺乏可比性的问题。它的经济意义是每元投资在未来获得的现金流入量的现值数。

【例7-7】根据表7-3的资料，假定贴现率仍为10%，则三个方案的获利指数可计算如下：

PVI（A）= 5 500×（P/A，10%，2）÷10 000
       =（5 500×1.735 5）÷ 10 000
       = 0.95

PVI（B）= 3 500×（P/A，10%，4）÷10 000
       =（3 500×3.169 9）÷ 10 000
       = 1.11

PVI（C）=［7 000×（P/A，10%，2）+6 500 ×（P/A，10%，2）×（P/S，10%，2）］÷20 000
       =（7 000×1.735 5+6 500×1.735 5× 0.826 4）÷20 000
       = 1.07

方案A的获利指数小于1，表明其报酬率没有达到预定的贴现率；方案B和方案C的获利指数均大于1，说明它们的贴现率均已超过预定的贴现率，两个方案都可以接受。另外，方案B的获利指数大于方案C，则表明方案B的报酬率也高于方案C。如果现值指数为1，说明贴现后现金流入等于现金流出，投资的报酬率与预定的贴现率相同。

在上例中，B方案的净现值是1 094.65元，C方案的净现值是1 470.91元。如果这两个方案之间是互斥的，当然C方案较好。如果两者是独立的，哪一个应优先给予考虑，可以根据现值指数来选择。B方案现值指数为1.11，大于C方案的1.07，所以B优于C。现值指数可以看成是1元原投资可望获得的现值净收益，因此，现值指数可以作为评价方案的一个指标。它是一个相对数指标，反映投资的效率；而净现值指标是绝对数指标,反映投资的效益。

净现值和获利指数的计算都是在假定贴现率的基础上进行的,但是如何确定贴现率却有一定的难度。而且选择不同的贴现率,也会引起净现值和获利指数发生变化,有时甚至会影响判断结果。现值指数法的主要优点是,可以进行独立投资机会获利能力的比较。

(3) 内部报酬率法。内部报酬率反映的是方案本身实际达到的报酬率,它是在整个方案的实施运行过程中,能够使未来现金流入量现值等于未来现金流出量现值的贴现率,也即能够使项目的净现值为零时的贴现率。内部报酬率法是根据方案本身内部报酬率来评价方案优劣的一种方法。用公式表示内部报酬率是如下满足方程的贴现率:

$$\sum_{k=0}^{n}\frac{I_k}{(1+i)^k}-\sum_{k=0}^{n}\frac{O_k}{(1+i)^k}=0$$

内部报酬率的计算,通常需要"逐步测试法"。首先估计一个贴现率,用它来计算方案的净现值;如果净现值为正数,说明方案本身的报酬率超过估计的贴现率,应提高贴现率后进一步测试;如果净现值为负数,说明方案本身的报酬率低于估计的贴现率,应降低贴现率后进一步测试。经过多次测试,寻找出使净现值接近于零的贴现率,即为方案本身的内部报酬率。

通常根据未来现金流量的情况,也可以采用以下两种方法。

(1) 未来期内各年营业现金流量相等。首先,按年金现值的计算公式计算年金现值系数;然后,查年金现值系数表,在既定的相同期数内找出与上述年金现值系数相等或相邻近的较大和较小的两个贴现率;最后,采用插值法计算内部报酬率。

(2) 未来期内各年营业现金流量不相等。首先,按估计的贴现率计算方案的净现值;然后,估计内部报酬率的可能区间。由于内部报酬率是净现值等于零时的贴现率,而零介于正负之间。因此,若第一步计算的净现值大于零,则应提高贴现率,再计算净现值;若第一步计算的净现值小于零,则应降低贴现率,再计算净现值。经过反复测算,务必使得再测算的净现值与第一步计算的净现值相反,即找出净现值一正一负的两个贴现率;最后,采用插值法计算内部报酬率。

【例7-8】以表7-3的数据为依据,求三个方案的内部报酬率。

假设A方案的贴现率为7%,此时它的净现值为:

$$NPV(A) = 5\,500 \times (P/A, 7\%, 2) - 10\,000$$
$$= 5\,500 \times 1.808\,0 - 10\,000$$
$$= -56$$

再假设贴现率为6%,此时:

$$NPV(A) = 5\,500 \times (P/A, 6\%, 2) - 10\,000$$
$$= 5\,500 \times 1.833\,4 - 10\,000$$
$$= 83.7$$

以上计算说明A方案的内部报酬率大于6%,小于7%。为了更精确地求取A项目的内部报酬率IRR(A),可采用"插值法"计算:

$$\frac{IRR(A)-6\%}{0-83.7}=\frac{7\%-6\%}{-56-83.7}$$

$IRR(A)=6\%+(7\%-6\%)\times 83.7\div(83.7+56)=6.60\%$

用同样的方法，确定 B 项目的内部报酬率 $IRR(B)$ 为 15.93%，C 项目的内部报酬率 $IRR(C)$ 为 13.43%。

净现值法和现值指数法虽然考虑了时间价值，可以说明投资方案高于或低于某一特定的投资报酬率，但没有揭示方案本身可以达到的具体报酬率是多少。内部报酬率是根据方案的现金流量计算的，是方案本身的投资报酬率。

内部报酬率和现值指数法有相似之处，都是根据相对比率来评价方案，而不像净现值法那样使用绝对数来评价方案。内部报酬率是方案本身的收益能力，反映其内在的获利水平。在计算出各方案的内部报酬率以后，可以根据企业的资金成本或要求的最低投资报酬率对方案进行取舍。假设资金成本是 10%，那么 B、C 两个方案都可以接受，而 A 方案则应放弃。评价方案时要注意到，比率高的方案绝对数不一定大，反之也一样。这种不同和利润率与利润额不同是类似的。C 方案的净现值大，是靠投资 20 000 元取得的；B 方案的净现值小，是靠投资 10 000 元取得的。如果这两个方案是互相排斥的，也就是说只能选择其中一个，那么选择 C 有利。C 方案尽管投资较大，但是在分析时已考虑到承担该项投资的应付利息。如果这两个方案是相互独立的，也就是说采纳 A 方案时不排斥同时采纳 B 方案，那就很难根据净现值来排定优先次序。内部报酬率可以解决这个问题，应优先安排内部报酬率较高的 B 方案，如有足够的资金可以再安排 A 方案。

内部报酬率法与现值指数法也有区别。在计算内部报酬率时不必事先选择贴现率，根据内部报酬率就可以排定独立投资的优先次序，只是最后需要一个切合实际的资金成本或最低报酬率来判断方案是否可行。现值指数法需要一个适合的贴现率，以便将现金流量折为现值，贴现率的高低将会影响方案的优先次序。

三、特殊情况下的投资项目决策

（一）互斥方案的决策

在进行投资决策时，如涉及多个相互排斥、不能同时并存的投资方案，应在每一个入选方案已具备财务可行性的前提下，利用相应的评价指标比较各个方案的优劣，并从各个备选方案中选出一个最优方案。在多个互斥方案的比较中，一般情况下我们可以利用投资回收期、投资报酬率、净现值、内部报酬率及获利指数等方法做出正确的决策。但当投资项目的投资总额或寿命期不相等时，仅利用上述指标就可能做出错误的决策。

当备选方案的投资总额或寿命期不相同时，决策的目的是要保证投资年收益最大。这时，可以采用差额投资内部报酬率法或年等额净回收额法进行决策，后一种方法尤其适用于项目寿命期不同的多方案比较决策。

（1）差额投资内部报酬率法。差额投资内部报酬率法是指在两个原始投资额不同的方案的差量净现金流量的基础上，计算出差额内部报酬率（即△IRR），并据以判断方案优劣的方法。采用该方法时，当差额内部报酬率指标大于或等于基准报酬率或设定的贴现率时，原始投资额大的方案较优；反之，则投资少的方案为优。

差额内部报酬率就是使差额现金流量的净现值为零的贴现率。

【例7-9】某企业现在有两个投资项目方案A和方案B净现金流量如表7-5所示：

表7-5 两个投资方案数据

年份	项目		
	方案A	方案B	差量
0	-10 000	-15 000	-5 000
1	12 000	17 700	5 700

企业所要求的投资报酬率为10%，要求做出决策。

通过计算，可以确定方案A和方案B的净现值和内部报酬率如下：

NPV（A）= 909 元　　　IRR（A）= 20%

NPV（B）= 1 091 元　　IRR（B）= 18%

增量投资的净现值为：5 700÷（1+0.1）-5 000=181.82（元）

另外可以计算出△IRR=14%。

从净现值来看，增量分析得到的净现值大于零，投资额大的方案较优；反之，如果增量分析得到的净现值小于零，投资额小的方案较优。

从差额内部报酬率指标来看，差额内部报酬率大于企业所要求的投资报酬率，投资大的方案较优；反之，如果差额内部报酬率小于企业所要求的投资报酬率，投资小的方案较优。

（2）年等额净回收额法。年等额净回收额法是指根据所有投资方案的年等额净回收额的大小来选择最优方案的决策方案。某一方案年等额净回收额等于该方案净现值与相关的资本回收系数（即年金现值系数的倒数）的乘积。

若某方案净现值为NPV，设定贴现率或基准报酬率为i，项目寿命期为n，则年等额净回收额可按下式计算：

$$年等额净回收额 = NPV \div (P/A, i, n)$$

式中，A为方案的年等额净回收额；$(P/A, i, n)$为n年、贴现率为i的年金现值系数。

采用该种方法时，所有方案中年等额净回收额最大的方案即为最优方案。

【例7-10】有两个投资方案：方案C和方案D的现金流量如表7-6所示。要求的最低报酬率为10%。

表 7-6 两个投资方案数据

年 份	净现金流量（元）	
	C	D
0	-4 000	-18 000
1	3 500	0
2	4 000	500
3	4 500	1 000
4	5 000	1 500
5	5 500	2 000
	1 000*	6 000*

＊寿命终了时的残值。

（1）投资支出的现值：

方案 C：$4\,000 - 1\,000 \times (1+10\%)^5 = 3\,379$（元）

方案 D：$18\,000 - 6\,000 \times (1+10\%)^5 = 14\,274$（元）

（2）经营现金流量的净现值：

方案 C：（3 500×0.909）+（4 000×0.826）+（4 500×0.751）+（5 000×0.683）+
（5 500×0.621）= 16 696（元）

方案 D：（500×0.826）+（1 000×0.751）+（1 500×0.683）+（2 000×0.621）
= 3 431（元）

（3）方案 C 和方案 D 的年等额净回收额：

方案 C：（3 379+16 696）÷（P/A，10%，5）= 20 075÷3.790 8 = 5 296（元）

方案 D：（14 274+3 431）÷（P/A，10%，5）= 17 705÷3.790 8 = 4 671（元）

由以上计算可以得到，方案 C 为最优方案。利用差量分析，也能得出同样的结果。

（二）资本限量决策

资本限量决策是指在企业投资资金已定的情况下所进行的投资决策，也就是说，尽管存在很多有利可图的投资项目，但由于无法筹集到足够的资金，只能在已有资金的限制下进行决策。在资金有限量的情况下，决策的原则是使企业获得最大的利益，即将有限的资金投放于一组能使净现值最大的项目组合。这样的项目组合可以通过以下两种方法获取。

（1）获利指数法。获利指数法是以各投资项目获利指数的大小进行项目排队，以已获投资资金为最高限额，并以加权平均获利指数为判断标准的最优化决策方法。该方法的应用步骤如下。

①计算所有投资项目的获利指数，并列出每一个项目的初始投资。②接受所有获利指数>1 的项目，并按获利指数的大小进行项目的顺序排队。如果所有可接受的项目都有足够的资金，则说明资本没有限量，这一过程即可完成。③在已获投资资金不能满足所有获利指数≥1 的项目需求的情况下，应对所有项目在资本限量内进行各种可能的组合，然后计算出各种最大组合的加权平均获利指数。④接受加权平均获利指数最大的一组项目。

（2）净现值法。净现值法是以已获投资资金为最高限额，并以净现值总额最大为判断标准的最优化决策方法。该方法的应用步骤如下。

①计算所有项目的净现值，并列出每一项目的初始投资。②接受所有净现值>0 的项目，如果所有可接受的项目都有足够的资金，则说明资本没有限量，这一过程即可完成。③在已获投资资金不能满足所有的净现值>0 的投资项目需求的情况下，应将所有的项目在已获投资资金限量内进行各种可能的组合，并计算出各种组合的净现值总额。④接受净现值总额最大的投资组合为最优组合。

第四节　证券投资评价

企业筹集到的资金既可以用于购买存货、固定资产、无形资产等，也可以用于购买股票、债券等有价证券进行投资。企业购买固定资产、无形资产等资产，直接用于企业的生产经营活动，属于直接投资；通过购买有价证券等筹集资产，将筹集的资金转移到其他企业手中后再投入生产活动，属于间接投资。企业把筹集到的资金用于购买股票、债券等有价证券进行的投资，称为证券投资。证券投资的主要方式是购买债券与股票等有价证券，因此又可以按投资对象分为债券投资、股票投资。证券投资决策的分析方法是证券分析与评价，从证券市场中选择适宜的证券并组成证券组合，作为投资方案。

一、证券投资概述

企业除了生产经营活动，进行直接投资外，还常常将资金投放于有价证券，进行证券投资。相对于项目投资而言，证券投资变现能力强，少量资金也能参与投资，便于随时调用和转移资金，这为企业有效利用资金，充分挖掘资金的潜力提供了十分理想的途径，所以证券投资已经成为企业投资的重要组成部分。

（一）证券及其种类

1. 证券的含义

证券是根据一国的有关法律、法规发行的，代表财产所有权或债权的一种信用凭证或金融工具。例如，股票、债券、本票、汇票、支票、保险单、存款单、借据、提货单等各种票证单据都是证券。

证券具备两个最基本的特征：一是法律特征，即它反映的是某种法律行为的结果，本身必须具有合法性；二是书面特征，即必须采取书面形式或与书面形式有同等效力的形式，并且必须按照特定的格式进行书写或制作，载明有关法律法规的全部必要事项。

2. 证券的种类

（1）按证券体现的权益关系分类。按证券体现的权益关系，可分为所有权证券、信托投资证券和债权证券。所有权证券是一种既不定期支付利息，也无固定偿还期的证券，它代表着投资者在被投资企业所占权益的份额，在被投资企业盈利且宣布发放股利的情况下，才可能分享被投资企业的部分净收益，股票是典型的所有权证券。信托投资证券是由公众投资者共同筹集、委托专门的证券投资机构投资于各种证券，以获取收益的股份或收益凭证，如投资基金。债权证券是一种必须定期支付利息，并要按期偿还本金的有价证券，各种债券如国库券、企业债券、金融债券都是债权性证券。所有权证券的投资风险要大于债权性证券。投资基金的风险低于股票投资而高于债券投资。

（2）按证券的收益状况分类。按证券的收益状况，可分为固定收益证券和变动收益证券。固定收益证券是指在证券票面上规定有固定收益率，投资者可定期获得稳定收益的证券，如优先股股票、债券等。变动收益证券是指证券票面无固定收益率，其收益情况随企业经营状况而变动的证券。变动收益证券风险大，投资报酬也相对较高；固定收益证券风险低，投资报酬也相对较低。

（3）按证券发行主体分类。按证券发行主体，可分为政府证券、金融证券和公司证券。政府证券是指中央或地方政府为筹集资金而发行的证券，如国库券等；金融证券是指银行或其他金融机构为筹集资金而发行的证券；公司证券又称企业证券，是工商企业发行的证券。

（4）按证券到期日的长短分类。按证券到期日的长短，可分为短期证券和长期证券。短期证券是指一年内到期的有价证券，如银行承兑汇票、商业本票、短期融资券等。长期证券是指到期日在一年以上的有价证券，如股票、债券等。

(二) 证券投资的目的

证券投资是指投资者将资金投资于股票、债券、基金及衍生证券等资产，从而获取收益的一种投资行为。企业进行证券投资的目的主要在于以下几个方面。

（1）充分利用闲置资金，获取投资收益。企业正常经营过程中有时会有一些暂时多余的资金闲置，为了充分有效地利用这些资金，可购入一些有价证券，在价位较高时抛售，以获取较高的投资收益。

（2）为了控制相关企业，增强企业竞争能力。企业有时从经营战略上考虑需要控制某些相关企业，可通过购买该企业的大量股票，从而取得对被投资企业的控制权，以增强企业的竞争能力。

（3）为了积累发展基金或偿债基金，满足未来的财务需求。企业如欲在将来扩建厂房或归还到期债务，可按期拨出一定数额的资金去投入一些风险较小的证券，以便到时售出，满足所需的整笔资金的需求。

（4）满足季节性经营对现金的需求。季节性经营的公司在某些月份资金有余，而有些月份则会出现短缺，可在资金剩余时购入有价证券，短缺时再售出。

(三) 证券投资的分类

金融市场上的证券很多，其中可供企业投资的证券主要有国债、短期融资券、可转让存单、企业股票与债券、投资基金以及期权、期货等衍生证券。具体可分为以下几类。

（1）债券投资

债券投资，是指投资者购买债券以取得资金收益的一种投资活动。主要有政府债券投资、金融债券投资、企业债券投资。

(2) 股票投资

股票投资，是指投资者将资金投向股票，通过股票的买卖和收取股利以获得收益的投资行为。

(3) 基金投资

基金投资，是指投资者通过购买投资基金股份或收益凭证来获取收益的投资方式。这种方式可使投资者享受专家服务，有利于分散风险，获得较高的、较稳定的投资收益。

(4) 期货投资

期货投资，是指投资者通过买卖期货合约躲避价格风险或赚取利润的一种投资方式。期货合约，是指由期货交易所统一制订的，规定在将来某一特定的时间和地点交割一定数量和质量实物商品或金融商品的标准化合约。它是确定期货交易关系的一种契约，是期货市场的交易对象。

(5) 期权投资

期权投资，是指为了实现盈利目的或者规避风险而进行期权买卖的一种投资方式。所谓期权是指在未来一定时期可以买卖的权利，是买方向卖方支付一定数量的金额后拥有的在未来一段时间内或未来某一特定日期以事先规定好的价格向卖方购买或出售一定数量的特定标的物的权利，但没有必须买进或卖出的义务。

(6) 证券组合投资

证券组合投资，是指将企业资金同时投资于多种证券，是企业等法人单位进行证券投资常用的投资方式。

(四) 证券投资的一般程序

合理选择投资对象

合理选择投资对象是证券投资成败的关键，企业应根据一定的投资原则，认真分析投资对象的收益水平和风险程度，以便合理选择投资对象，将风险降低到最低限度，取得较好的投资收益。

(五) 买卖

由于投资者无法直接进场交易，买卖证券业务需委托证券商代理。企业可通过电话委托、电脑终端委托、递单委托等方式委托券商代为买卖有关证券。

1. 成交

证券买卖双方通过证券商的场内交易员分别出价，若买卖双方的价位与数量合适，交易即可达成，这个过程叫成交。

2. 清算与交割

企业委托证券商买入某种证券成功后，即应结交款项，收取证券。清算即指证券买卖双方结清价款的过程。

3. 办理证券过户

证券过户只限于记名证券的买卖业务。当企业委托买卖某种记名证券成功后，必须办理证券持有人的姓名变更手续。

（六）证券投资的风险收益

证券投资的风险

人们投资于证券，是为了获得投资收益，投资收益是未来的，而且一般情况下事先难以确定。未来投资收益的不确定性就是证券投资的风险，证券投资的风险是普遍存在的，投资者总是既希望回避风险，又希望获得较高的收益，但风险和收益是并存的，通常收益越高、风险越大，投资者只能在收益和风险之间权衡，一个理性的投资者必须对证券投资的风险有一个正确和全面的认识。与证券有关的所有风险被称为总风险，总风险可以划分为系统风险和非系统风险。

（1）系统风险。系统风险是指由于某种全局性的共同因素引起的投资收益的可能变动，这种因素以同样的方式对所有证券的收益产生影响，是不可分散风险。系统风险包括政策风险、市场风险、利率风险和购买力风险等。

①政策风险是指政府对有关证券市场的政策发生重大变化或是有重要的举措法规出台，引起证券市场的波动，从而给投资者带来的风险。要减轻政策风险的影响，应加强对国内外政治经济形势的研究，注意金融市场上可能出现的突发事件，加强对政府证券市场政策的理解，应避免证券市场过度投机和过度火爆局面的出现，当出现这种状况时，投资者应分外理智和冷静。②市场风险是指由于证券市场行情周期变动而引起的风险。这种行情变动不是指证券价格的日常波动和中级波动，而是指证券行情长期趋势的改变。要减轻市场风险的影响，其一是要认清市场变动趋势并顺势而为，选择正确的投资策略；二是要选择大企业和业绩优良的企业投资，因为这类企业对客观经济环境变化的承受能力和适应能力较强。③利率风险是指市场利率变动引起证券投资收益变动的可能性。利率风险对不同证券的影响是不同的。首先，利率风险是固定收益证券的主要风险，特别是债券的主要风险。其次，利率风险是政府债券的主要风险。最后，利率风险对长期债券的影响大于短期债券。减轻利率风险影响的办法是，投资者在预见利率将要提高时，应减少对固定利率债券，特别是长期债券的持有；反之，则相反。④购买力风险又称通货膨胀风险，是由于通货膨胀、货币贬值给投资者带来实际收益水平下降的风险。

（2）非系统风险。非系统风险是指只对某个行业或个别公司的证券产生影响的风险，通常是由某一特殊的因素引起，与整个证券市场的价格不存在系统、全面的联系，而只对个别或少数证券的收益产生影响。非系统风险是可以通过投资组合来抵消回避的，因此又称为可分散风险或可回避风险。非系统风险包括信用风险、经营风险、财务风险等。

①信用风险又称违约风险，指证券发行人在证券到期时无法还本付息而使投资者遭受损失的风险。②经营风险是指公司的决策人员与管理人员在经营管理过程中出现失误

而导致公司盈利水平发生变化,从而导致投资者预期收益下降的风险。③财务风险是指因公司财务结构不合理、融资不当而导致投资者预期收益下降的风险。

(七) 证券投资的收益

证券投资收益是指投资者进行证券投资所获得的净收入,主要包括债息、股利与资本利得等。

1. 债息

债息是指债券的利息收益,收益大小取决于债券的票面利率和付息方式。

2. 股利

股利是指股票持有者依据股票从公司分取的盈利。股利的具体形式有以下两种。

(1) 现金股利。现金股利是以货币形式支付的股息和红利,是最普通、最基本的股利形式。

(2) 股票股利。股票股利是以股票的方式派发的股利,通常是由公司用新增发的股票或一部分库存股票作为股利,代替现金分派给股东。

3. 资本利得

证券买入价与卖出价之间的差额就是资本利得,或称资本损益。

(八) 证券投资收益与风险的关系

证券投资的收益与风险同在,收益是风险的补偿,风险是收益的代价。它们之间成正比例的互换关系,可用下面的等式来表示:

预期收益率=风险补偿预期收益率+无风险收益率

风险补偿预期收益率是指投资者承受各种风险应得的补偿,无风险收益率是指把资金投资于某一没有任何风险的投资对象而能得的收益率,这是一种理想的投资收益。我们把这种收益率作为一种基本收益,再考虑各种可能出现的风险,使投资者得到应有的补偿。

二、债券投资评价

债券的投资对象是债券。了解债券本身的性质和特点是明智决策的前提。下面先讨论债券的性质和种类,然后介绍债券的收益和风险的评价。这里讨论的债券是指作为购买者的投资活动,而非发行人的筹资活动,有关债券发行人的各种问题已在筹资管理中讨论。

债券是发行者为筹集资金,向债权人发行的,在约定时间支付一定比例的利息,并在到期时偿还本金的一种有价证券。债券面值是指设定的票面金额,它代表发行人借入并且承诺于未来某一特定日期偿付给债券持有人的金额。债券票面利率是指债券发行者预计一年内向投资者支付的利息占票面金额的比率。票面利率不同于实际利率。实际利率通常是指按复利计算的一年期的利率。债券的计息和付息方式有多种,可能使用单利或复利计息,利息支付可能半年一次、一年一次或到期日一次兑付,这就使得票面利率不等于实际利率。债券的到期日指偿还本金的日期。债券一般都规定到期日,以便到期时归还本金。

(一) 债券投资的特点

债券投资是指企业通过证券市场购买各种债券（如国库券、金融债券、公司债券等）进行的投资。相对于股票投资而言，债券投资一般具有以下特点。

（1）债券投资属于债权性投资。虽然债券投资、股票投资都属于证券投资，但投资的性质不同：债券投资属于债权性投资，债券持有人作为发行公司的债权人，定期获取利息并到期收回本金，但无权参与公司经营管理；股票投资属于股权性投资，股票持有人作为发行公司的股东，有权参与公司的经营管理。因此，债券体现债权、债务关系，股票体现所有权关系。

（2）债券投资的风险较小。债券具有规定的还本付息日，其求偿权位于股东之前，因此债券投资到期能够收回本金（或部分本金），其风险较股票投资小。特别是政府发行的债券，由于有国家财力作后盾，其本金的安全性非常高，通常视为无风险证券。

（3）债券投资的收益较稳定。债券投资的收益是按票面金额和票面利率计算的利息收入及债券转让的价差，与发行公司的经营状况无关，因而其投资的收益比较稳定。

（4）债券价格的波动性较小。债券的市场价格尽管有一定的波动性，但由于前述原因，债券的价格毕竟不会偏离其价值太多，其波动性相对较小。

（5）市场流动性好。许多债券如政府及大企业发行的债券，一般都可在金融市场上迅速出售，具有较好的变现能力（流动性）。

（二）债券的分类

按照不同的分类标准，债券可以分为不同的种类。

（1）按发行主体分类，分为政府债券、金融债券和公司债券。政府债券是指政府作为发行人的债券，在我国它通常由财政部发行，政府担保，我国习惯上把政府债券称为公债。政府债券有短期的国库券、中期债券和长期债券。新中国成立初期我国发行过胜利折实公债和钢铁公债，近几年来每年稳定发行国库券公债。有的国家允许地方政府发行债券，也属于政府债券，目的是满足地方政府的需要或兴办地方公共事业。政府债券有可转让债券和不可转让债券。

金融债券是经中央银行或其他政府金融管理部门批准，由银行或其他金融机构发行的债务凭证。凭证上通常标有发行机构的名称、利率、还款期、发行日期等。金融债券的期限一般是1~5年，利率略高于同期的定期存款利率，不能提前抽回本金。我国专业银行为了筹集某种专门用途的资金，曾发行金融债券。例如，中国建设银行发行为国家重点建设筹集资金的金融债券，中国农业银行发行为乡镇企业提供特种贷款而筹措资金的金融债券。

公司债券是指有限责任公司和股份有限公司出于发展业务或补充资本的需要，经股东大会或董事会审议决定，为募集资金而向社会发行的债券。

（2）按期限长短分类，分为短期债券、中期债券和长期债券。短期债券指期限在1年以内的债券。有些在市场上流通的中长期债券，其到期日不足1年的，也视为短期债券。短期债券具有流动性强、风险低的优点，但是它的收益率也低。中期债券是指期限在1年以上，一般在10年以下的债券。我国财政部发行的各种国债和银行发行的金融债券，多属于中期债券。长期债券一般来说是指期限在10年以上的债券，但各国政府对债券的期限划分标准不完全相同。长期债券的流动性差，持有人将其转化为现金比较困难。另外，其通货膨胀风险也比较大。因此，作为补偿，其利率比较高。

（3）按利率是否固定分类，分为固定利率债券和浮动利率债券。固定利率债券具有固定的利息率和固定的偿还期，是传统的债券，也叫普通债券。这种债券在市场利率比较稳定的情况下比较流行，但在利率急剧变化时风险大。浮动利率债券是根据市场利率定期调整的中、长期债券。利率按标准利率（同业拆放利率或银行优惠利率）加一定利差确定，或者按固定利率加上保值补贴率确定。浮动利率债券可以减少投资人的利率风险。为防止市场利率降得过低时影响投资者的利益，这种债券一般规定有最低的利率。

（4）按是否记名分类，分为记名债券和无记名债券。记名债券是指债券上记载债权人的姓名，转让时原持有人要背书，并经金融机构鉴证方能生效。通常记名债券可以挂失。无记名债券不记载持有人的姓名，谁持有债券，谁就是合法持有人。

（5）按是否上市流通分类，分为上市债券和非上市债券。上市债券指经由政府管理部门批准，在证券交易所内买卖的债券。对投资者来说，上市债券经过严格审查，比较可靠，流动性好，并且便于了解债务人的有关经济信息。非上市债券不在证券交易所上市，只能在场外交易，流动性差。无记名的债券，无法禁止场外交易。记名债券，要办理手续才能过户，政府可以允许或禁止场外交易。一般说来，不能转让的债券，不具有流通性，持有人在蒙受损失时无能为力，作为补偿，要给予较高的利率才能抵消其风险。

（6）按发行时间分类，分为新上市债券和已流通在外的债券。新上市债券是指刚刚发行的债券，其市场价格等于或非常接近于面值或发行价格。已在市场上流通了一段时间的债券，叫流通在外的债券，其市场价格会和面值或发行价格有较大区别，并且不稳定。

（7）按募集方式分类，可分为公募债券和私募债券。公募债券是向不特定的多数投资者进行广泛募集的债券。公募债券流通性强，可以在证券交易所或柜台上市，公开进行买卖。政府债券的发行通常采用公募的形式。私募债券是指向与发行者有特定关系的少数投资者募集的债券，私募债券不能在证券市场上交易。

（8）特殊类型的债券。可转换公司债券是指发行人依照法定程序发行，在一定期限内依照约定的条件可以转换为股票的公司债券。一些可转换债券附有回售条款，双方商定某一价格水平为将债券转换成股票的可转换价格，约定当公司股票的市场价格持续低于这个转换价格并且达到一定幅度限制时，债券投资人可以把债券按约定条件出售给债券发行人。一些可转换债券在发行时附有强制赎回条款，规定在一定时期内，若公司股票的市场价格高于可转换价达到一定幅度并持续一段时间时，发行人可按约定条件强制赎回债券。由于可转换债券附有一般债券所没有的选择权，因此，可转换债券利率一般低于普通公司债券利率，企业发行可转换债券有助于降低其筹资成本，但可转换债券在一定条件下可转换成公司股票,因而会影响公司的所有权。

(三) 债券价值的计算

债券作为一种投资,现金流出是其购买价格,现金流入是利息和归还的本金,或者出售时得到的现金。债券未来现金流入的现值,称为债券的价值或债券的内在价值。只有债券的价值大于购买价格时,才值得购买。债券价值是债券投资决策时使用的主要指标之一。

投资者进行债券投资,是为了在未来获取增值收入,即未来期间的利息收入及转让价差。于是,债券的价值应该是按投资者要求的必要收益率对未来的上述增值收入及到期收回(或中间转让)本金的折现价值。投资者如果按照等于债券价值的价格购买债券,其将获得预期的投资报酬(即达到了投资者所要求的投资收益率);如果按照大于债券价值的价格购买债券,其将获得高于预期的投资报酬(即超过了投资者所要求的投资收益率);如果按照小于债券价值的价格购买债券,其将不能获得预期的投资报酬(即达不到投资者所要求的投资收益率)。可见,债券价值主要由两个因素决定:债券的预期总收入(即利息收入、转让价差与本金之和)和投资者要求的必要投资收益率。

债券利息的计算方法不同,债券价值的计算也就不同,目前主要有以下几种基本计算方法。

(1) 债券价格确定的基本方法。债券价格确定的基本公式是指在复利方式下,通过计算债券各期利息的现值及债券到期收回收入的现值来确定债券价格的估价方式。典型的债券是固定利率、每年计算并支付利息、到期归还本金。按照这种模式,债券价值计算的基本模型是:

$$V = \frac{M}{(1+i)^n} + \sum_{k=1}^{n} \frac{I_k}{(1+i)^k}$$

式中:V——债券价值;

I_k——第 k 期的票面利息;

M——债券票面价值;

i——贴现率,一般采用当时的市场利率或投资人要求的最低报酬率;

n——债券到期前的期数。

当债券的每期利息固定为 I 时,上述计算公式为:

$$V = \frac{M}{(1+i)^n} + \sum_{k=1}^{n} \frac{I}{(1+i)^k} = I \cdot (P/A, i, n) + M \cdot (P/F, i, n)$$

【例 7-11】某公司债券面值为 1 000 元,票面利率为 8%,期限为 6 年,每年年末付息一次。

一家企业要对这种债券进行投资,当前市场利率为 10%,该债券价格多少时才能进行投资。

利用上述公式计算:

$$V = 1\,000 \times 8\% \times (P/A, 10\%, 6) + 1\,000 \times (P/F, 10\%, 6)$$
$$= 80 \times 4.355 + 1000 \times 0.564$$
$$= 912.40 \ (元)$$

即这种债券的价格必须低于 912.40 元时，该投资者才能购买。

（2）一次还本付息、不计复利的债券价格的确定。我国目前发行的债券大多属于一次还本付息且不计复利的债券，其估价计算公式为：

$$V = \frac{M + M \cdot i \cdot n}{(1+i)^n}$$

【例 7-12】某企业拟购买一种到期一次还本付息的企业债券，该债券面值为 800 元，期限 6 年，票面利率为 8%，不计复利，当前市场利率为 10%，该债券发行价格为多少时，企业才能购买？

$V = (800 + 800 \times 8\% \times 6) \div (1 + 10\%)^6$
  $= (800 + 80 \times 8\% \times 6) \times 0.564$
  $= 667.78$（元）

即债券价格必须低于 667.78 元时，企业才能购买。

（3）折现发行的债券价格的确定。有些债券以折现方式发行，没有票面利率，到期按面值偿还。这些债券的估价模型为：

$$V = \frac{M}{(1+i)^n}$$

公式中的符号含义同前。

【例 7-13】某公司发行的债券面值为 1000 元，期限为 6 年，以折现方式发行，期内不计利息，到期按面值偿还，当时市场利率为 6%。其价格为多少时，企业才能购买？

$V = 1\,000 \div (1 + 6\%)^6 = 1\,000 \times 0.705 = 705$（元）

该债券的价格只有低于 705 元时，企业才能购买。

（四）债券投资收益率的计算

企业决定是否购买一种债券，要评价其收益和风险，企业的目标是高收益、低风险。这里是对债券收益的评价。一般来说，不考虑时间价值的各种计算收益的方法，不能作为投资决策的依据。例如，票面利率相同的两种债券，一种每年付息，另一种到期时一次还本付息，其实际的经济利益有很大差别，但从票面利率上无法区分，因此票面利率不能作为评价债券收益的标准。评价债券收益水平的指标是债券价值和到期收益率。

债券投资收益率是一定时期内债券投资收益与投资额的比率，是衡量债券投资是否可行的重要指标。债券投资收益包括两个部分：一部分为转让价差，即债券到期收回的偿还金额（即债券面额）或到期前出售债券的价款与购买债券时投资金额之差，转让价差为正时为收益，相反则为损失；另一部分为利息收入。通常用债券投资收益率来衡量债券投资收益的高低。债券投资收益的主要部分是利息，计息方式的不同必然影响投资收益的计算。

下面就按不同的计息方式分别介绍附息债券和贴现债券的投资收益的计算。

（1）附息债券投资收益率的计算。附息债券是指在债券券面上附有各种息票的债券。息票上标明应付利息额和支付利息的时期。息票到期时，只要将息票从债券上剪下来就可以据以领取本期利息。附息债券投资收益率的计算又可以分如下两种情况。

①单利计息的附息债券投资收益率。附息债券一般采用单利计息方法,每期利息额都是相等的,在用单利计息方法计算债券投资收益率时,如果不考虑债券利息的再投资收益,则债券投资收益率的计算公式为:

$$R = \frac{I + (S_n - S_0) \div n}{S_0} \times 100\%$$

式中:R——债券的年投资收益率;

S_n——债券到期时的偿还金额或到期前出售的价款;

S_0——债券投资时购买债券的金额;

I——债券年利息额;

n——债券的持有期限(一般以年为单位)。

②复利计息的附息债券投资收益率。当投资决策采用复利计息,并且考虑债券的利息收入和转让价差及再投资收益时,债券投资收益率的计算公式为:

$$R = \left(\sqrt[n]{\frac{S_n + I \cdot \sum_{t=1}^{n} (1+i)^{t-1}}{S_0}} - 1 \right) \times 100\%$$

式中,i——债券利息的再投资收益率,一般可以使用市场利率。其他符号与前面相同。

从上述两个例题可知,采用单利与复利两种计息方法,计算出来的债券投资收益率是有差异的,但两年的差异并不大,期限越长,其差异越大。一般在进行债券投资决策时,最好采用复利计息方法计算债券投资收益率,因为这种方法考虑到了资金时间价值,特别当债券的投资期限较长时,债券利息的再投资收益就不能不加以考虑。

(2)贴现债券投资收益率。贴现债券是指券面上不附息票,发行时按规定的折扣率,以低于票面面值的价格折价发行,到期时按票面面值偿还本金的债券。这种债券无票面利率,发行价格与票面面值的差价就是债券的利息。贴现债券投资收益率也可以按单利和复利两种方法计算。

①单利计息的贴现债券投资收益率。贴现债券在债券持有期间无利息,只有在债券到期时或转让债券时才能取得价差收益。在按单利计息时,贴现债券投资收益率的计算公式为:

$$R(\%) = \frac{S_n - S_0}{n \times S_0} \times 100$$

公式中的符号含义同前。

②复利计息的贴现债券平均投资收益率。在投资决策中,也可以按复利计息方法计算贴现债券投资收益率,尤其对于期限较长的贴现债券,一般都应采用这种方法。其计算公式为:

$$R(\%) = \left(\sqrt[n]{S_n \div S_0} - 1 \right) \times 100$$

公式中符号含义同前。

采用复利计息方法计算的贴现债券投资收益率要比单利计息方法计算投资收益率低一些。

（3）债券到期收益率的计算。债券的到期收益率是指购进债券后，一直持有该债券至到期日可获取的收益率。这个收益率是指按复利计算的收益率，它是能使未来现金流入现值等于债券买入价格的贴现率。它实际上是指债券持有到期的内含收益率。即使等式"现金流出=现金流入"成立的贴现率。购买债券的现金流出就是购买价格，持有债券的现金流入包括每期的利息、债券到期收回的面值。因此，债券的到期收益率实际上就是使下面等式成立的贴现率。其求法类似于内部报酬率的求法。

购进价格：每年利息×年金现值系数+面值×复利现值系数

$$V=I\times(P/A,i,n)+M\times(P/S,i,n)$$

式中：V——债券的价格；

I——每期的利息；

M——面值。

【例7-14】A公司20×1年2月1日用平价购买一张面额为1 000元的债券，其票面利率为8%，每年2月1日计算并支付一次利息，并于5年后的1月31日到期。该公司持有该债券至到期日，计算其到期收益率。

$1\ 000=80\times(P/A,i,5)+1\ 000\times(P/S,i,5)$

设贴现率为8%试算：

$80\times(P/A,8\%,5)+1\ 000\times(P/S,8\%,5)=1\ 000.44$（元）

可见，平价发行的每年付一次息的债券，其到期收益率等于票面利率。如果债券的价格高于面值，则情况将发生变化。例如，买价是1 105元，则：

$1\ 105=80\times(P/A,i,5)+1\ 000\times(P/S,i,5)$

通过前面试算已知，$i=8\%$时等式右方为1 000元，小于1 105元，可判断收益率低于8%，降低贴现率进一步试算：设贴现率为6%试算：

$80\times(P/A,6\%,5)+1000\times(P/S,6\%,5)=1\ 083.96$（元）

由于贴现结果仍小于1 105，还应进一步降低贴现率。用$i=4\%$试算，得到的债券价值为1 178.16（元）。

贴现结果高于1 105，可以判断，收益率高于4%。用插补法计算近似值：

$R=4\%+(1\ 178.16-1\ 105)\times(6\%-4\%)\div(1\ 178.16-1\ 083.96)=5.55\%$

从此例可以看出，如果买价和面值不等，则收益率和票面利率不同。如果该债券不是定期付息，而是到期时一次还本付息或用其他方式付息，那么即使平价发行，到期收益率也可能与票面利率不同。

到期收益率是指导选购债券的标准，它可以反映债券投资的按复利计算的真实收益率。如果高于投资人要求的报酬率，则应买进该债券，否则就该放弃。其结论和计算债券的真实价值相同。

（五）债券投资的风险

进行债券投资与进行其他投资一样，在获得未来投资收益的同时，也要承担一定的风险。风险与报酬是对应的,高报酬意味着高风险,低报酬则意味着低风险。因此,风险与报酬的分析是债券投资(乃至所有投资)决策必须考虑的重要因素。债券投资要承担的风险主要有违约风险、利率风险、流动性风险、通货膨胀风险和汇率风险等。

尽管债券的利率一般是固定的,债券投资仍然和其他投资一样是有风险的。债券投资的风险包括违约风险、利率风险、通货膨胀风险、变现力风险和再投资风险及汇率风险。

(1)违约风险。违约风险是指借款人无法按时支付债券利息和偿还本金的风险。债券的发行人不能履行合约规定的义务,无法按期支付利息和偿还本金就会产生违约风险。不同种类的债券违约风险是不同的。一般来说,中央政府债券以国家财政为担保,一般不会违约,可以看作是无违约风险的债券;由于金融机构的规模较大并且信誉较好,其发行的债券风险较政府债券高但又低于企业债券;工商企业的规模及信誉一般较金融机构差,因而其发行债券的风险较大。除中央政府以外的地方政府和公司发行的债券则或多或少地有违约风险。因此,信用评估机构要对中央政府以外部门发行的债券进行评价,以反映其违约风险。必要时,投资人也可以对发债企业的偿债能力直接进行分析。

形成违约风险的原因大致有以下几个。

①政治、经济形势发生重大变化。②自然灾害或其他非常事故,如水灾、火灾、风灾等。③企业在竞争中失败,丧失生存和发展的机会。④企业经营不善,发生重大亏损。⑤企业资金调度失灵,缺乏足够的现金清偿到期债务。

违约风险的大小,通常通过对债券的信用评级表现出来,高信用等级的债券违约风险要比低信用等级的债券小。由于在未来较长的期间内,企业的经营状况可能会发生变化,其债券的信用等级也会有所改变,因此投资者应密切关注今后的债券信用等级变化情况。

避免违约风险的方法是不买质量差的债券。

(2)债券的利率风险。利率风险是指由于市场利率上升而引起的债券价格下跌,从而使投资者遭受损失的风险。债券的利率风险是指由于利率变动而使投资者遭受损失的风险。由于债券价格会随利率变动,即使没有违约风险的国库券,也会有利率风险。即使债券的利息收入是固定不变的,但因市场利率的变化,其投资收益也是不确定的。债券的价格随着市场利率的变动而变动。一般来说,市场利率与债券价格成反比变化,市场利率上升,会引起债券市场价格下跌;市场利率下降,会引起债券市场价格上升。当金融市场上资金供大于求时,市场利率就会下降,当其下跌到低于债券利率时,将会导致债券价格上升;相反,当市场利率上升到高于债券利率时,投资者将转向更有利可图的投资机会,从而导致债券价格下跌。

此外,债券利率风险与债券持有期限的长短密切相关,期限越长,利率风险也越大。债券的到期时间越长,则利率风险越大,但长期债券的利率一般比短期债券高。减少利率风险的办法是分散债券的到期日。

(3)通货膨胀风险。通货膨胀风险又称购买力风险,是指由于通货膨胀而使债券到期或出售时所获得的现金购买力减少的风险。在通货膨胀比较严重或者加剧的时期,通货膨胀风险对债券投资者的影响比较大,因为投资于债券一般只能得到一笔固定的利息收益,而由于货币贬值,这笔现金收入的购买力会下降。在通货膨胀情况下,固定收益证券要比变动收益证券承受更大的通货膨胀风险,因此普通股票被认为比公司债券和其他有固定收益的证券能更好地避免通货膨胀风险。相对而言,通常情况下预期报酬率会上升的资产,其购买力风险会低于报酬率固定的资产。例如,房地产、普通股等投资受到的影响较小,而收益长期固定的债券受到的影响较大,前者更适合作为减少通货膨胀损失的避险工具。

(4) 变现力风险。变现力风险是指无法在短期内以合理价格来卖掉资产的风险。即债券持有人打算出售债券获取现金时,其所持债券不能按目前合理的市场价格在短期内出售而形成的风险,又称流动性风险。这就是说,如果投资人遇到一个更好的新投资机会或者由于其他原因而急需现金,他想出售持有的债券,但短期内找不到愿意出合理价格的买主,只好把价格降得很低才能找到买主,或者要花很长时间才能找到买主,他不是丧失新投资机会就是蒙受降价损失。如果一种债券能在较短的时间内按市价大量出售,则说明这种债券的流动性较强,投资于这种债券所承担的流动性风险较小;反之,如果一种债券按市价卖出很困难,则说明其流动性较差,投资者会因此而遭受损失。一般来说,政府债券以及一些著名的大公司债券的流动性较强;而不为人们所了解的小公司的债券的流动性就较差。

(5) 再投资风险。购买短期债券,而没有购买长期债券,会有再投资风险。一般而言,由于利率风险的影响,长期利率会高于短期利率。但是,当再投资风险大于利率风险时,预期市场利率将持续下降,人们会热衷于寻求长期投资机会,可能出现短期利率高于长期利率的现象。例如,长期债券的利率为15%,短期债券的利率为12%,为减少利率风险你买了短期债券。在短期债券到期收回现金时,如果利率降低到10%,你只能找到报酬率大约10%的投资机会,不如当初买长期债券,现在仍可获15%的收益。但是,当人们在起先就预测到未来市场利率将会下降时,寻求长期投资机会的资金就会增加,长期市场利率就会下降,甚至低于短期市场利率。

(6) 汇率风险。汇率风险是指由于外汇汇率的变动而给外币债券的投资者带来的风险。当投资者购买了某种外币债券时,本国货币与该外币的汇率变动会使投资者难以确定未来的本位币收入。如果在债券到期时,该外币贬值,就会使投资者遭受损失。

(六) 债券投资决策

债券投资决策是一个非常复杂的问题,对于投资者来说又是十分重要的。债券投资决策应在上述分析的基础上,进行进一步经济分析后做出。主要进行以下分析。

(1) 基本分析。这是对影响债券价格的各种基本因素(如经济增长、利率水平、通货膨胀、企业财务状况等)进行分析。因为一个公司未来的发展前景实际上是由这些基本因素所决定的。基本分析既包括对宏观经济形势(如经济增长、经济周期、利率水平、通货膨胀、货币金融政策、财政政策、产业政策等)进行的分析,也包括对公司财务状况(如资产结构、偿债能力、获利能力等)进行的分析。宏观经济形势对整个证券市场都会产生影响,它主要是影响证券市场的基本走势,因此对宏观经济形势的基本方面进行分析,有利于从战略上把握债券投资的方向。在宏观经济形势已经确定的情况下,对公司财务状况的分析就更加重要。公司分析主要应对公司的财务状况和公司的经营状况进行分析。对公司财务状况的分析主要是通过公司定期公布的财务报告进行;对公司经营状况的分析主要了解公司的内部管理是否有效率、公司的商品和劳务的销售情况、市场占有率、产品的寿命周期、公司的投资计划、公司未来新的利润增长点、公司的发展前景等。

(2) 技术分析。这是运用数学和逻辑的方法,通过对证券市场过去和现在的市场行为进行分析,从而预测证券市场上债券的未来变化趋势。技术分析是在证券市场上广泛使用的一种分析方法,是长期以来证券投资者进行证券投资的经验总结。技术分析对证券投资是大有裨益的,作为一个证券投资者,有必要熟练掌握技术分析的基本方法。

在上述综合分析的基础上,投资者就能做出是否进行某种债券投资的决策。

三、股票投资评价

股票是股份公司为了筹集自有资金而发行的代表所有权的有价证券,是公司发给股东的所有权凭证。股票持有者就成为发行公司的股东,对该公司财产有要求权。购买股票是企业投资的一种重要方式。股票投资的目的主要有两种:一是获利,即作为一般的证券投资,获取股利收入及股票买卖差价;二是控股,即利用购买某一企业的大量股票达到控制该企业的目的。股票投资相对于债券投资风险更大。从投资者的角度来看,股票只是一张有价证券,凭着这张凭证投资者可以分享股利,或者可以将其出售并期望售价高于买价。通常,购买股票的人看重的是后者,而不是股利。这里仅从投资者的角度讨论股票的有关问题。

(一) 股票投资的特点

股票投资和债券投资都属于证券投资。证券投资与其他投资相比,总的说来具有高风险、高收益、易于变现的特点。但股票投资相对于债券投资而言,又具有以下特点。

(1) 股票投资是股权性投资。股票投资与债券投资虽然都是证券投资,但投资的性质不同:股票投资属于股权性投资,股票是代表所有权的凭证,持有人作为发行公司的股东,有权参与公司的经营决策;而债券投资属于债权性投资,债券是代表债权债务的凭证,持有人作为发行公司的债权人,可以定期获取利息,但无权参与公司经营决策。

(2) 股票投资的风险大。投资者购买股票之后,不能要求股份公司偿还本金,只能在证券市场上转让。因此,股票投资者至少面临两方面的风险:一是股票发行公司经营不善所形成的风险。如果公司经营状况较好,获利能力强,则股票投资者的收益就多;如果公司的经营状况不佳,发生了亏损,就可能没有收益;如果公司破产,由于股东的求偿权位于债权人之后,因此,股东可能部分甚至全部都不能收回投资。二是股票市场价格变动所形成的价差损失风险。股票价格的高低,除了取决于公司经营状况外,还受政治、经济、社会等多种因素的影响,因而股票价格经常处于变动之中,其变动幅度往往高于债券价格的变动幅度。股票价格的变动既能为股东带来价格上升的收益,也会带来价格下跌的损失。

（3）股票投资的收益高。由于投资的高风险性，股票作为一种收益不固定的证券，其收益一般高于债券。股票投资收益的高低，取决于公司的盈利水平和整体经济环境的好坏。当公司经营状况好、盈利水平高而社会经济发展繁荣稳定时，股东既可以从发行公司领取高额股利，又可因股票升值获取转让收益。

（4）股票投资的收益不稳定。股票投资的收益主要是公司发放的股利和股票转让的价差收益，相对债券而言，其稳定性较差。股票股利直接与公司的经营状况相关，公司盈利多，就可能多发放股利，公司盈利少，就可能少发或不发股利；股票转让的价差收益主要取决于股票市场的行情，股市行情好，出售股票就可以得到较大的价差收益，股市低迷时，出售股票将会遭受损失。

（5）股票价格的波动性大。股票价格既受发行公司经营状况影响，又受股市投机等因素的影响，波动性极大。这就决定了不宜冒险的资金最好不要用于股票投资，而应选择风险较小的债券投资。

（二）股票投资的风险

股票投资是一种高风险、高收益的投资，在各种对外投资中，普通股股票的投资风险最高。股票投资的风险，包括流动性风险、购买力风险、利率风险，还有经营风险、市场风险、经济风险等。这些风险从总体上看，可以分为公司特有风险和市场风险。按照西方财务管理的经验，投资者只要持有10~15种股票，就能减少一大部分公司特有风险。如果股票投资组合合理，公司特有风险甚至可以减少到零。当然，并不是任何股票的组合都能降低公司特有风险。一般来讲，只有呈负相关关系的股票（即一种股票的报酬上升时，另一种股票的报酬下降，则这两种股票呈负相关关系）进行组合才能降低公司特有风险；而呈正相关关系的股票（即一种股票的报酬与另一种股票的报酬同升同降，则这两种股票呈正相关关系）进行组合不能降低公司特有风险。因此，股票投资的风险应通过多种股票的合理组合予以降低。

（三）股票价值的评估

股票本身是没有价值的，仅是一种凭证。它之所以有价格，可以买卖，是因为它能给持有人定期带来收益。一般来说，公司第一次发行时，要规定发行总额和每股金额，一旦股票发行后上市买卖，股票价格就与原来的面值分离。这时的价格主要由预期股利和当时的市场利率决定，即股利的资本化价值决定了股票价格。此外，股票价格还受整个经济环境变化和投资者心理等复杂因素的影响。股市上的价格分为开盘价、收盘价、最高价和最低价等，投资人在进行股票评价时主要使用收盘价。股票的价格会随着经济形势和公司的经营状况而升降，总的长期趋势是上升。

购入股票可在预期的未来获得现金流入。股票的未来现金流入包括两部分：每期预期股利和出售时得到的价格收入。股票的价值是指其预期的未来现金流入的现值。有时为了和股票的市价相区别，把股票的预期未来现金流入的现值称为"股票的内在价值"。它是股票的真实价值，也叫理论价值。股票价值与股票价格是两个不同的概念。股票评价的主要方法是计算其价值，然后和股票市价比较，视其低于、高于或等于市价，决定买入、卖出或继续持有。

（1）股票评价的基本模型。股票带给持有者的现金流入包括两部分：股利收入和出售时的资本利得。股票的内在价值由一系列的股利和将来出售股票时售价的现值所构成。股利是股息和红利的总称。股利是公司从其税后利润中分配给股东的，是公司对股东投资的一种报酬。股利是股东所有权在分配上的体现。股份公司的分配问题主要是股利分配。资本利得是指股票售出价格和购买价格的差额。

如果股东永远持有股票，他只获得股利，是一个永续的现金流入。这个现金流入的现值就是股票的价值：

$$V = \sum_{t=1}^{\infty} \frac{D_t}{(1+R_s)^t}$$

式中：V——股票的价值；
R_s——贴现率，即必要的收益率；
D_t——第 t 年的股利；
t——年份。

如果投资者不打算永久地持有该股票，而在一段时间后出售，他的未来现金流入是几次股利和出售时的股价。因此，买入时的价格 P_0（一年的股利现值加上一年后股价的现值）和一年后的价格 P_1（第二年股利在第二年年初的价值加上第二年年末股价在第二年年初的价值）为：

$$P_0 = \frac{D_1}{1+R_s} + \frac{P_1}{1+R_s}$$

$$P_1 = \frac{D_2}{1+R_s} + \frac{P_2}{1+R_s}$$

如果继续上述代入过程，则可得出：

$$P_0 = \sum_{t=1}^{\infty} \frac{D_t}{(1+R_s)^t}$$

上式是股票评价的一般模式。它在实际应用时，面临的主要问题是如何预计未来每年的股利，以及如何确定贴现率。

股利的多少，取决于发行公司的每股收益和股利支付率两个因素。对其估计的方法可以采用回归分析、时间序列的趋势分析等。股票评价的基本模型要求无限期地预计历年的股利（D_t），实际上不可能做到。因此应用的模型都是各种简化办法，如每年股利相同或固定比率增长等。

贴现率的主要作用在于把所有未来不同时间的现金流入折算为现在的价值。折算现值的比率应当是投资者所要求的收益率。投资者要求的收益率确定一般有三种方法。

①根据股票历史上长期的平均收益率来确定。这种方法的缺点是：过去的情况未必符合将来的发展；历史上不同时期的收益率高低不同，难以判断哪一个更适用。②以债券的收益率为基础，加上一定的风险报酬率来确定。③直接使用市场利率。因为投资者要求的收益率一般不低于市场利率，市场利率是投资于股票的机会成本，所以市场利率可以作为贴现率。

(2) 长期持有、股利稳定不变的股票的估价模型。假设未来股利不变，其支付过程是一个永续年金，则股票价值为：

$$P_0 = D \div R_0$$

式中：P_0——股票的价值；

　　　D——每年支付的固定股利；

　　　R_0——投资者要求的最低报酬率。

【例7-15】每年分配股利1元，最低报酬率为16%，则：

$P_0 = 1 \div 16\% = 6.25$（元）

这就是说，该股票每年给你带来1元的收益，在市场利率为16%的条件下，它相当于6.25元资本的收益，所以其价值是6.25元。

当然，市场上的股价不一定就是6.25元，还要看投资人对风险的态度，可能高于或低于6.25元。如果当时的市价不等于股票价值，例如市价为12元，每年固定股利2元，则其预期报酬率为：

$R = 2 \div 12 \times 100\% = 16.67\%$

可见，市价高于股票价值时，预期报酬率高于最低报酬率。

(3) 长期持有、股利固定增长的股票的估价模型。企业的股利不应当是固定不变的，而应当不断增长。各公司的增长率不同，但就整个平均来说应等于国民生产总值的增长率，或者说是真实的国民生产总值增长率加通货膨胀率。固定增长股的股价计算公式如下：

$$P = \sum_{t=1}^{\infty} \frac{D_0 \times (1+g)^t}{(1+R_s)^t}$$

当 g 固定且 $n \to \infty$，$R_s > g$ 时，可简化为：

$$P = \frac{D_0 \times (1+g)}{R_s - g}$$

将其变为计算预期报酬率的公式：

$$R = (D_1 \div P_0) + g$$

【例7-16】A公司报酬率为16%，年增长率为12%，$D_0 = 1$ 元，则股票的内在价值为：

$P = (1 \times 1.12) \div (0.16 - 0.12) = 28$（元）

若按此价格购进该股票，则下年的预期报酬率为：

$R = 1.12 \div 28 \times 100\% + 12\% = 16\%$

（4）长期持有、股利非固定增长股票的估价。在现实生活中，有的公司股利是不固定的。例如，在一段时间里高速增长，在另一段时间里正常固定增长或固定不变。在这种情况下，就要分段计算，才能确定股票的价值。在实务中，可以按不同的时间段，将这种类型的股票分为股利稳定不变股票和固定增长股票分别估计其价值，并进行贴现，求出股票的价值。

【例 7-17】有一个投资者持有 A 公司的股票，他所要求的最低报酬率为 15%，预计 A 公司未来三年股利将高速增长，增长率为 20%。在此以后转为正常增长，增长率为 10%。公司最近支付的股利是 4 元。现计算该公司股票的内在价值。

在计算时，应分非正常增长期（即前三年）、正常增长期两个不同的时间段进行。

计算非正常增长期（即前三年）的股利现值。

第一年的股利现值 $= 4 \times (1+20\%) \times (P/S, 15\%, 1) = 4.176$

第二年的股利现值 $= 4 \times (1+20\%)^2 \times (P/S, 15\%, 2) = 4.355$

第三年的股利现值 $= 4 \times (1+20\%)^3 \times (P/S, 15\%, 3) = 4.548$

非正常增长期（即前三年）的股利现值合计为：$4.176 + 4.355 + 4.548 = 13.079$（元）

计算正常增长期（第三年年底）的普通股内在价值，并将其折现为现值。

$$P_3 = \frac{D_3 \times (1+g)}{R_s - g} = \frac{6.912 \times (1+10\%)}{15\% - 10\%} = 152.06$$

计算其现值：

$152.06 \times (P/S, 15\%, 3) = 152.06 \times 0.658 = 100.055$（元）

计算股票目前的内在价值：

$13.079 + 100.055 = 113.134$（元）

由此可以得知，该股票的内在价值为 113.13 元。如果目前股票的价格低于 113.13 元，则该投资者可以考虑购入 A 公司的股票。

（5）短期持有股票、未来准备出售的股票估价模型。在现实生活中，大部分投资者并不准备永久持有某种股票，而是准备在持有一段时期后再转让出售，他们不仅希望得到股利收入，还希望在未来出售股票时从股票价格的上涨中获得好处。于是，投资者获得的未来现金流量就包括两个部分：股利和股票转让收入。这时，股票价格的计算公式为：

$$V = \sum_{t=1}^{\infty} \frac{D_t}{(1+R_s)^t} + \frac{F}{(1+R_s)^n}$$

式中：V——股票的价值；

R_s——贴现率，即必要的收益率；

D_t——第 t 年的预期股利；

n——预期持有期数；

t——年份；

F——预计股票的出售价格。

(四)股票的投资收益率评价

投资者进行股票投资的最终目的是为了取得投资收益。投资收益因发行公司未来获利状况和股价变动情况而变动,投资收益的计算必须考虑上述因素的影响。评价股票价值使用的报酬率是预期未来的报酬率,而不是过去的实际报酬率。股票的预期报酬率包括两部分:预期股利收益率和预期资本利得收益率。股票的预期报酬率=预期股利收益率+预期资本利得收益率。只有股票的预期报酬率高于投资人要求的最低报酬率,他才肯投资。最低报酬率是该投资的机会成本,即用于其他投资机会可获得的报酬率,通常可用市场利率来计量。

(1) 不考虑时间价值因素时的长期股票投资收益率。计算股票投资收益应该将股价与收益结合起来进行衡量,如果不考虑时间价值因素,长期股票投资收益率可以采用下面的公式进行计算:

$$R = \frac{D+S_1+S_2+S_3}{P}$$

式中:R——股票投资收益率;

S_1——股价上涨的收益;

D——每年收到的股利;

S_2——新股认购收益;

P——股票购买价格;

S_3——公司无偿增资收益。

【例7-18】A公司于2012年年初以每股15元的价格购入10 000股面值1元的B公司股票,该股票每年每股分派股利0.5元。由于B公司经营效益好,该公司股票价格每年上涨8%。则截至2015年年底,该批股票的投资收益率为:

R = [10 000×0.5+10 000×15×(1.08^4−1)] ÷ (10 000×15)

　　= 39.38%

这个指标表明了投资某一种股票所取得的综合收益,很显然,该指标越高,说明股票投资的收益越好。

(2) 考虑时间价值因素时的长期股票投资收益率。如果考虑时间价值因素,长期股票投资收益率应为该股票投资净现值为零时的折现率(即内部收益率)。在各年股利不等的情况下,其基本计算公式为:

$$V = \sum_{t=1}^{\infty} \frac{D_t}{(1+R_s)^t} + \frac{F}{(1+R_s)^n}$$

式中:V——股票的价值;

R_s——贴现率,即必要的收益率;

t——年份;

D_t——第t年的股利;

n——投资年限；

F——股票的出售价格。

(3) 短期投资股票收益率。一般短期投资股票的持有期间比较短，因而其收益率的计算通常不考虑时间价值。其基本计算公式为：

$$R = \frac{S_1 - S_0 + D}{S_0}$$

【例7-19】某公司于2013年10月1日以每股85元的价格购买A公司股票共计85 000元，2014年2月该公司每股获现金股利5.4元；2014年3月5日，该公司以每股98元的价格将A公司股票全部售出。则该批股票的投资收益率为：

$$R(\%) = \frac{1\,000 \times 98 - 85\,000 + 5.4 \times 1\,000}{85\,000} \times 100$$

$$= 21.65\%$$

值得注意的是：我们在这里讨论的预期股价和报酬率，往往和后来的实际情况有很大差别。因为我们使用的数据都是预计的，预计不可能十分准确。而且影响股市价格的某些因素在计算时都被忽略了。但是，并不能因此而否定预测和分析的必要性及有用性。我们是根据股票价值的差别来决策的，预测的误差影响绝对值，往往不影响其优先次序。被忽略的不可预见因素通常影响所有股票，而不是个别股票，对选择决策的正确性影响往往较小。

(五) 市盈率在股票评价中的应用

市盈率分析法是一种粗略衡量股票价值的方法。它易于掌握，被许多投资者使用。它在股票评价中的作用表现如下。

(1) 可以用市盈率来估计股价高低。市盈率可以粗略反映股价的高低，表明投资人愿意用盈利多少倍的货币来购买这种股票，是市场对该股票的评价。

市盈率=股票的市场价格÷每股收益

股票价格=该股票市盈率×该股票每股收益

股票价值=行业平均市盈率×该股票每股收益

根据证券机构或刊物提供的同类股票过去若干年的平均市盈率，乘上当前的每股收益，可以得出股票的公平价值。用它和当前市价比较，可以看出所付价格是否合理。当股票价格低于股票价值时，说明市场对该股票评价略低，股价基本正常，有一定吸引力。

(2) 可以用市盈率估计股票风险的大小。市盈率表示的是投资者愿意为每1元盈利支付的买价。一般认为，股票的市盈率比较高，表明投资者对公司的未来充满信任，愿意为每1元盈利多付买价，这种股票的风险比较小。股票的市盈率比较低，表明投资者对公司的未来缺乏信心，不愿意为每1元盈利多付买价。这种股票的风险比较大。

过高或过低的市盈率都不是好兆头，平均的市盈率在10~11，市盈率在5~20是比较正常的。在投资决策的分析过程中，应研究拟投资股票市盈率的长期变化，估计其正常值，作为分析的基础。各行业市盈率的正常值往往有区别。预期将发生通货膨胀或提高利率时市盈率会普遍下降，预期公司利润增长时市盈率会上升，债务比重大的公司市盈率较低。通常认为，市盈率在 5 以下的股票，其前景比较悲观。但是，当股市受到不正常因素干扰时，某些股票的市价被哄抬到不应有的高度，市盈率会很高。通常认为，超过 20 的市盈率是不正常的，很可能是股价下跌的前兆，风险相当大。

四、证券投资组合

进行投资的直接动机就是获得投资收益，证券投资也不例外，其投资决策的目标也是使企业获得高收益、低风险。因此，人们在进行证券投资时，总是希望尽可能减少风险，增加收益。证券投资组合理论就是旨在探索如何通过有效的方法来消除投资风险。投资者进行证券的组合投资，是为了分散掉可避免风险。实践证明，只要科学地选择足够多的证券进行组合投资，就能基本分散掉大部分可避免风险。简而言之，就是不要把全部资金都投资于某一种证券，"不要把鸡蛋放在一个篮子里"，而应根据各种证券的具体情况和投资者对收益与风险的偏好，来选择若干种最理想的证券作为投资对象，形成一个投资组合。

（一）证券投资组合的策略

证券投资组合策略是投资者根据市场上各种证券的具体情况以及投资者对风险的偏好与承担能力，选择相应证券进行组合时所采用的方针。根据投资者对风险的不同偏好，证券投资组合策略有以下几种。

（1）低风险的投资组合策略。采用该组合策略的投资者要求尽量分散掉全部可避免风险，其要求的投资报酬率与市场平均报酬率基本相同。因此，它将尽可能多的证券包括进来，其所承担的风险与市场平均风险相近。这种投资组合是一种比较典型的保守型投资组合策略，它基本上能分散掉可避免风险，但所得到的收益也不会高于证券市场的平均收益。

（2）高风险的投资组合策略。采用该组合策略的投资者要求尽可能多地选择一些成长性较好的股票，而少选择低风险低报酬的股票，这样就可以使投资组合的收益高于证券市场的平均收益。这种组合的收益高，同时所承担的风险也高于证券市场的平均风险。采用这种投资组合，如果做得好，就可以取得远远超过市场平均报酬的投资收益，但如果失败，会发生较大的损失。

（3）风险适中的投资组合策略。采用该组合策略的投资者认为，股票的价格主要由企业的经营业绩决定，只要企业的经济效益好，股票的价格终究会体现其优良的业绩。所以在进行股票投资时，要全面深入地进行证券投资分析，选择一些品质优良的股票组成投资组合，如果做得好，就可以获得较高的投资收益，而又不会承担太大的投资风险。

（二）证券组合的分析

1. 证券组合的定性分析

在定性分析法下，要进行以下工作。

（1）要确定投资目标。总的来说，证券投资的目标都是高报酬、低风险。投资者的目标一般有以下几种：一是为了取得经常收入。经常收入主要是债券利息和股利收入。二是为了资本增长。资本增长着眼于长期的资本增值，而不是当前的收入。三是上述两种目标的结合，那就要选择不同的投资对象，分别做出安排。另外，有些投资人还有另外的投资目标。例如，为了利用短期闲置的资金，就应选择流动性、变现性好的短期债券，宁肯减少一些投资收入。当然，保证投资的安全是实现投资目标的前提。

（2）选择证券。目标确定之后，就要选择若干证券，构成证券组合，以实现目标。

在选择前，要了解每种证券的特点，对证券进行分类，主要包括按风险大小分类，按长期和短期分类，按收入型和增长型分类。根据投资目标确定证券组合的风险水平，按分散化原则选定具体证券品种。分散化的方式包括：种类分散化，到期日分散化，部门或行业分散化。具体选择是一项复杂的工作，要根据投资目标反复比较，才能确定。组合内的证券越多风险越小，但同时预期的报酬也会比较低。

（3）持有投资时对证券的监控。证券市场是千变万化的，选定证券组合的收益和风险总在不断发生变化。购买了证券后，要检查证券组合实施后的风险与收益情况，审查是否达到了原定目标。对证券投资组合的基本要求一般是要至少达到市场平均收益率。如果投资没有达到原定目标，或者投资组合的预期收益低于市场平均收益水平，或者投资人改变了投资目标，或者某种证券有了异常情况，就应考虑对证券组合进行调整，改变原有组合。

2. 证券组合风险的定量分析

证券组合的定量分析是"当代证券组合理论"的运用。

（1）风险分散理论。风险分散理论认为，若干种股票组成的投资组合，其收益是这些股票收益的加权平均数，但是其风险不是这些股票风险的加权平均风险，故投资组合能降低风险。

我们以两种股票甲和乙的组合来说明，为什么投资组合能降低风险。

【例7-20】假设共投资100万元，甲和乙各占50%。如果甲和乙完全负相关，组合的风险被全部抵消，见表7-7。如果甲和乙完全正相关，组合的风险不减少也不扩大，见表7-8。

表7-7 甲和乙投资组合分析（负相关）

方案 年度	甲		乙		组合	
	报酬	报酬率（%）	报酬	报酬率（%）	报酬	报酬率（%）
20×0	20	40	-5	-10	15	15
20×1	-5	-10	20	40	15	15
20×2	17.5	35	-2.5	-5	15	15
20×3	-2.5	-5	17.5	35	15	15
20×4	7.5	15	7.5	15	15	15
平均数	7.5	15	7.5	15	15	15
标准差		22.6		22.6		0

表 7-8　甲和乙投资组合分析（正相关）

方案	甲		乙		组合	
年度	报酬	报酬率（%）	报酬	报酬率（%）	报酬	报酬率（%）
20×0	20	40	20	40	40	40
20×1	−5	−10	−5	−10	−10	−10
20×2	17.5	35	17.5	35	35	35
20×3	−2.5	−5	−2.5	−5	−5	−5
20×4	7.5	15	7.5	15	15	15
平均数	7.5	15	7.5	15	15	15
标准差		22.6		22.6		22.6

实际上，各股之间不可能完全正相关，也不可能完全负相关，大部分股票间的相关程度在 0.5~0.7，所以不同股票的投资组合可以降低风险，但又不能完全消除风险。一般而言，股票的种类越多，风险越小。如果投资组合包括全部股票，则只承担市场风险，而不承担公司的特有风险。

风险分散理论证明，各种股票之间的相关程度可以通过复杂的数理统计计算确定，并在此基础上进一步找出最优的证券组合。

（2）贝他系数分析。贝他系数分析是人们提出的投资组合的简化分析模型，其核心是贝他系数的确定。市场风险源于公司之外，如通货膨胀、经济衰退等，所有公司都受其影响，表现为整个股市平均报酬率的变动。这类风险，无论购买何种股票都无法避免，不能用多角化投资来回避，而只能靠更高的报酬率来补偿。这种风险称之为市场风险，也叫系统风险或不可分散风险。另一类风险是每个公司特有的风险，它源于公司本身的商业活动和财务活动，表现为个股报酬率变动脱离整个股市平均报酬率的变动。这种风险可以通过多角化投资来分散，称为公司特有风险，也叫非系统风险或可分散风险。

在整个股市变动时，个别股票的反应不一样。有的发生剧烈变动，有的只发生较小的变动。计量个别股票随市场移动趋势的指标是"贝他系数"。

贝他系数是反映个别股票相对于平均风险股票的变动程度的指标。它可以衡量出个别股票的市场风险，而不是公司的特有风险。假如 A 种股票的贝他系数等于 1，则它的风险与整个市场的平均风险相同。这就是说，市场收益率上涨 1%，则 A 种股票的收益率也上升 1%。既然股票的特有风险可以通过投资组合分散掉，市场风险就成了投资人注意的焦点，因此贝他系数就成为股票投资决策的重要依据。

应当注意，贝他系数不是某种股票的全部风险，而只是与市场有关的一部分风险，另一部分风险是与市场无关的，只是与企业本身的活动有关的风险。企业的特有风险可通过多角化投资分散掉，而贝他系数反映的市场风险不能被互相抵消。投资组合的市场风险即贝他系数是个别股票的贝他系数的加权平均数。它反映特定投资组合的风险，即该组合的报酬率相对于整个市场组合报酬率的变异程度。

（3）资本资产定价模式。资本资产的定价模式如下：
$$R_i = R_F + \beta(R_M - R_F)$$

式中：R_i——第 i 种股票的预期收益率；

R_F——无风险收益率；

R_M——平均风险股票的必要收益率；

β——第 i 种股票的贝他系数。

【例7-21】现行国库券的收益率等于12%，平均风险股票的必要收益率等于16%，则市场风险报酬率就等于4%（即16%-12%）。A股票的贝他系数等于1.5，则该股票风险报酬率等于6%（即4%×1.5）。则该股票的预期报酬率为：

$$R(A) = 12\% + 1.5 \times (16\% - 12\%) = 18\%$$

计算出股票的预期报酬率，就不难确定股票的价值。假设该股票为固定成长股，成长率 g=0.05；预期一年后的股利是2元，则该股票的价值为：

$$V(A) = \frac{D_1}{R-g} = \frac{2}{0.18 - 0.05} = 15.38$$

【例7-22】某投资人持有共100万元的3种股票，该组合中A股票30万元、B股票30万元、C股票40万元，贝他系数均为1.5，则综合贝他系数为：

$$\beta(ABD) = 30\% \times 1.5 + 30\% \times 1.5 + 40\% \times 1.5 = 1.5$$

若他将其中的C股票出售并买进同样金额的D债券，其贝他系数为0.1，则：

$$\beta(ABC) = 30\% \times 1.5 + 30\% \times 1.5 + 40\% \times 0.1 = 0.94$$

可见，构成组合的个股的贝他系数减小，则组合的综合贝他系数降低，使组合的风险减少；反之，则风险增加。

投资人可以据此选择自己能接受的风险水平。但是，降低风险的同时，报酬率也会降低。投资组合的预期报酬率是个别证券的加权平均的报酬率：

$$R = W_1 \cdot R_1 + W_2 \cdot R_2 + \cdots + W_n R_n = \sum_{i=1}^{n} W_i \cdot R_i$$

其中：R_i——第 i 种证券的预期报酬率；

W_i——第 i 种证券在组合中投资价值的比重；

n——组合中证券的种类。

假设【例7-22】的A、B、C、D 4种证券，其报酬率分别为 $R_1=18\%$、$R_2=15\%$、$R_3=20\%$、$R_4=13\%$。则两个组合的预期报酬率分别为：

$$R(ABC) = 18\% \times 30\% + 15\% \times 30\% + 20\% \times 40\%$$
$$= 0.054 + 0.045 + 0.08$$
$$= 17.9\%$$

$$R(ABD) = 18\% \times 30\% + 15\% \times 30\% \times 13\% \times 40\%$$
$$= 0.054 + 0.045 + 0.052$$
$$= 15.1\%$$

如果该组合的预期报酬率高于投资人要求的报酬率，则该组合可行，否则应进行调整。

投资人可以优先选择低风险方案，如 ABD 组合，但只能得到 15.1% 的报酬率，投资人可以优先选择高报酬方案，如 ABC 组合：可以得到 17.9% 的报酬率，但必须承担较大的风险。投资人确定了风险水平后，通过选择证券种类，优化投资组合，在不提高风险的条件下使报酬率最高。或者在报酬率确定之后，优化证券组合，使风险降至最低。

第五节　基金投资

基金投资是资本市场的新形态，本质上是将前文所述的股票、债券及其他有价证券进行投资集合化。基金投资有利于克服单个证券投资的种种缺陷，成为投资者分散投资风险、获得较为稳定收益的最佳选择。

一、基金投资的概念与特点

（一）基金投资的概念

基金投资，是一种利益共享、风险共担的集合投资方式。它通过发行基金股份或受益凭证等有价证券聚集众多不确定投资者的资金，交由专业投资机构经营运作，以规避投资风险并谋取投资收益的证券投资工具。

（二）基金投资的特点

基金投资在不同的国家有不同的称呼，如美国称之为"共同基金"或"互助基金"、英国和中国香港称之为"单位信托基金"、日韩与中国台湾称之为"证券投资信托基金"等。基金投资的特点归纳起来有以下 4 点。

1. 分散投资

在基金投资中，投资资金被分散到多种有价证券或资产中，通过有效组合最大限度地降低非系统风险。

2. 规模经营

基金投资所做到的是，能够将小额分散的资金集合起来进行投资，达到具有规模经营的优势，这样可以使交易成本得到降低；同时，对于筹集资金，能够达到有效降低其发行费用的目的。

3. 专家管理

基金投资由具有专业知识的人员来管理，特别是一些精通投资技能的人员参与其中，因此能够更好地利用各种金融工具，抓住市场中有利的投资机会，实现更高的投资收益。

4. 服务专业化

基金投资在发行、交易、赎回、收益分配等各个环节都有专门的机构负责，可以将收益自动转化为再投资，使整个投资过程对投资者而言变得非常简单。

二、基金投资的种类

根据不同的标准，基金投资有不同的分类。

（一）按投资对象分类

按投资对象不同，基金可以分为债券基金、股票基金、期权基金、期货基金、货币基金、认股权证基金、专门基金等。

1. 债券基金

债券基金是投资管理机构为稳健型投资者设计的，主要投资于政府债券、经济效益良好的企业债券等各类债券品种。在此种基金投资中，投资者能够定期获得收益，但风险和收益水平要较其他基金低。

2. 股票基金

股票基金，是指将资金投资于股票的基金，投资客体主要包括普通股和优先股。这种投资和个人直接投资股票市场相比，风险更小，且具有较强的变现性和流动性，因此，股票基金是一种投资者易于接受的基金类型。

3. 期权基金

期权基金，是指以期权作为主要投资对象的基金。其中发生的期权交易，是指期权购买者先向期权出售者支付一定费用后，可以在规定期限内的任何时间或到期日，以事先约定好的协定价格向期权出售者购买或出售一定数量的某种标的资产合约权利的一种买卖。

4. 期货基金

期货基金，是指投资企业将资金投资于期货市场以获得较高投资回报的投资基金。由于期货市场本身具有高风险和高回报的特点，因此，投资期货基金既可获得较高的投资收益，同时也面临着较大的投资风险。

5. 货币基金

货币基金，是指由货币存款构成的投资组合。它协助投资者参与外汇市场投资，赚取较高的利息。投资工具包括银行短期存款、国债、企业债券、银行和商业票据等。此类基金的投资风险小，投资成本低，安全性和流动性高，在整个基金市场上属于低风险的安全基金。

6. 认股权证基金

认股权证基金，是一种由股份有限公司发行的，能够依照特定价格在特定时间内购买一定数量该公司股票选择权凭证的基金。在此类基金中，由于股份有限公司决定着认股权证的价格，因此风险比投资股票基金要大。

7. 专门基金

专门基金是一种衍生基金，由股票基金演变而来，主要从属于某类行业或次级股票基金，通常包括资源基金、科技基金、黄金基金等。该类基金的投资收益受市场波动影响较大,投资风险也较大。

(二) 按组织形式分类

按组织形式的不同,基金可以分为公司型基金和契约型基金。

1. 公司型基金

公司型基金依照《公司法》,以公司形态组成,以发行股份的方式募集资金。一般投资者购买该公司的股份即为认购基金,也就成为该公司的股东,凭其持有的基金份额依法享有投资收益。

公司型基金可细分为封闭式和开放式两种。封闭式基金是指基金的股份数确定和期限有限,在封闭的期限内投资者不能赎回基金,而只能在流通市场上进行转让。开放式基金则相反,投资者可以追加购买,同时可以随时赎回发行在外的基金股份,因此,该类基金的股份总数是变动的,即通常被称为投资基金或共同基金。

2. 契约型基金

契约型基金,又称为单位信托基金,是指把受益人(或投资者)、管理人、托管人三方作为基金的当事人,由管理人和托管人通过签订信托契约的形式发行的受益凭证。

在契约型基金中,当事人的分工不同。其中,基金管理公司通过发行基金单位,集中投资者的资金,由基金托管人(即具有资格的银行)托管,由基金管理人管理和运用资金,从事股票、债券等金融工具投资,然后共担投资风险、分享收益。

三、基金收益率

基金收益率是反映基金增值情况的指标,通过基金净资产的价值变化进行衡量。基金净资产价值是以市价进行计量的,基金资产的市场价值增加,则意味着基金的投资收益增加,基金投资者的权益也随之增加,其计算公式为:

$$基金收益率=\frac{年末持有人数\times年末基金单位净值-年初持有人数\times年初基金单位净值}{年初持有人数\times年初基金单位净值}$$

其中,持有份数指基金单位的持有份数。若年末和年初基金单位的持有份数相同,则基金收益率就简化为基金单位净值在本年内的变化幅度。年初基金单位净值相当于购买基金的本金投资,基金收益率也就相当于一种简便的投资报酬率。

四、基金投资的优缺点

(一) 基金投资的优点

基金投资的优点在于其是在专家理财的前提下进行的规模资金投资,所以,投资基金在风险降低的同时又能获得较高的收益。

(二) 基金投资的缺点

基金投资实行的是组合投资,因此,虽然降低了风险,但获得高收益的机会也有限;另外,当市场出现诸如系统风险时,投资基金也会同投资其他单个高风险的有价证券一样,出现较大的风险。

第六节　固定资产投资决策方法

一、非贴现现金流量的投资决策方法

非贴现现金流量的方法不考虑资金时间价值，把不同时间的货币收支看作是等效的。这类方法主要有投资回收期法和投资回收率法。

（一）投资回收期法

投资回收期，是指收回全部投资所需要的期限。缩短投资回收期可以提高资金的使用效率，降低投资风险。投资回收期法是根据收回投资总额所需时间的长短来进行投资决策的方法。回收期越短，方案越有利。

投资回收期的计算公式为：

$$投资回收期 = \frac{投资总额}{每年现金净流入量}$$

【例7-23】某企业有甲、乙两个投资方案，资料见表7-9。

表7-9　甲、乙两个投资方案的有关资料　　　　　　单位：万元

年份	甲方案		乙方案	
	净收益	现金净流量	净收益	现金净流量
2012		-9 000		-12 000
2013	2 200	5 200	2 500	6 500
2014	2 200	5 200	2 500	6 500
2015	2 200	5 200	2 500	6 500
合计	6 600	6 600	7 500	7 500

甲方案的投资回收期 $= \frac{9\ 000}{5\ 200} = 1.73$（年）；乙方案的投资回收期 $= \frac{12\ 000}{6\ 500} = 1.85$（年）。

从计算结果可以看出，甲方案的投资回收期比乙方案的投资回收期短，所以应选择甲方案。如果现金净流入量每年不相等，在计算回收期时，必须按累计现金净流入量计算，直至现金净流入量与投资额相等。

【例7-24】某公司有A、B两个投资方案，有关资料见表7-10。

表 7-10　A、B 两个投资方案的有关资料　　　　　　　　单位：万元

年份	A 方案			B 方案		
	净收益	现金净流量	未回收额	净收益	现金净流量	未回收额
2012		-1 000			-1 000	
2013	350	600	400	0	250	750
2014	250	500		150	400	350
2015	50	300		200	450	
2016	50	300		300	550	
合计	700	700		650	650	

$$A 方案的投资回收期 = 1 + \frac{400}{500} = 1.8 \text{（年）}$$

$$B 方案的投资回收期 = 2 + \frac{350}{450} = 2.78 \text{（年）}$$

从计算结果可以看出，A 方案投资回收期比 B 方案投资回收期短，应选 A 方案。

投资回收期法计算简便，并且容易被决策人正确理解。但其缺点是忽视资金的时间价值，而且没有考虑投资回收期以后的收益。事实上，有战略意义的投资往往早期收益较低，而中后期收益较高。投资回收期法优先考虑急功近利的项目，可能导致放弃长期的成功方案。

（二）投资回收率法

投资回收率是反映年净收益与投资总额的比率。投资回收率的高低以相对数的形式反映投资回收速度的快慢。投资回收率法是通过比较各方案的投资回收率，选择最优投资方案的方法，投资回收率的计算公式为：

$$投资回收率（\%） = \frac{年平均净收益}{初始投资额} \times 100$$

采用表 7-9 的资料计算：

$$甲方案的投资回收率（\%） = \frac{2\,200}{9\,000} \times 100 = 24.44$$

$$乙方案的投资回收率（\%） = \frac{2\,500}{12\,000} \times 100 = 20.83$$

由于甲方案投资回收率高于乙方案投资回收率，应选择甲方案。

采用表 7-10 的资料计算：

$$A 方案的投资回收率（\%） = \frac{(350+250+500+500) \div 4}{1\,000} \times 100 = 17.5$$

$$B 方案的投资回收率（\%） = \frac{(150+200+300) \div 4}{1\,000} \times 100 = 16.3$$

由于 A 方案投资回收率超过 B 方案投资回收率，所以应选 A 方案。

当然，投资回收率有时也可以采用下列公式计算：

$$投资回收率（\%） = \frac{年平均现金流量}{初始投资额} \times 100$$

采用这一公式计算结果尽管与前面公式计算结果不同，但不影响方案选优次序。

投资回收率法的优点是简明易懂。其主要缺点是没有考虑资金的时间价值，把第一年的收益或现金流量与最后一年的收益或现金流量看作具有相同的价值，因此，有时会做出错误的决策。

二、贴现现金流量的投资决策方法

贴现现金流量的投资决策方法又称动态分析法，其特点是考虑了未来现金流入量和投资额的时间价值。这是进行固定资产投资决策分析的主要方法。这类方法主要包括净现值法、现值指数法和内部报酬率法。

（一）净现值法

净现值是指投资项目寿命周期内的现金净流量的现值和。现金净流量是现金流入量减去现金流出量后的差额。净现值法则是根据各方案净现值大小决定方案取舍的方法。如果净现值为正数，说明投资的现金流入量之现值超过贴现后的现金流出量（即现金流出量现值），投资报酬率超过预定贴现率，该方案有利；如果净现值为零，反映了投资的现金流入量现值与贴现后现金流出量相当，投资报酬率等于预定贴现率，该方案既不带来盈利也不发生亏损；如果净现值为负数，则说明投资的现金流入量现值小于贴现后的现金流出量，投资报酬率低于预定贴现率，该方案不可取。

在投资额相等的方案中，显然净现值最大的方案最好。因为净现值越大，投资经济效果越好。

计算净现值的基本公式为：

$$净现值 = \sum_{t=0}^{n} \frac{I_t - Q_t}{(1+r)^t} = \sum_{t=0}^{n} \frac{N_t}{(1+r)^t}$$

式中：I_t——第 t 年现金流入量；

Q_t——第 t 年现金流出量；

N_t——第 t 年现金净流量；

r——贴现率。

在计算过程中，如果各年现金净流量相等，也可用年金折现加总法计算。

【例 7-25】现有 A、B 两个投资方案，具体资料见表 7-10，该项目资金由银行贷款获得，年利率为 10%，同时，A、B 方案均可使用 4 年，折旧按直线法计算。

现根据上述资料确定其每年现金流量，并将其贴现，求出方案的净现值（表 7-11）。

表 7-11 投资方案净现值计算　　　　　　　　　　　　单位：千元

年份	年限序号	现值系数 $r=10\%$	A 方案 现金流量	A 方案 现值	B 方案 现金流量	B 方案 现值
2012	0	1.000	−10 000	−10 000	−10 000	−10 000
2013	1	0.909	6 000	5 454	2 500	2 273
2014	2	0.826	5 000	4 130	4 000	3 304
2015	3	0.751	3 000	2 253	4 500	3 380
2016	4	0.683	3 000	2 049	5 500	3 757
净现值				3 886		2 714

根据表 7-11 的计算，A、B 方案净现值均大于零，表明两个方案均可行，但 A 方案净现值大于 B 方案，故应选取 A 方案。

净现值法具有广泛的应用性，在理论上也比其他方法更完善。但净现值法在应用中也有其局限性。上例中两个投资方案的投资额相同，可以直接比较净现值，净现值越大，说明投资方案经济效果越好。但在实际工作中，不同的投资方案，其投资额往往不相同，而投资额大的方案可能有较大的净现值，但不表明单位投资经济效果好。因此，用净现值法在对不同投资额方案比较时，容易产生错误的决策。所以，现值指数法可以弥补这一缺陷。

（二）**现值指数法**

现值指数法也称贴现后投资收益率法。现值指数是投资方案的现金流入现值与现金流出现值的比率。现值指数法是使用现值指数作为评价方案优劣标准的方法。在诸投资方案中，现值指数最大的方案为最优方案。现值指数大，说明单位投资额在未来期内可获得的收益现值高。现值指数的计算公式为：

$$现值系数 = \frac{\sum_{t=1}^{n} \frac{I_t}{(1+r)^t}}{\sum_{t=0}^{n} \frac{Q_t}{(1+r)^t}}$$

根据表 7-11 的资料，A、B 方案的现值系数分别为：

$$A\ 方案现值系数 = \frac{13\ 886}{10\ 000} = 1.39$$

$$B\ 方案现值系数 = \frac{12\ 714}{10\ 000} = 1.27$$

计算结果表明，A 方案现值系数大于 B 方案现值系数，因此应选择 A 方案。因为该例中投资额均相同，所以该结论与净现值法的结论相同。

比较净现值和现值指数的计算公式，我们不难发现以下关系成立：

当净现值>0 时，现值指数>1
当净现值=0 时，现值指数=1
当净现值<0 时，现值指数<1

(三) 内部报酬率法

内部报酬率法是根据方案本身内部报酬率来评价方案优劣的一种方法。所谓内部报酬率是指能够使未来现金流入量现值等于未来现金流出量现值的贴现率。基本做法是：将方案的现金流入量和现金流出量都换算成贴现值，然后令现金流入量现值等于现金流出量现值，求出内部报酬率，计算公式为：

$$\sum_{t=1}^{n} \frac{I_t}{(1+r)^t} = \sum_{t=0}^{n} \frac{Q_t}{(1+r)^t}$$

计算公式中能使等式成立的 r 值，即为要求的方案内部报酬率。

在不同投资方案的比较中，内部报酬率最高的方案为最优方案。

净现值法和现值指数法虽然考虑了资金的时间价值，可以说明投资方案高于或低于某一特定的投资报酬率，但没有揭示方案本身可以达到的具体报酬率是多少。内部报酬率是根据方案的现金流量计算出来的，是方案本身的投资报酬率。

内部报酬率的计算，通常要采用"逐步测试法"。首先估计一个贴现率，用以计算投资方案的净现值。如果净现值大于零，说明方案本身的报酬率高于估计的贴现率，应提高贴现率后进一步测试。如果净现值小于零，说明方案本身的报酬率低于估计的贴现率，应降低贴现率后进一步测试。经过多次测试，可以求出一个净现值大于零，一个净现值小于零的两个相邻的贴现率，再采用插值法计算出净现值等于零（即现金流入量现值与现金流出量现值相等）的内部报酬率。

参考文献

崔瑛,赵鸭桥,2019. 财务管理 [M]. 上海:立信会计出版社.

毛必田,杨建伟,项有英,2019. 农村集体经济组织财务管理 [M]. 北京:中国农业科学技术出版社.

彭静,彭芳,2017. 农村财务管理与会计 [M]. 重庆:重庆大学出版社.

中央农业广播电视学校组,2019. 农村财务管理 [M]. 北京:中国农业出版社.